国家社科基金
后期资助项目

乔治·班克罗夫特
与美利坚民族史学的构建

高 岳 著

社会科学文献出版社
SOCIAL SCIENCES ACADEMIC PRESS (CHINA)

图书在版编目(CIP)数据

乔治·班克罗夫特与美利坚民族史学的构建 / 高岳著 . -- 北京：社会科学文献出版社，2024.10. -- ISBN 978-7-5228-3692-8

Ⅰ.K712.8

中国国家版本馆 CIP 数据核字第 2024D5L726 号

国家社科基金后期资助项目
乔治·班克罗夫特与美利坚民族史学的构建

著　　者 / 高　岳

出 版 人 / 冀祥德
责任编辑 / 张晓莉　常玉迪　宋琬莹
责任印制 / 王京美

出　　版 / 社会科学文献出版社·区域国别学分社（010）59367078
　　　　　　地址：北京市北三环中路甲29号院华龙大厦　邮编：100029
　　　　　　网址：www.ssap.com.cn
发　　行 / 社会科学文献出版社（010）59367028
印　　装 / 三河市龙林印务有限公司

规　　格 / 开 本：787mm×1092mm　1/16
　　　　　　印 张：17.5　字 数：276千字
版　　次 / 2024年10月第1版　2024年10月第1次印刷
书　　号 / ISBN 978-7-5228-3692-8
定　　价 / 128.00元

读者服务电话：4008918866

版权所有 翻印必究

国家社科基金后期资助项目
出版说明

后期资助项目是国家社科基金设立的一类重要项目，旨在鼓励广大社科研究者潜心治学，支持基础研究多出优秀成果。它是经过严格评审，从接近完成的科研成果中遴选立项的。为扩大后期资助项目的影响，更好地推动学术发展，促进成果转化，全国哲学社会科学工作办公室按照"统一设计、统一标识、统一版式、形成系列"的总体要求，组织出版国家社科基金后期资助项目成果。

全国哲学社会科学工作办公室

目　录

导　论 …………………………………………………………… 1
　　一　选题意义 ………………………………………………… 2
　　二　研究综述 ………………………………………………… 3
　　三　研究方法和思路 ………………………………………… 16
　　四　写作目的与创新 ………………………………………… 18
　　五　使用资料 ………………………………………………… 20
　　六　本书结构 ………………………………………………… 22

第一章　浪漫主义思潮与19世纪上半叶美国的历史学 ……… 24
　第一节　浪漫主义思潮及其在美国的本土化 ………………… 24
　　一　浪漫主义思潮的起源 …………………………………… 24
　　二　浪漫主义思潮的内涵和特征 …………………………… 25
　第二节　从德意志到美国的传播：二者的异同 ……………… 36
　　一　美国浪漫主义的主题 …………………………………… 36
　　二　美国式的浪漫主义英雄 ………………………………… 40
　　三　美国浪漫主义的建设性 ………………………………… 42
　第三节　浪漫主义与民族主义 ………………………………… 46
　　一　民族主义的源起 ………………………………………… 46
　　二　世界主义与文化民族主义 ……………………………… 50
　　三　从文化民族主义到政治民族主义 ……………………… 52
　　四　美国的民族主义 ………………………………………… 54
　第四节　浪漫主义思潮影响下的美国历史编纂学 …………… 57
　　一　19世纪初期美国的历史编纂 …………………………… 57
　　二　美国的浪漫主义史学家 ………………………………… 61
　　三　浪漫主义的历史观念："正确的设想" ………………… 63
　　四　主题——建立于一般共识基础上 ……………………… 65

五　真实性与趣味性：大众读者的期望 …………………… 74
　　六　真实的标准：事实真实？精神真实 …………………… 76
　　七　写作手法：想象式沉思 ………………………………… 77
第五节　浪漫主义史学的历史影响及其审美维度 ……………… 80
　　一　历史影响 ………………………………………………… 80
　　二　对科学历史学的挑战 …………………………………… 83
　　三　浪漫主义史学的审美维度 ……………………………… 85
　　四　科学性与艺术性的平衡 ………………………………… 89

第二章　班克罗夫特的历史观和方法论 …………………………… 92
第一节　班克罗夫特的生平概述 ………………………………… 92
　　一　班氏的身世和在德意志的教育背景 …………………… 93
　　二　早期文学生涯 …………………………………………… 95
　　三　坚定的民主党人士——投身政治 ……………………… 96
　　四　外交使节和历史资料的收集者 ………………………… 100
　　五　最重要的成就——历史写作 …………………………… 101
第二节　班克罗夫特的历史观 …………………………………… 103
　　一　历史的连续性与统一性 ………………………………… 104
　　二　世界精神与民族有机体——民族主义历史观 ………… 109
　　三　"自然神论"——神意的指引 ………………………… 117
　　四　浪漫主义的"直觉理性"——人民大众的力量 ……… 119
第三节　怀疑主义的方法论与因果关系的历史阐释 …………… 123
　　一　历史主义 ………………………………………………… 123
　　二　对原始资料的收集 ……………………………………… 124
　　三　写作方法及资料的运用 ………………………………… 129
　　四　对史料的批判态度 ……………………………………… 130
　　五　历史的连续性与探寻因果关系 ………………………… 133
第四节　神意与人民大众的力量
　　　　——班克罗夫特的双重历史观及对其矛盾之处的解释
　　　　……………………………………………………………… 137
　　一　班克罗夫特历史观的思想语境：理性主义
　　　　与浪漫主义的交汇 ……………………………………… 138

二　班克罗夫特的双重历史观与 19 世纪中期
　　　　美国的社会思潮 ………………………………… 141

第三章　《美国史》的主题：自由、民主、统一 ………… 151
　第一节　自由精神的起源和传统 ………………………… 151
　　一　自由精神的源起——条顿生源论 ………………… 152
　　二　盎格鲁-撒克逊人的自由传统 …………………… 154
　　三　清教传统——自由精神的另一个来源 …………… 157
　　四　美国革命——争取自由的抗争 …………………… 161
　　五　自由的悖论：班氏对奴隶制的态度 ……………… 165
　第二节　美国民主制度的优越性
　　　　　——普遍决定和大众政府 ……………………… 167
　　一　殖民地的自治制度是民主政府的先声 …………… 167
　　二　以平等观念为中心的杰克逊式民主 ……………… 170
　　三　好的政府体制——以公众意愿为基础 …………… 173
　　四　美国民主制度的优越性——传播民主的使命 …… 175
　第三节　美利坚民族的进步与统一 ……………………… 177
　　一　美洲殖民地的独立与联合 ………………………… 177
　　二　自由与统一的趋同 ………………………………… 179

第四章　《美国史》与 19 世纪中期美国社会思潮的互动 … 182
　第一节　公共教育的兴起及大众对历史作品的期望 …… 182
　　一　公共教育的兴起和大众阅读状况 ………………… 182
　　二　历史写作者对公共取向和社会思潮的关注 ……… 184
　　三　大众对历史著作的期望 …………………………… 185
　第二节　《美国史》与 19 世纪中期受欢迎的写作风格的
　　　　　契合 ……………………………………………… 187
　　一　历史的戏剧——让过去自己说话 ………………… 188
　　二　主题的一致性——对时代精神的反映 …………… 191
　第三节　19 世纪中期美国社会对文化独立和民族特性的
　　　　　关注 ……………………………………………… 196
　　一　美国社会呼吁文化之独立 ………………………… 196

二　知识界对美利坚民族特性的构建之路 …………… 199
　　　三　对德意志文化的借鉴与探寻美利坚民族特性 …… 200
　　　四　美利坚需要书写自己的历史 ……………………… 203
　第四节　《美国史》中的立国精神对19世纪中期美国社会的
　　　　　影响 ………………………………………………… 206
　　　一　《美国史》的开创性——第一部美利坚民族通史 …… 206
　　　二　美国知识界对《美国史》的反响和评价 ………… 206
　　　三　《美国史》传递的美利坚特性——对于国家起源
　　　　　和使命的揭示 …………………………………… 208
　　　四　《美国史》的主题与时代精神的契合 …………… 210
　　　五　理想与现实的矛盾——美利坚特性对于19世纪中期
　　　　　美国的现实意义 ………………………………… 212
　　　六　《美国史》与19世纪中期美利坚民族认同的构建 …… 213

第五章　班克罗夫特史学在美国史学史中的地位 …………… 217
　第一节　19世纪中期史学语境中的《美国史》 …………… 217
　　　一　19世纪中期"真实"的标准与《美国史》 ………… 217
　　　二　19世纪中期的历史写作惯例与《美国史》 ……… 221
　　　三　19世纪中期的史学语境下对班克罗夫特史学的评价 … 223
　　　四　班克罗夫特与兰克 ……………………………… 226
　第二节　《美国史》中的历史理论对后世史学的影响 …… 232
　　　一　生源论与19世纪中后期美国历史的解释模式 …… 233
　　　二　美国使命观的历史学传统 ……………………… 245
　　　三　对历史中普通人的关注：西部的重要性 ………… 248

结　语 …………………………………………………………… 252

参考文献 ………………………………………………………… 257

后　记 …………………………………………………………… 271

导 论

乔治·班克罗夫特所著的《从美洲大陆发现以来的美利坚合众国史》(History of the United States of America from the Discovery of the Continent)（以下简称《美国史》）于1834年出版了第一卷，很快此书成为美国最畅销的书籍之一。有学者在这本书付梓之前就在《新英格兰季刊》上发表文章称其为"一部洋溢着天才的成熟著作，将会有不可估量的价值"。[①] 历史学家普里斯科特（William H. Prescott）评论到，《美国史》这部书填补了自建国起到19世纪中期一直没有一部由美国人自己撰写的美国通史这一空白。《美国史》在19世纪中后期的美国甚至欧洲都受到了极大的欢迎和关注，从1834年到1878年，各卷再版次数总共超过了50次，其中前三卷不仅在美国取得了巨大的成功，还在英国出版，并且被翻译成丹麦语、意大利语、德语和法语。[②] 乔治·班克罗夫特也被公认为美国的第一位民族史学家和"美国史学之父"。

大约100年之后，身在威斯康星州的奈先生仍然对班氏的《美国史》赞赏有加，他甚至对他的孙子拉塞尔·B. 奈（Russel B. Nye）说，在班克罗夫特的历史著作中能够发现"有关美国历史的所有事情的最终答案"。[③] 奈先生的这句话说明班氏历史著作在20世纪仍然被人们欣赏，而这在19世纪中期更是一种普遍的现象。拉塞尔·B. 奈从小即徜徉在祖父的图书馆里，那里有很多班氏的著作。正是由于祖父对班克罗夫特《美国史》的极高赞誉，拉塞尔·B. 奈后来成为班克罗夫特的著名研究者，并由于撰写班氏的传记《乔治·班克罗夫特：婆罗门的反叛者》而获得1944年"阿尔弗雷德·诺普夫传记奖"和1945年普利策文学奖。

作为一部严肃的历史著作，《美国史》为什么会在19世纪中期的美

[①] Michael Kraus, "George Bancroft 1834-1934", *The New England Quarterly*, Vol. 7, No. 4 (Dec., 1934), p. 662.

[②] J. Clay Walker, *George Bancroft as Historian*, Heidelberg, 1914, p. 25.

[③] Russel B. Nye, *George Bancroft: Brahmin Rebel*, New York: Alfred A. Knopf, 1944.

国引起如此大的反响,并不断产生巨大影响?《美国史》所宣扬的观点为什么会被当时的美国社会迅速而广泛地接受?乔治·班克罗夫特又何以被后人称为"美国史学之父"?在当代,《美国史》是否还具有价值和影响?应该如何评价其在史学史上的地位?

一 选题意义

通过对班克罗夫特著作、文章等一手资料的解读,阐释班氏的历史观念、方法和史学思想,笔者力图探索其在历史学、美国历史发展和现实上的意义。

经过了17世纪的清教史学,到18世纪晚期,以世俗的观点撰写的北美历史作品大多是各殖民地的资料汇编。直到美国建国后,把美利坚作为一个整体来追溯其历史起源的意识才慢慢形成。一直到19世纪30年代,班克罗夫特的《美国史》出版,成为第一部由美国人撰写的美国通史,才为美国的民族史学奠定了基础。从班克罗夫特开始,美国历史学逐渐利用科学的方法,并形成自身的解释框架。到19世纪末期,美国的专业史学才被确立起来。因此,班克罗夫特史学在美国历史学发展中无疑代表了一个承上启下的阶段,为美国历史学成为一个专门学科做了重要准备。对班克罗夫特及其史学方法和观念的研究,不仅能够梳理美国历史学发展的脉络,还有助于揭示美国的历史意识是怎样形成的,以及美国历史学专业化初期的特点。

19世纪30年代,美国在政治上已经立国良久,却没有形成具有自身特色的民族文化。作为文化重要分支的历史学更是亟待建设。当时美国受到欧洲的民族主义思潮的影响,其民族意识逐渐勃兴,对于民族史学的呼声也不断提高。班克罗夫特作为美国的第一位民族史学家,是当时美国主流思想和意识形态的代表,他的著作在很大程度上体现了19世纪中期美国的时代精神。对于他的思想和经历的研究,不仅有助于研究建国初期美国的社会思潮和民族心理,而且对于研究美国的民族主义和文化传统的形成也有重要的意义。

班克罗夫特早年留学欧洲,他是19世纪美国最早接受欧洲文化影响的历史学家之一,回到美国后成为新英格兰第一批超验主义思想家之一,他也是当时美国学界德意志文学评论的先锋之一,其著作体现了对欧洲的浪漫主义和历史主义思潮的借鉴,年轻的美利坚共和国与欧洲文化思潮的关联性从中可见一斑。班克罗夫特的时代标志着美国逐渐脱离欧洲传统而建立独立的文化的肇始,他的著作也代表了美利坚民族主义在历史学上的发端。我们可以从中发现美国民族主义史学发展的源头,揭示美国历史学本土化的过程和特点,即美国史学相对于欧洲史学的独特性。

另外班氏在著作中通过对美利坚历史起源的探寻,对美国精神的挖掘凸显了美国作为新型的共和国的优越性和在世界上的特殊地位。他的史学理论中体现的民族主义和美国特殊的使命观揭示了美国国家意识形态的历史渊源,这种思想赋予了近现代美国在外交上的理想主义色彩,并使美国坚持奉行对外扩张政策和在全世界推广其民主思想和制度的所谓"普世主义"理论。这也是研究这个题目的现实意义。

二 研究综述

由于班克罗夫特"美国史学之父"的地位,从美国专业史学建立之初,美国历史学者对班氏及其著作的研究没有间断过。有的学者致力于研究班氏本身,或展示了班氏作为政治家、外交家和历史学家的生涯,或侧重于班氏在某个领域的成就,这就成为班氏的传记或其生平研究的一部分;有的学者从班氏的政治家的身份出发,研究其政治生涯和民主观念;有的学者从历史的角度评价班氏在历史上的地位,及其生平活动和《美国史》对美国历史发展的意义;还有的学者在史学史的脉络中,研究班氏的历史写作风格、历史观念。所以,如果仅从美国史学发展的时间顺序来概括对班克罗夫特的研究,不仅会带来不清晰和混乱的局面,也失去了综述的意义。在这里,笔者首先就班氏的传记加以概述,然后梳理和归纳历史学家研究班氏的几个重要方面并加以评析,兼顾史学史和史学思潮的发展脉络而展开论述。

(一) 国外研究现状

1. 传记

本书是以人物为中心的研究,所以首先要从班克罗夫特的传记中了解其生平经历。现在已知的关于班克罗夫特的传记主要有五种,比较受到推崇的是前四种。

(1) M. A. 德沃尔夫·豪(M. A. DeWolfe Howe)所著《乔治·班克

罗夫特的生平和通信》。①豪写的传记资料充分，线索清晰，叙述缜密且精深，人物描写生动，他笔下的班克罗夫特是平易近人和个性化的。②他细致地描述了班氏的日常生活，按照时间的顺序记载了班氏的很多社会活动，还介绍了他的很多朋友。豪为我们生动地再现了在19世纪的社会背景和时代风貌下，作为一个政治家、外交家和社会精英的班克罗夫特。他向读者展示了日常生活中的班克罗夫特的形象。豪认为班氏在其他领域比在历史领域赢得的声望更大，书中关于班克罗夫特治史的内容很少，对于班氏作为一个历史学家的叙述和评价着墨甚微。

（2）对于班氏生平的最重要的研究者是拉塞尔·B.奈。奈从小即受到其祖父的影响，对班氏的《美国史》产生了浓厚的兴趣。在其学术生涯中，班氏及其著作成为他研究的重要主题，他因此获得了很高的荣誉。奈一共撰写了两部班氏的传记。1944年出版的《乔治·班克罗夫特：婆罗门的反叛者》③与豪所著的班氏传记相比更加偏重于分析，风格清新。他认为班氏的《美国史》虽然得到了同时代的历史学家的认可，却不能成为流传久远的经典之作，奈描述了一个真实而非完美的班克罗夫特：他相信社会进步、人类的趋于完善和民主的神圣使命，他比同时代的任何历史学家更能代表那个时代。④

（3）更具有学术价值的研究班氏的作品是1964年奈写就的另一部传记《乔治·班克罗夫特》⑤。这本小32开，不足200页的小册子却令人比较深入和清晰地了解了班氏的生平、家庭、教育背景和班氏自身思想成长的轨迹。在这部书里，奈大体上以时间为顺序，但实际上以班氏在人生不同阶段主要涉足领域为主体框架，分别评述了班氏在圆山学校、德意志文学评论、国家政治生活、外交活动和历史写作方面的成就，比较全面地展现了班克罗夫特主要涉足的领域。奈分析了班氏信仰的杰克

---

① M. A. DeWolfe Howe, *The Life and Letters of George Bancroft*, Vol. Ⅰ, Port Washington: Kennikat Press, 1908; Vol. Ⅱ, New York: Charles Scribner's Sons, 1908.
② Reviewed by Allen French, "George Bancroft, Brahmin Rebel", *The American Historical Review*, Vol. 50, No. 3 (Apr., 1945).
③ Russel B. Nye, *George Bancroft: Brahmin Rebel*, New York: Alfred A. Knopf, 1944.
④ Reviewed by, John. A. Krout, "George Bancroft: Brahmin Rebel", *American Literature*, Vol. 17, No. 1 (Mar., 1945), pp. 88-89.
⑤ Russel B. Nye, *George Bancroft*, New York: Washington Square Press, 1964.

逊民主思想的来源，认为这是班氏在人道主义思想引导下必然会产生的政治观念。杰克逊民主以平等为基调，强调个人能力的发挥，营造机会平等的社会氛围，因此，班克罗夫特成为杰克逊民主坚定的拥护者。奈还介绍了班克罗夫特搜集和发现历史资料的情况，并考察了班氏在《美国史》中运用了哪些原始资料，哪些二手资料。

这部传记不仅信息比较翔实，还比较深入地解析了班克罗夫特参政和著史等活动的思想基础。奈还在当时历史写作的环境中，评价了《美国史》的得当和不当之处。班氏的《美国史》在19世纪后期遭到持有新观念的历史学家，尤其是后来的科学的历史学家的诟病和抨击，奈对此给予了充分的理解。在此书的最后，他这样评价班克罗夫特："班氏是个哲学家，他的历史写作源于其对人类的忠诚，对上帝的信仰，而这些都出自他的哲学和宗教原则。人类进步和自由是他写作的历史的主题，也是他在生活中，在神学、教育、文学和政治上信仰的原则，他一成不变的民主观念既是他的指导原则，也是他在著作中持有偏见的原因。班氏忠于自己的原则，他以未来的视角研究过去，他的历史著作供人们阅读的同时激起了人们的希望。"[①]

（4）班克罗夫特的另外一位传记作家莉莲·汉德林（Lilian Handlin）在《乔治·班克罗夫特——民主党知识分子》[②] 一书中主要描写了作为政治家的班克罗夫特。在这本书里，汉德林以女性独有的视角，通过对班氏的个人通信的研究，揭示了他微妙的内心世界和他性格中的矛盾之处。与拉塞尔·B.奈相反，汉德林强调了班氏保守和缺乏民主的一面，并且描写了他和子女间不那么愉快的关系。奈笔下的班克罗夫特是一位令人尊敬的历史学家，而汉德林向人们展示的是一位性格不完善的政治家。[③] 汉德林向人们描绘了比较真实的班克罗夫特，她的这本书主要集中于对班氏作为民主党重要成员的政治生涯的叙述和评价。

---

① Russel B. Nye, *George Bancroft*, New York: Washington Square Press, 1964, p.194.
② Lilian Handlin, *George Bancroft: The Intellectual as Democrat*, New York: Harper & Row Publishers, 1984.
③ Arthur A. Ekirch, "George Bancroft: The Intellectual as Democrat", *The American Historical Review*, Vol.90, No.2 (Apr., 1985).

（5）此外，还有罗伯特·H.加纳利（Robert H. Canary）所著的传记《乔治·班克罗夫特》①，以及一些名人传记辞典中对班氏生平的简要描述。这些传记和辞典的主要贡献是使读者比较清楚地了解班克罗夫特的人生经历，其所涉足的领域及取得的成就，还有生活中的班克罗夫特，包括他的性格、与家人和朋友的关系和婚姻生活等，为后来者从历史学的角度研究班氏及其著作奠定了基础。

2. 史学史上的研究

专门从历史学的角度研究班氏的重要专著有两部：《作为浪漫主义艺术的历史学：班克罗夫特、普里斯科特、莫特利和帕克曼》②和《美国式折中：班克罗夫特、帕克曼和亚当斯历史著作的主题和方法》③。此外，哈维·威什、伯特·詹姆斯·洛文伯格和约翰·斯潘塞·巴西特等美国学者所著的美国史学史的作品会提及班克罗夫特及其《美国史》，并简要论述班氏在哲学、政治方面的思想，还有班氏的史学方法和史学观念。对于班克罗夫特的史学研究方法和史学思想，各个学者的评价和看法是不同的。

《美国史》各卷陆续出版，在美国社会广受欢迎，同时代的学者和历史学家就给予了积极响应。当时的很多学者有感于美国缺乏民族通史以及这部著作运用大量原始资料的方法而给予其高度的肯定和赞扬。也有些评论者认为作者过于高涨的爱国热情和民主信仰导致其著作存在偏见。

19世纪中期，大部分的评论是对于这部著作开创性的价值和对其中呈现的美国国家精神的溢美之词。19世纪70年代以后，随着美国历史观念的转变、专业史学的兴起和史学方法规范的确立，美国的历史学界标榜历史学家必须要以完全客观的态度反映历史事实，使自己置身事外。由于自然科学的发展和达尔文进化论对社会领域的影响，专业历史学家强调以怀疑主义的精神和实证主义的方法对历史资料进行细微地考察，

---

① Robert H. Canary, *George Bancroft*, Twayne's United States Authors Series 266, New York, 1974.
② David Levin, *History as Romantic Art: Bancroft, Prescott, Motley and Parkman*, Stanford, California: Stanford University Press, 1959.
③ Richard C. Vitzthum, *American Compromise: Theme and Method in the Histories of Bancroft, Parkman, and Adams*, Norman: University of Oklahoma Press, 1974.

标榜以完全客观的态度呈现历史的面貌。他们主张，历史学家的主观观念和情感应与其研究对象完全分离。专业历史学家是对班克罗夫特的文学技法和在历史写作中表现出的不够"科学"批判得最为激烈的群体。虽然专业历史学家在历史观上还是沿袭了班氏塑造的传统，但是他们认为班氏对辞藻和修辞的重视以及先入为主的哲学观削弱了其历史叙述的准确性。爱德华·埃格尔斯顿（Edward Eggleston）认为班氏的作品是"鼓乐喧天、唱颂歌的历史"，查尔斯·M. 安德鲁斯（Charles McLean Andrews）甚至以班氏的历史作品为样本，批评这是建立在"无知和民族偏见"的基础之上，"是对历史事实的犯罪"。①

早在科学的历史学在美国确立后不久，很多历史学家就发现了把历史学等同于自然科学的局限性。亨利·亚当斯挑战了第一代专业历史学家的观念。他认为，仅仅堆砌死板的事实是毫无意义的，没有一种假设前提，无论多少事实都无济于事。在重新提起历史的综合观念的背景下，历史学家约翰·斯潘塞·巴西特（John Spencer Basset）简要描绘了班氏的生平并分析了班氏的性格特征，他认为班氏的这种性格特征也融入了其历史写作的风格中："班氏充满想象力的精神会毫不犹豫地奔向敞开在其眼前的美好前景。他更多考虑到的是自己的愿望，而非做事的原则。"②"他的记忆力超群，他被批判更多的是由于其判断的失误，而非事实失真。"③巴西特对班氏这种以想象见长的著史风格给予了更多的欣赏，他以一种十分宽容的口吻和开放式的态度写道："班氏作为一个文学史学家，不可避免地会使用模糊的、朦胧的表达方式。所以，在这种情况下，应该减少对其的谴责。"④

随着美国历史学的发展和成熟，对班克罗夫特的研究也趋于多样化和具体化。从 20 世纪初开始在美国兴起的新史学，受到社会科学发展的影响，开始强调历史学研究主题的广泛性和实用性。其认为，历史研究

---

① Russel B. Nye, *George Bancroft*, New York: Washington Square Press, 1964, p. 189.
② John Spencer Bassett, *The Middle Group of American Historians*, Massachusetts: Norwood Press, 1917, p. 199.
③ John Spencer Bassett, *The Middle Group of American Historians*, Massachusetts: Norwood Press, 1917, p. 208.
④ John Spencer Bassett, *The Middle Group of American Historians*, Massachusetts: Norwood Press, 1917, pp. 187-188.

不能像自然科学那样对史料进行实验室式的"科学"分析，而是要考虑历史进程的多种因素，用多元化的观点来分析和解释历史事实。同时，史学的功用在于帮助人们了解现在和预测未来。① 20世纪30年代的历史学家也倾向于把班氏的《美国史》置于更广阔的历史空间中来考察，并且还肯定了班氏的著作对于美国社会发展的现实意义。

瓦特·斯图尔特（Watt Stewart）认为，班氏的这部英雄史诗般的《美国史》虽然充满褒扬性的美利坚主义，在今天看来价值大减，但是他的著作在当时增强了新的共和国的凝聚力，而且《美国史》代表了科学史学在美国的创始，这部作品对研究19世纪上半期美国的民族心理也很有价值。② N.H. 戴夫斯（N.H. Daves）和F.T. 尼科尔斯（F.T. Nichols）在《重新评价乔治·班克罗夫特》一文中认为，班氏笔下的历史体现了一切都是天意使然的理念。班克罗夫特对政治观点的强调是因为那个时代的人认为历史即过去的政治。班氏的偏见和先入之见阻碍了他对当时社会的深入分析，他对条顿民族文化的热爱使他虚构了一些史实。虽然班克罗夫特关于殖民地历史的很多论述已经被修正，但是，班氏的史学著作是经得起时间检验的。其宏论要旨是在其一个世纪后的历史学家也难以企及的。班氏《美国史》的意义不仅在当代，而且影响深远，因为其中贯穿着一种信仰。建国之父的谦逊和爱国之心对于金钱至上的现代美国人是一种道德训诫，这也是班氏著作的重要意义所在。③ 迈克尔·克劳斯（Michael Kraus）肯定了班克罗夫特在美国不可撼动的"美国史学之父"的地位，认为其正如希罗多德之于古希腊。他赞扬班氏为美国历史学家提供了可资借鉴的经验。④ 与班氏同时代的人一般认为，历史应提供指导和训诫，因此班氏对仅为了复原过去而写作历史并不感兴趣。⑤

---

① Harry Elmer Barnes, *A History of Historical Writing*, New York: Dover Publications, 1963, pp. 391-392.

② Watt Stewart, "George Bancroft Historian of the American Republic", *The Mississippi Valley Historical Review*, Vol. 19 (Jun., 1932), pp. 77-86.

③ N. H. Daves, F. T. Nichols, "Revaluing George Bancroft", *The New England Quarterly*, Vol. 6, No. 2 (Jun., 1933).

④ Michael Kraus, "George Bancroft 1834-1934", *The New England Quarterly*, Vol. 7, No. 4 (Dec., 1934), p. 686.

⑤ Michael Kraus, "George Bancroft 1834-1934", *The New England Quarterly*, Vol. 7, No. 4 (Dec., 1934), p. 679.

然而，班氏并未运用新资料来澄清历史的谜团。①

新史学的出现也伴随着这一时期席卷美国的改革运动——进步主义运动，这场运动对于社会不同层面的关注使美国历史学家开始重视由经济因素导致的社会冲突，因而也注意到了历史发展中的经济动力。瓦特·斯图尔特注意到《美国史》的主题在于政治、军事和社会、宗教方面，而缺少对经济因素的分析。②

20世纪四十年代末五十年代初，随着东西方意识形态矛盾的日益激化，美国的社会思潮也逐渐趋于保守，很多人感到要重新肯定美国的传统与价值。在保守主义思潮影响下，很多历史学家都认同美国历史发展特有的延续性与和谐性，并肯定了美国的立国原则和精神。班氏在《美国史》中所展现的美利坚的光明前景和对美国不断蓬勃发展的信心在这个时期尤其得到了历史学家们的认可和赞同。

马克斯·勒纳（Max Lerner）认为班克罗夫特、爱默生（Ralph Waldo Emerson）、梭罗与和谐学派（Concord group）持相近的观念：移动的边疆、改进的技术和向前发展的民主思想，这几种张力融合起来，塑造了美国的传统，也决定了美国的国家特征，这种力量的汇合为美国历史带来了活力。美国有其复杂难解的一面，但其主流仍然充满了活力。③约翰·A. 克劳特（John A. Krout）指出，班克罗夫特与他同时代的历史学家都相信人类完善、社会进步和民主的神圣使命。但班氏是19世纪最有代表性的历史学家，因为他把自己的政治理想和实践很好地结合起来，发掘了美国未来的最美好的希望。④ 一些历史学家虽然认识到班克罗夫特描写独立战争带有的党派偏见，但以拉塞尔·B. 奈为代表的历史学家给予班氏以充分的同情式的理解，他认为在那个享受着美国革命成果的

---

① Michael Kraus, "George Bancroft 1834-1934", *The New England Quarterly*, Vol. 7, No. 4 (Dec., 1934), p. 685.
② Watt Stewart, "George Bancroft Historian of the American Republic", *The Mississippi Valley Historical Review*, Vol. 19, No. 1 (Jun., 1932), p. 81.
③ Max Lerner, "History and American Greatness", *American Quarterly*, Vol. 1, No. 3 (Autumn, 1949), p. 217.
④ Reviewed by John A. Krout, "George Bancroft: Brahmin Rebel", *American Literature*, Vol. 17, No. 1 (Mar., 1945), pp. 88-89.

年代，这种热情是难以避免的。①

和谐学派登峰造极的代表人物丹尼尔·布尔斯廷（Daniel Boorstin）给予班克罗夫特以高度的赞誉。布尔斯廷称班氏为美国民族性的大宣扬家。因为他用美国民族的历史证明了这个民族的使命。"他在宣扬民族使命时，没有丝毫沙文主义论调和仇视外族的色彩，因为正是人类的使命向他展示了美国的独特命运。班克罗夫特在探索第一代美国人的意向时，找到了民族意向的象征，它不为政见所囿，而是体现着全人类的希望。所以，在很多美国人的眼中，他首先是一个预言家，然后才是历史学家。"② 在布尔斯廷的眼中，班克罗夫特已经超脱于美利坚民族国家和民主党派的立场，而是带有"普世"的色彩和寓整个人类于心中的宽广胸怀。这不仅是对班氏的赞扬，更重要的是对美国精神和文化价值的歌颂。

到了60年代，美国社会进入动荡不安的时期，各种反对传统价值观的社会运动此起彼伏。这时，宣扬社会和谐的新保守主义被后来涌现出来的新左派、新思想史学派等众多流派代替。虽然四五十年代兴盛的新保守学派受到了新左派的激烈抨击，六七十年代却迎来了班克罗夫特研究的一个高峰。这个时期的学者对班氏的评价不像和谐学派那样激情澎湃，而是以比较冷静的态度和更多元化的角度来研究班克罗夫特及其《美国史》。几位历史学家都分析和评价了班氏的历史观，并认为班氏眼中的历史贯穿着神意的支配，体现了一种基督教的价值观。

梅里尔·刘易斯（Merill Lewis）从宗教学的角度探讨了班氏的历史观。作者认为，班氏眼中的历史是美国逐渐回归伊甸园的过程，是奴役与自由的辩证的斗争，但是这一过程的法则是复杂的。他正视的不是人类从奴役中走出的不可抗拒和不可逆转的过程，而是一种死去和重生的过程，在对旧世界的罪恶和堕落的批判中发现新世界，新世界就是回归到无罪的伊甸园。③ 理查德·C. 维泽姆（Richard C. Vitzthum）则批评班氏抛弃了19世纪的怀疑主义，显示出一种更加落后的历史观。他认为，

---

① Russel B. Nye, *George Bancroft*, New York: Washington Square Press, 1964.
② 〔美〕丹尼尔·布尔斯廷：《美国人：建国历程》，北京：生活·读书·新知三联书店，1993年，第461页。原版于20世纪50年代和60年代在美国相继出版。
③ Merill Lewis, "Organic Metaphor and Edenic Myth in George Bancroft's History of the United States", *Journal of the History of Ideas*, Vol. 26, No. 4 (Oct.-Dec., 1965).

班氏心中的历史是由神意支配的戏剧。班氏的著作建立在本体论（存在论）和目的论的假设之上，而这些被基督教史学家坚持了1000多年，18世纪就被伏尔泰、休谟和吉本抛弃。班克罗夫特的历史哲学与爱德华兹的神学有相通之处，班克罗夫特这些突破常规的观念是由于他带有新英格兰式的、带有好奇心的历史思索，还有他对美国命运在道德上的确信和对上帝统辖历史的信念。[①] 多萝西·罗斯（Dorothy Ross）则讨论了源自德国的历史主义观念如何在美国被千禧年共和主义的观念冲淡，并阻碍了其在美国历史观念中的影响。罗斯认为，班克罗夫特眼中的历史进程是由上帝操控的，贯穿于他的历史著作的是美利坚共和国千年福音的观念（millennial conception），这种观念塑造了当时人们的历史意识。在班氏眼中，上帝是积极塑造历史的力量，偶然事件并未发生作用，因为它们都在神意的操控之下。班克罗夫特的历史观念中仍然保留了近代早期的静态的历史意识，即辉格党所认为的历史是关于条顿民族（日耳曼民族）的自由的故事，这是在革命年代共和主义所遵循的主要历史线索。从班氏开始，美国的历史学就拒绝了历史主义的观念，而在很长的时期里一直沿用前历史主义的解释框架。[②]

从20世纪60年代开始，美国专业史学的衣钵传递到第三代历史学家手中，随着历史学研究的愈加成熟，对美国史学史的编纂日益增多，对作为"美国史学之父"的班克罗夫特的研究也日渐增加。从60年代到80年代，不仅有班克罗夫特的四种传记出版，还有研究浪漫主义史学的两部比较重要的专著问世，其中有专门章节对班克罗夫特进行研究。

大卫·莱文（David Levin）在他的著作中主要从19世纪中后期在美国盛行的浪漫主义思潮出发，介绍并分析了班克罗夫特及其同时代的其他三位浪漫主义历史学家普里斯科特、莫特利和帕克曼（Francis Parkman）——他们被认为是美国文艺复兴的核心——在历史写作方法和观点上的关联性。作者首先把这四位历史学家作为一个整体来进行研究，

---

① Richard C. Vitzthum, "Theme and Method in Bancroft's History of the United States", *The New England Quarterly*, Vol. 41, No. 3 (Sep., 1968).

② Dorothy Ross, "Historical Consciousness in Nineteenth-Century America", *The American Historical Review*, Vol. 89, No. 4 (Oct., 1984).

认为他们都从地理和文化角度看待过去，对过去分享着一种热情，对英雄、自然和拥有"自然"属性的事物充满热爱。他们都认为，历史具有向19世纪的美国不断发展的趋势，美国在所有国家中最能够体现"自然的"属性，而且，浪漫主义是在实际生活中影响着那一代美国人的思潮。大卫·莱文在该书中对浪漫主义史学家的辞藻的运用、描述的方法、历史故事的结构和布局、写作风格进行了再现和分析。他认为，浪漫主义史学家以松散的自然法体系来对国家和人进行判断，以此发展出一套含蓄却清晰的史学理论。这种理论决定了历史学家的文学技巧和得出的结论，他们表达了大多数美国人的心声而非仅仅是波士顿的唯一神派的代言。①

莱文还对普里斯科特、莫特利和帕克曼的作品进行专门的阐释，向人们展现了浪漫主义史学家共同关注的主题、分享的历史观念，尤其是他们在写作的风格和体裁上对于文学技法的重视和运用。大卫·莱文认为，班克罗夫特是一位超验主义的民主党人，他不仅在政治策略上是明智的，而且还能敏锐地感觉到其他历史学家的主观性，尽管他自我标榜他所著的《美国史》是客观的。②

历史学家理查德·C. 维泽姆在他的著作《美国式折衷：班克罗夫特、帕克曼和亚当斯历史著作的主题和方法》的序言中提道："班克罗夫特、帕克曼和亚当斯都把写作历史当作高雅的艺术（high art）。"他们的著作已经成为美国历史中的经典，"但是，对这些经典文本进行深入分析的专著却几乎没有"。③ 维泽姆从这三位历史学家的著作中贯穿的主题和写作方法上分析并比较了这三位19世纪美国最重要的历史学家的著作。他认为，班克罗夫特想要表达的主题决定了其表述的方式。班氏在历史写作中显示了一种文学的表达方式，这也是由其极力要传达的一种理想的精神所决定的。班氏在阐释方法上具有先锋性，帕克曼和亚当斯的叙述风格和写作体裁都是有所取舍地建立在班氏风格的基

---

① David Levin, *History as Romantic Art: Bancroft, Prescott, Motley and Parkman*, Stanford, California: Stanford University Press, 1959, p. 25.
② Reviewed by Charles A. Barker, "History as Romantic Art: Bancroft, Prescott, Motley, and Parkman", *Modern Language Notes*, Vol. 76, No. 1 (Jan., 1961).
③ Richard C. Vitzthum, *The American Compromise: Theme and Method in the Histories of Bancroft, Parkman, and Adams*, Norman: University of Oklahoma Press, 1974, Preface.

础之上。① 作者通过对这三位历史学家著作的研究认为，这三位历史学家对美国历史达成共识，即美国历史是分离主义和联邦的权威不断冲突的过程。在19世纪的大部分时间里，联邦并不是那么坚强和稳固，强调社会的一致性成为当时历史作品的重要观照。所以，这三位历史学家都强调秩序和统一。但是，这是否与自诩以自由精神立国的美利坚宗旨相矛盾呢？这三位历史学家在其著作中探讨并回答了这个问题。美国所追求的个人自由是与自私自利相对立的，自由是为同胞和国家服务，而不是为自身服务。而权力最后归于联邦并不意味着专制和暴政。因为美国个人自由的传统是对抗人类历史上由统一和集权导致的专制和暴政的堡垒。在美国联邦制度下，个人作为基本权力的来源并构成代表权，权力由代表扩散到社区、州和国家的各个层面。班氏由此相信，人类已经发现了统一与自由的关系这一由来已久的难题之解决途径。

美国的铭语"E Pluribus Unum"（拉丁语），即"One Out Of Many"向人们说明了个人自由和联邦权力的关系。圆周代表了分散的、各种不同的权力，中心则代表了联邦政府，圆周上各点向中心的辐射，代表了个人权力通过代表赋予处于国家中心的联邦。需要注意的是，权力的来源是很多的个人，即具有个人权利的大众。然而，维泽姆认为这三位历史学家的著作中阐释的美国历史用两极折中的理论来展现恐怕更加恰当，即美国历史是循着中和两个极端的线索发展的，这两个极端就是无政府主义和极权主义，而美国就位于这两个端点之间的线段上的中间地带。这三位历史学家所描述的美国的历程即平衡了线段相对立的两端，使其折中，美国所走过的就是这种中间道路。班克罗夫特在其《美国史》最后的部分论述了个人自由与国家权力的关系："为了取得一种平衡，个人自由必须被设定限度；国家虽然代表了整体的最高品质，也必须学会以自身的节制来调和其统治。"②

维泽姆认为，班氏等历史学家倾向于以道德属性来衡量美国历史。

---

① Richard C. Vitzthum, *The American Compromise: Theme and Method in the Histories of Bancroft, Parkman, and Adams*, Norman: University of Oklahoma Press, 1974, p. 41.

② George Bancroft, *History of the United States of America from the Discovery of the Continent*, Vol. Ⅹ, p. 593. 参见 Richard C. Vitzthum, *The American Compromise: Theme and Method in the Histories of Bancroft, Parkman, and Adams*, Norman: University of Oklahoma Press, 1974, p. 5。

只要美国人相信神意，遵循道德法则，分离主义和无政府主义的威胁在美国就影响甚微。美国革命性地重塑了世界的政治和社会理想。这种信念使他们的著作体现出实用主义的倾向，这使他们常常会以自己的臆断来解释史料。沙文主义、扬基人的共同意识，一种特别的宗教训诫，是班氏这部十分具有挑战性的著作的主题。班克罗夫特塑造了美国人的历史意识，还为帕克曼和亚当斯的写作奠定了基础。维泽姆指出，班克罗夫特的这种框架实质上淹没了个人（One）和多数（Many）的冲突——多数即表达了个人，个人即代表了多数。但是，这种在无政府主义和专制主义中间的折中是不完美的人类能够达到的最完美的妥协，它会如上帝意志一般不断传播。

在这部著作里，维泽姆深入地分析了班氏等三位历史学家著作的主题，作者比其评析的历史学家本身更好地综合了其著作的主题，并为美国的政治制度提出了一个新的阐释框架：在个人自由和联邦权力的冲突下的妥协，最终达成了一致和共识，形成了一种理想的政治体制。

综上所述，每一个时期的历史学家在评价班克罗夫特及其《美国史》的同时也反映着他们自身的历史观念、视角和其时代色彩。因此，对于班氏研究的史学史折射了美国历史学的发展历程。在这个不断趋于成熟和多元化的发展历程中，对于班氏的研究不断深化，也呈现出纷繁复杂的局面。例如，有的学者认为在班氏的《美国史》中体现着普遍原则在统辖历史的进程，这也是哲学的历史观在历史写作中的具体体现，他对历史事件的叙述和对历史人物的描写和评价都是在这个普遍原则下展开的。但是，历史过程中的普遍原则并没有得到统一的认识，或被清晰的分析和呈现出来。其中有学者认为道德法则贯穿于班氏眼中的历史发展过程，维泽姆仅笼统地把这种普遍原则归之于"天意"，认为班氏持一种落后的历史观；多萝西·罗斯认为班氏支持的是一种宗教历史观，即千年福音的观念；勒纳指出，班氏的著作中主要体现了自由的原则在历史中的指引作用。莱文在其专著《作为浪漫主义艺术的历史学》中把历史写作看作一种文学艺术，而且是所有文学形式中最难的一种，因为历史著作中总会隐藏着作者的主观意见。他对于浪漫主义史学作品的分析就如艺术评论家对一幅画作的用色和构图的描绘和分析一样，细致、精当和全面。但是，正如在班氏的时代，历史被列入文学一类，莱文恐怕也对浪漫主义史学作品进行了文学批评式的评论和分析。所以，尽管这部书整体上是很精彩的，在写作方法上却更像一部文学评论，缺少从史学观念和史学方法的角度对浪漫主义史学作品的见解。

（二）国内研究现状

国内西方史学史的著作中有关美国史学史的章节简略地提到过班克罗夫特和他的"美国史学之父"的地位，但是都没有深入分析他的史学思想和史学方法。迄今能够检索到的有关班克罗夫特史学特点的文章仅有杨生茂先生的《论乔治·班克拉夫特史学——兼释"鉴别吸收"和"学以致用"》[①]和张和声先生的《评乔治·班克罗夫特的历史观及其代表作〈美国史〉》[②]。杨先生认为班克罗夫特的《美国史》体现了浪漫主义和民族主义的特点，这分别借鉴了英法和德国的史学理论和方法。他的作品中体现的爱国热情、扩张主义倾向和清教信仰正迎合了当时美国大众的心理需要，并为正在成长的美利坚共和国增强了凝聚力。杨先生梳理了美国史学的发展脉络，兼评了其他几位在美国史学史上有重要地位的学者，并认为美国史学的创始应该是在独立战争时期。杨先生认为，虽然班克罗夫特在引用史料方面有不当之处，但他仍然是当之无愧的"美国史学之父"。杨先生指出，班克罗夫特在当时的美国备受推崇的原因是他能够借鉴欧洲的史学理论，但又不是完全照搬，而是结合了美国当时的形势和发展的趋势鉴别吸收而致用。杨先生在这篇文章里不仅阐发了班克罗夫特的史学思想，还简要介绍了他在政治和外交上的作为，并结合了当时的历史背景，阐述了一些宏论要旨。在其引领之下，通过对更丰富史料的查找，关于这个题目还有更多值得深入细致挖掘之处。

张和声先生在《评乔治·班克罗夫特的历史观及其代表作〈美国史〉》一文结合班氏的生平，评述了班氏世界主义的历史观和对人民群众对历史推动作用的重视。他总结到，班克罗夫特至今仍然是美国史学家公认的泰斗，他的著作也仍为大众所喜爱。班氏无愧于"美国史学之父"这一美誉。

---

① 杨生茂：《论乔治·班克拉夫特史学——兼释"鉴别吸收"和"学以致用"》，《历史研究》1999年第2期。
② 张和声：《评乔治·班克罗夫特的历史观及其代表作〈美国史〉》，《史林》1988年第2期。

张广智先生在《西方史学史》一书中简单介绍了班氏，认为其著作中反映了资产阶级自由派的史学观念。① 他认为，19世纪末兴起的盎格鲁-撒克逊学派开始运用条顿生源论（germ theory）来解释美国精神的起源，这个观点将在后文中做进一步讨论。

三 研究方法和思路

从以上的论述可以看出，由于班氏的多重身份和丰富的人生经历，对班氏的评价也是"横看成岭侧成峰"，学者的角度不同，侧重点也不同。

一个人物涉足很多领域，他在各个方面的思想也是互相影响，并且互相发酵形成了其人生观、世界观，并成为其作品的主导思想。因此，我们只有把人物涉足的各个领域的思想联系起来，才能比较全面和公正地对一个历史人物做出判断。对于班克罗夫特思想发展的研究也是如此。他的哲学观念和政治理想从青年时代形成，一直到晚年逐渐成熟并不断深化。班克罗夫特并不仅仅是一位历史学家，他还是一位具有理想的民主党人士和对人性充满信心的哲学家。他对人类本性和能力的看法、对于人类历史发展的预见，他作为政治家对大众政府的信念、对于民主社会的理想都渗透到他对于历史的思考当中，也成为其写作美国史的动力和观念。所以，对于班克罗夫特的研究，不仅仅是分析其某方面的思想和行动，而是应把其看作一个不规则的多面体，各个面所发出的力的共同支撑和互相作用构成了这个完整的多面体。

法国年鉴学派史学大师马克·布洛赫说过，理解才是历史研究的指路明灯。人物研究应该从了解人物走向理解人物，即从知晓其行为本身转向对其行为背后起支配作用的观点和主张加以探究和阐释，看他是在什么样的思想指导下行事的。伟人的身上总是带有时代的烙印。② 评价历史人物，应首先把其置于其生活的时代和社会背景中。因为一个人总是脱离不了其所处的历史时期，尤其是在历史上具有影响力的人物，其身上会更多地带有那个时代的烙印并反映着其所处时代的思想和信念。历史学家应该把人物置于其所处的历史语境中来评价，以事件发生时代

---

① 张广智主著《西方史学史》，上海：复旦大学出版社，2004年，第116页。
② Edited by Edwin Charles Rozwenc, *Ideology and Power in the Age of Jackson*, Garden City, N. Y. : Anchor Books, 1964.

的标准，来判断和评价人物和事件的性质和价值，这样才能还历史以公正。这是19世纪的历史学家如普里斯科特等人对历史的看法。这同样也是当代历史学家应该遵循的标准。

思想史研究的代表人物昆廷·斯金纳提出了思想诞生和发展的外缘因素的重要性。斯金纳研究了霍布斯的思想及其时代，发现《利维坦》言说的是霍布斯所处时代特有的语言，探讨的是17世纪特有的问题。① 斯金纳认为，切入文本的根本方法是揭示文本的语境（context of a text）。他提出"不去专门研究主要的理论家，即经典作家，而是集中探讨产生他们作品的比较一般的社会和知识源泉"。② 这里对人物思想的研究不仅探讨思想家的文本，而且还要研究思想家在什么状态下创作出了这样的文本，使用怎样的词汇来表达自己的思想。这就意味着要将思想家的文本放在其所处的语境中来研究。把文本看作在更宽广的政治话语中的基本内容，它的内容随着变化的场景而变化，我们的研究也就能把握其主旨。这样的思想史研究并非要完全恢复思想家们的思想，而是要尽可能地去理解他们的思想。斯金纳希望以合适的历史方法来写历史观念史，这就需要将文本放在一种思想的语境和话语的框架中，"运用历史研究最为通常的技术去抓住概念，追溯他们的差异，恢复他们的信仰，以及尽可能地以思想家自己的方式来理解他们"。③ 这其实也是一种非常历史的方法。本书不仅分析班克罗夫特的史学思想的主旨，还对19世纪中期美国社会思潮、时代精神、历史写作惯例和史学观念进行研究，并试图在当时的历史语境和史学语境中来对班氏的史学思想和观念做出评价。另外，我们也不能仅以当时的眼光和标准来衡量历史人物，这样会使之失去时间性和空间性，就如一颗流星，光辉闪耀却没有其在历史长河中应有的定位。所以，笔者还对班氏的思想和著作在历史上和史学史上的意义进行历时性的评价。

---

① 〔英〕昆廷·斯金纳：《霍布斯哲学思想中的理性和修辞》，王加丰、郑崧译，上海：华东师范大学出版社，2005年。
② 〔英〕昆廷·斯金纳：《近代政治思想的基础·文艺复兴》（上卷），奚瑞森、亚方译，北京：商务印书馆，2002年，第3—4页。
③ Quentin Skinner, *Visions of Polrtrcs: Regarding Uethed*, Vol. 1, Cambridge: Cambridge University Press, 2002, p. 8. 转引自李宏图《语境·概念·修辞——昆廷·斯金纳与思想史研究》，《世界历史》2005年第4期。

研究人物思想就意味着要对人物写作的文本进行分析和解读。为了准确地理解文本的意义，以及作者所要表达的含义，必须要重视作者在写作文本时运用的语言或者修辞，因为"文本自身并不能够充分地成为我们考察和研究的客体"，我们必须要把文本的修辞特征看作研究的必要前提和组成部分。因此在阅读文本和历史材料时，我们应思考这些词语意味着什么，一些特定的词语意味着什么，作者通过他的论述表达了什么含义。所以，要准确地解读班克罗夫特的文本，应首先深切地了解班氏写作的主旨和本意，循着作者的逻辑和思维方式来阐释。这种对文本的忠实，一是要对班氏所处的时代背景有所了解，二是要对当时的学术背景或史学编纂背景有深刻领悟，这样才能对班氏的初衷和思想的源起和发展有更深的认识。综合时代背景、社会思潮、史学思潮和班氏写作的主旨来解读班氏的著作和历史观。在忠于文本的解读之后，再跳出作者的框架，以批判的眼光去审视，这时就应将其置于历史的长河中，观察班氏对美国社会和美国历史的影响，及其著作在美国史学史和学术史上的地位。总之，本书运用语境主义的研究方法，在历史的语境中考察班氏的观念、信仰和论据，对其著作及其影响进行"历史重建"。

综上，本书通过对班克罗夫特的文本进行细读，分析其内容和形式的含义，并结合语境主义的方法，从外缘因素进一步考察文本的起源、发展及其影响，力图从微观和宏观的角度对班克罗夫特及其《美国史》做出比较全面的认识和评价。

四 写作目的与创新

历史学家对班克罗夫特的史学观念的论述是很纷繁的，对班氏的评价也很不一致，大卫·莱文也认为由于班克罗夫特的教育背景和丰富经历，他是比较难以研究的人物。[①] 因此梳理班克罗夫特的史学思想，以及说明他的政治信仰、哲学思想与史学思想的联系，并给予重新评价，是一项十分必要的工作。

本书通过对班克罗夫特著作的文本分析，在分析其原著及其思想本

---

① David Levin, *History as Romantic Art: Bancroft, Prescott, Motley and Parkman*, Stanford, California: Stanford University Press, 1959, Preface.

身的基础上对班氏的历史观念进行更加深入的挖掘和研究。在班克罗夫特生活的年代，宗教在美国人的生活中持续地发挥着重要的作用，第二次大觉醒运动使清教以一种更加世俗化的面貌影响着美国的社会生活和历史学家的观念，班克罗夫特笔下的历史与现实是有紧密联系的，所以，他是否持有一种落后的宗教史观是一个值得探讨的问题。而且，以往的历史学家并没有把19世纪中期的时代思潮、社会状况、历史学发展情况以及欧洲思潮对班氏的历史观念和写作主题产生的影响等因素综合起来考量，致使他们对班氏的历史观各执一词，也增加了研究这个问题的难度。对于班氏历史观的来龙去脉的澄清、《美国史》的主题与时代思潮的关系的研究是本书要完成的重要任务，同时本书也会深入分析《美国史》在19世纪中期的美国社会大受欢迎的原因，以及班氏的历史观对于美国史学发展长久的意义和影响。在解决这些问题的同时，本文也展现了19世纪美国社会思想和宗教思想发展的脉络。

班克罗夫特对于德意志文化的借鉴，也是一个众说纷纭的问题。哈维·威什发现了很多其他历史学家没有注意到的班克罗夫特著作中的浓重的条顿主义色彩，伯特·詹姆斯·洛文伯格在他的《美国思想中的美国历史》一书中认为班克罗夫特是德意志文化的推崇者，他打破了美国学术的地方主义的保守性，直接引入了德意志的历史主义和民族主义观念，并且身体力行。[①] 多萝西·罗斯则认为班氏并未把历史事件置于历史发展的线索中来探讨历史在不同阶段发生的变化，而是把美国历史看作对普遍过程的实现，而非一种变化的过程。因此，班克罗夫特在德意志学到的浪漫主义和唯心主义中的历史主义成分大部分都被丢掉了，取而代之的是在基督教千年福音的框架下去书写美国的历史。[②] 那么，班氏到底在哪些方面和多大程度上接受了德意志思潮的影响，其历史著作和历史观中是否或者在多大程度上体现和贯穿了历史主义、浪漫主义和民族主义思潮，或者更侧重于接受哪一种理论的影响，这也是本书要厘清的一个问题。

---

① Bert James Loewenberg, *American History in American Thought: Christopher Columbus to Henry Adams*, New York: Simon and Schuster, 1972, pp. 239-257.
② Dorothy Ross, "Historical Consciousness in Nineteenth Century America", *The American Historical Review*, Vol. 89, No. 4 (Oct., 1984).

很多历史学家认为班克罗夫特是美国历史上最伟大的历史学家之一，对于美国历史学具有开创性的意义，但是他们并没有论述班克罗夫特对美国历史学的影响具体体现在哪些方面，本书试图对班克罗夫特史学思想在美国史学史上的影响进行深入探讨。美国的专业史学是在欧洲史学的带动下建立起来的，因此，在对班克罗夫特史学的研究中，本书还会论述到19世纪欧洲史学思潮尤其是德意志史学对于美国史学的影响，以及美国史学发展道路的独特性。

班克罗夫特作为19世纪中后期美国民族文化最典型的代表之一，他的著作和主张是当时美国的主流思潮的浓缩，因此对于班克罗夫特的研究，也是对于19世纪美国文化传统的研究。本书试图通过语境主义的理论和方法，力求把人物与历史环境和时代背景结合起来进行考察，论述一个具有影响力的人物与他所在的那个时代是怎样互动的，并且通过对班克罗夫特的日记、书信等原始资料的研读，真实地再现人物的全貌，包括他的性格、思想和心理，深入分析《美国史》体现的思想意识对于美国精神和特性形成的作用。

班克罗夫特是美国浪漫主义史学的代表之一，在以班氏作为研究对象的同时，本书也揭示了浪漫主义历史观、方法论和写作风格的特点，以及浪漫主义史学对于后世史学的影响和意义。这一点也是史学界需要深入研究的问题，这也是本书对于美国史学史研究所做的一个尝试。

综上，本书阐释了班克罗夫特史学的主旨、历史观念、史学方法，这是从史学史的角度进行的"流"的梳理。同时，从浪漫主义思潮对美国社会和历史学的影响入手，分析19世纪中期美国历史学在社会和思想上的渊源，这是从思想史的角度进行"源"的探寻。本书运用语境主义的方法，把历史学家的主旨思想与美国社会发展结合起来，探讨了史学的"源"与"流"，同时尝试把史学史与社会史和思想史联系起来，以新的视角来展示19世纪中后期的美国历史和史学史。

五 使用资料

本书首先使用了班克罗夫特的著述、信件、日记和演讲词等原始资料。班克罗夫特从1834年到1874年出版《美国史》十卷本，1882年出版《美国宪法形成史》两卷本，1883年到1885年班氏把以上十二卷合起来并进行修订，出版了《美国史》"作者最后的修订"六卷本。

班克罗夫特从1818年到1854年写就的散文和评论等辑成《乔治·班克罗夫特文学和史学作品杂集》，其中包括对于人性思索的散文，对于德意志文学研究和评论的文章，对歌德、席勒等诗歌的翻译作品，其中有些已经发表在各种文学和学术性质的期刊上。还有班氏的历史研究文章，包括对雅典经济的研究，探讨古罗马衰亡的原因，以及俄国和土耳其的战争等。最后还有班克罗夫特从1834年到1854年的重要演讲词，其中包括1854年班氏在纽约历史协会发表的演说。

根据班克罗夫特的书信和日记等文稿，由豪编辑和写作的《乔治·班克罗夫特的生平和书信》两卷本于1908年出版。豪的这部传记由班氏的大量重要信件原文构成。班氏的书信和日记等手稿现已被拍成缩微胶卷。由于这些文稿都出自班氏的手笔，不太容易辨认，或者由于是家信和只供自己阅读的笔记，很多匆忙而就，字迹难免潦草，还有年代久远、纸质变化或保存不当等因素造成字迹模糊，很多书信和文稿都难以辨认。所以，豪这部两卷本的传记最大的贡献是整理了班氏的很多私人通信和日记，以此为依据塑造了班氏生活中的形象。豪在书中很多地方直接引用了书信的原文，这一方面为后来的研究者提供了极大的便利，省去了辨认原稿字迹的困难，另一方面为研究者留出了充足的空间，可以从自身的角度重新解读这些书信和日记。该书在一定意义上与其说是一部传记，倒不如说是一部原始文献集，所以它至今仍然是研究班克罗夫特最有价值的参考书和最重要的资料来源之一。同时，本书也参考了班氏手稿的缩微胶卷，并与豪书中的书信进行对照。从1953年到1965年，乔治·班克罗夫特的后人、物理化学教授怀尔德·德怀特·班克罗夫特（Wilder Dwight Bancroft）分三次把班氏生前的手稿捐赠给康奈尔大学，康奈尔大学图书馆把这些手稿做成缩微胶卷。其中包括班氏的家信，与美国政界、知识界友人的通信，在撰写《美国史》期间与编辑、利特尔·布朗出版公司（Little, Brown and Company）的通信，在任驻英国和普鲁士公使期间与家人的通信，其中有些信件表达了班氏对于欧洲局势的分析和看法，还有在班氏刚刚去世时美国一些报纸上登载的关于班氏生平的报道和悼文，全部共3300多件，这是研究班氏生平非常重要的资料。

班氏撰写的文章散见于19世纪一些文学和学术性质的期刊，包括班氏在各种场合发表的演讲词，其中有些比较重要的已经印刷出版。本书还运用了从Newsbank数据库下载的19世纪中期的报刊中对于班氏的报道，这些都是很珍贵的一手资料。

另外，班克罗夫特的传记、有关班氏的研究著作、美国史学史著作、西方史学史著作、美国史著作以及在数据库中检索到的有关班氏和美国史学的期刊文章也是本书所参考的重要资料。

六　本书结构

本书除导论和结语以外共五章。

浪漫主义作为一种思想潮流，对其的解释较为纷繁。第一章即从浪漫主义的源头入手，探讨其与民族主义思潮的关联并澄清其对历史编纂产生深刻影响的实质内涵，进而分析浪漫主义在美国的社会语境和时代思潮中本土化的过程，这使其具有不同于欧洲的特色，推动了19世纪中期美国的社会改革。之后归纳了浪漫主义史学的代表人物及其著作的主题、历史观、写作特色，并分析了浪漫主义史学的历史影响，论述了其审美维度。

第二章通过对班氏著作的文本分析，归纳并论述了班克罗夫特的历史观和方法论。结合19世纪美国社会思潮和宗教思潮的发展和影响，解释了班克罗夫特历史观中的矛盾之处及其历史合理性。

第三章主要通过对《美国史》和班氏关于历史的杂记的精读，归纳并论述了《美国史》的主题。班氏笔下从美洲大陆发现到美国宪法制定的这段历史结合了19世纪中期的社会思潮与时代精神，其中也体现了班克罗夫特对于美国历史的解释框架。

第四章首先分析了19世纪中期美国的公共教育、大众的阅读状况以及公众所期望的历史作品的主题和风格，以及美国在建设文化之独立的情境中对民族史学的呼唤，进而分析了班克罗夫特的《美国史》在当时的历史语境中大受欢迎的原因，并论述了《美国史》与时代思潮的互动，进而揭示了班氏著作中体现的美利坚民族特性对于美国历史发展的深远影响。

第五章对浪漫主义史学的历史观和方法论进行共时性和历时性的整

体评价。共时性研究追溯了浪漫主义史学诞生的史学语境,考察了浪漫主义史学的历史观和方法论对于美国历史学走向专业化的意义。历时性研究则分析了班克罗夫特对于美国历史的解释框架对于后世美国历史编纂学的影响。

第一章　浪漫主义思潮与19世纪上半叶美国的历史学

第一节　浪漫主义思潮及其在美国的本土化

一　浪漫主义思潮的起源

如果说18世纪理性主义在西方取得了胜利，那么19世纪的大部分时间里浪漫主义的影响则日益增强。浪漫主义是发端于欧洲的一种思潮，它肇始于文学、艺术领域，后来影响了哲学、历史等学科的思想观念。17世纪科学的发展和进步，尤其是牛顿的发现使人们倾向于把整个世界看作具有相似物理结构的机器，可以用普遍规律来进行分析。18世纪末，被视作理性主义发展巅峰的法国大革命走向了极端，人们看到了理性主义空洞和束缚人性的一面，由此打破了由理性主义思潮带来的对未来的美好愿景。这个时期，浪漫主义以其神秘性和世界具有不可知的模糊性的理论挑战了理性主义。浪漫主义思潮在德意志兴起后，逐渐在英、法等国产生了回响，并波及美国。

"浪漫"不仅是一种风格，也是诗的一个要素，而且在这个意义上，一切富有创造性的作品都有某种程度的浪漫性。"浪漫的就是以想象的方式描写感情。"① 以这种语言翻译和创作的书就称为"romanz"，"roman"或"ro-mance"。例如，在古法语中，"roman"既可指通俗故事，也可指用韵文表现贵族的"罗曼司"。于是，这些爱情、冒险故事的特点和想象的奇异很快就与这个词本身联系了起来。② 初生的"浪漫"一词表达的含义与官方主流的趣味相抵牾，因而更多带有嘲笑和讽刺的贬义。到18世纪初期，这个词开始被用来描绘优美的自然景观以及人类内心对自

---

① 〔英〕利里安·弗斯特：《浪漫主义》，李今译，北京：昆仑出版社，1989年，第10—11页。
② 〔英〕利里安·弗斯特：《浪漫主义》，李今译，北京：昆仑出版社，1989年，第16页。

然的憧憬。"浪漫"由此获得了新的含义，正是由于英国人具有"生气勃勃的自然主义"精神，① 因而把"浪漫"与优美和自然联系起来。从英国开始，"浪漫"一词得到了广泛的传播。② 最初的"浪漫"并不是一个文学批评的术语，也不是思想观念上的变革，它指的是以称赞的目光观照想象中和情感上的事物的一种心情。③ "浪漫主义"作为一个专门用语，在18世纪晚期首先出现于德意志批评家施莱格尔（Friedrich Schlegal）的作品《浪漫诗歌》中。法国知识界具有影响力的引领者斯塔尔夫人（Madame de Staël）于1813年出版了其在德意志的游记，使"浪漫主义"被法国知识分子接受并在文化圈广泛传播。

从18世纪晚期到19世纪中期，浪漫主义是深刻影响西方文学、绘画、音乐、建筑、文艺批评和历史编纂的一种态度或内在精神倾向。浪漫主义是对18世纪末新古典主义的清规戒律的反叛，亦是对18世纪居支配地位的理性主义和物质主义的批判。浪漫主义关注个人、主观性、想象力、自发的情感、自然的生命力、中世纪的神秘和诡谲、逝去时代的价值。1815年，浪漫主义运动的提倡者和重要代表人物，英国诗人威廉·华兹华斯（William Wordsworth）提出，诗歌应该是"强有力的情感的自然流露"，这是"浪漫的竖琴"与"古典的七弦琴"的鲜明对比。④ 自认为属于浪漫派的艺术家和思想家虽然并无共同恪守的原则或信条，但其对艺术、自然和人性共有一种内在的感受或态度。浪漫主义亦是对既有的社会秩序、宗教和价值观的反思和批判，一时成为席卷欧洲的具有支配性的运动和潮流。

二 浪漫主义思潮的内涵和特征

浪漫主义是18世纪末到19世纪中期广泛影响西方的思潮和运动，即使在"浪漫主义"这个标签之下，不同国家的浪漫主义也各具特色，

---

① 〔丹麦〕勃兰兑斯:《十九世纪文学主流（第四分册）：英国的自然主义》，徐式谷等译，北京：人民文学出版社，1984年，第6页。
② 王利红:《诗与真：近代欧洲浪漫主义史学思想研究》，上海：上海三联书店，2009年，第9页。
③ 〔英〕利里安·弗斯特:《浪漫主义》，李今译，北京：昆仑出版社，1989年，第18页。
④ Romanticism, https://www.theartstory.org/movement/romanticism/history-and-concepts/#nav. 最后访问时间：2022年11月11日。

具有不同的表现形式，甚至在主张上有互相矛盾的地方。另外，随着浪漫主义的发展，其内涵也在发生变化，因此，有学者认为很难为浪漫主义做出明确的界定。正如思想史家洛夫乔伊所说："我们应该使用浪漫主义这个词的复数，而不是这个词的单数，这个词本身已经包含了许多东西。"① 也正如伯林在其演讲中所表达的，他从未想给"浪漫主义"下个定义，因为这种思潮包含着很多相互矛盾的方面。② 明确界定浪漫主义是一项浩大的工程，或者说是不可能完成的任务，但我们仍然可以在这个复杂又暧昧的思潮中把握其重要的内涵和特征。浪漫主义最初影响了文学的表达和风格，继而对诗歌、哲学、美学、历史学产生了影响。基于浪漫主义者对现实改革的关注，浪漫主义对政治理论、伦理学乃至19世纪初期西方的社会运动均产生了重要的影响。浪漫主义是"近代史上规模最大的一场运动，改变了西方世界的生活和思想。它是发生在西方意识领域里最伟大的一次转折。十九、二十世纪历史进程中的其他转折都不及浪漫主义重要，而且它们都受到浪漫主义深刻的影响"，③ 研究浪漫主义思潮的著述也比较多。④ 本书受篇幅所限和研究主题的导向，主要从德意志早期的浪漫主义思潮出发进行阐释。德意志是浪漫主义思潮的领导者和浪漫主义运动的中心，德意志早期浪漫派赋予了浪漫主义以最初的含义，浪漫主义在后期以及在其他国家被赋予新的内容，亦是以

---

① Arthur O. Lovejoy, "On the Discrimination of Romanticisms", *PMLA*, Vol. 39, No. 2 (Jun., 1924), pp. 229-253.
② 〔英〕以赛亚·伯林：《浪漫主义的根源》，吕梁等译，南京：凤凰出版传媒集团、译林出版社，2008年，第4—5页。
③ 〔英〕以赛亚·伯林：《浪漫主义的根源》，吕梁等译，南京：凤凰出版传媒集团、译林出版社，2008年，第9—10页。
④ 除了上文提到的洛夫乔伊和伯林，研究浪漫主义的重要著述还包括：Paul Kaufman, "Defining Romanticism: A Survey and a Program", *Modern Language Notes*, Vol. 40, No. 4 (Apr. 1925), pp. 193-204; Jacques Barzun, *Classic, Romantic and Modern*, New York: Garden City Doubleday, 1961; Herbert M. Schueller, "Romanticism Reconsidered", *The Journal of Aesthetics and Art Criticism*, Vol. 20, No. 4 (Summer, 1962), pp. 359-368; Jerome Mcgann, "Rethinking Romanticism", *ELH*, Vol. 59, No. 3 (Autumn, 1992), pp. 735-754; Aidan Day, *Romanticism*, Routledge, 1996; Manfred Frank, *The Philosophical Foundations of Early German Romanticism*, State University of New York Press, 2004; 〔美〕欧文·白璧德：《卢梭与浪漫主义》，孙宜学译，河北：河北教育出版社，2003年；王利红：《诗与真：近代欧洲浪漫主义史学思想研究》，上海：上海三联书店，2009年；〔美〕弗雷德里克·拜泽尔：《浪漫的律令：早期德国浪漫主义观念》，黄江译，北京：华夏出版社，2019年。

德意志早期浪漫主义观念为基础。德意志早期浪漫主义思潮对后来的世界发展具有重要和深远的意义。19世纪的美国在很大程度上受到了德意志浪漫主义思潮的影响。

英国的思想家埃德蒙·伯克探讨了崇高和美的哲学含义，赋予了"浪漫"一词以学术价值。这种观念传播到德意志后，莱辛、康德等学者把崇高和美的特征与自然景观联系起来并发展出了独具特色的思想潮流，使德意志成为浪漫主义运动的中心，德意志的浪漫主义进而对其他国家产生了巨大的影响。J.W.汤普森提出："浪漫主义是欧洲总的学术生活中的第四个运动①……虽然浪漫主义的苗头在法国、英国甚至在意大利和西班牙几乎都可同时发现，但首先看到这种新精神，说明其性质并使之有机化的地方却是德国。"②

18世纪初期的法国已经建立了君主专制政体，新古典主义者是路易十四的歌颂者和反映者，而启蒙运动者却是正在上升的资产阶级思想的代言人。虽然启蒙思想家对新古典主义思潮心怀不满，但其明确而坚决的反对目标集中于封建贵族的统治和教会权威。在文艺理论上，启蒙思想家仍然相信古典主义者宣扬的普遍人性。在他们眼中，审美趣味在一切时代都是相同的，因为它们来自人类精神中一些不变的属性。法国的启蒙运动者并未成为新古典主义的颠覆者。③ 18世纪后期的德意志并未建立统一的现代民族国家，仍然处于四分五裂的状态。普鲁士的皇室和贵族在文化和习俗上效仿法国宫廷，与德意志本土文化十分疏离。德意志的知识阶层虽然并未获得从事政治活动的自由，却在思想和文化领域大展拳脚，突破理性主义和古典主义美学的禁锢，发展了新思想。德意志在近代并未建立起自身的思想体系，没有思想的羁绊，狂飙突进运动以及在其引领下的浪漫主义运动在德意志开展得如火如荼。"浪漫主义的新思想不是由德国人最早提出来的，但他们却是最早发现和捕捉这一思想的人。最终成为欧洲浪漫主义运动领导者

---

① 根据J.W.汤普森的考察，前三个学术思潮分别产生于博学时代、理性时代和德意志的启蒙运动时期。
② 〔美〕J.W.汤普森：《历史著作史》（下卷），第三分册，孙秉莹等译，北京：商务印书馆，1996年，第179页。
③ 朱光潜：《西方美学史》，北京：人民文学出版社，2003年，第249—250页。

的是德国。"①

在法国的启蒙运动中，理性被认为是人类具有的独一无二的天然禀赋，人类凭借理性能够辨别是非，独立行事并掌控自身的命运。在科学不断推进的18世纪，牛顿的万有引力定律等物理学一系列发现令人类意识到，纷繁复杂的自然现象背后存在一般法则，一般法则是宇宙中的支配性力量。以理性为工具，人类能够追求普遍真理，认知宇宙运行的规律。②浪漫主义者则提出，理性的禀赋固然重要，但理性并不是人唯一的天资，仅仅经由理性也不能认识全面的人。因为人除了拥有理性，还拥有各种情感、直觉、想象力和潜意识，而后者正是构成人类个体独特性的重要元素。③浪漫主义"强调所有特有的人类力量的发展，拒斥任何片面性，后者将以其他方面为代价来发展人性的某一方面。它强调所有这些力量应当被塑造成一个完整、和谐、平衡的整体。忠实于这样的整体论，浪漫派坚称我们应当教导的不仅是理性还有感性，不仅是智识还有情绪和感受。他们认为感性——感受、情绪和欲望的能力，并不比理性本身更缺乏人性"。④浪漫主义时期是一个扩张的时代，人类精神既微妙又蓬勃地延展，激发了新形式的实验。人类精神从18世纪的乏味生活的限制中解放出来……人类官能变得敏锐和敏感；人们习得抓住地球表面所有的造物和所发生的事情；他们开始对18世纪所忽视的自然令人畏惧的美和力量难以释怀……总之，在笛卡尔和霍布斯主宰的年代里过度的理性主义令人长期处于麻木的状态，现今人类的全部天性被注入了活力，得到自由自信地施展。⑤

同理可知，宇宙的全貌也并非仅通过普遍的规律就能够得以把握，宇宙万物皆独具内在特性。只有了解世界的多元化特征，才能认知世界

---

① 王利红：《诗与真：近代欧洲浪漫主义史学思想研究》，上海：上海三联书店，2009年，第26页。
② 〔美〕卡尔·贝克尔：《启蒙时代哲学家的天城》，何兆武译，南京：江苏教育出版社，2005年，第48—50页。
③ Allen Wilson Porterfield, *The Outline of German Romanticism, 1766-1866*, Boston: Ginn and Company, 1914, p.156.
④ 〔美〕弗雷德里克·拜泽尔：《浪漫的律令：早期德国浪漫主义观念》，黄江译，北京：华夏出版社，2019年，第46页。
⑤ John S. Coolidge, "Lewis E. Gates: The Permutations of Romanticism in America", *The New England Quarterly*, Vol.30, No.1 (Mar., 1957), p.25.

的全貌和更加丰富的层面。浪漫主义者把情感与"冰冷荒岛上的理性王座"对立起来,诺瓦利斯(Novalis)写道:"心灵是通向世界的钥匙。"① 歌德坚持认为:"感觉是一切。"拉马丁(Alphonse de Lamartine)关于人自身的看法是,"只有在强有力的情感加持之下",人才能成为他自己。② 浪漫主义者认为运用原理去认识和解释事物只会带来思想的呆板和僵化。"任何东西,只要是人创造的,人也能毁灭它;因此,唯一的永恒之物就是从意识平面往下深入这个神秘而可怕的过程,这个过程创造了传统,这个过程创造了国家、民族、宪法;而一切写下来的、一切说出来的,一切理智健全的人冷静思考出来的东西都是浅薄的,如果遭到其他同样健全、同样浅薄、同样理性的人反驳,它们可能就会崩溃——因此,这样的东西在现实中并没有真实的根基。"③ 浪漫主义认为通过直觉、情感和想象力等禀赋才能去解释世界不可言说的深层的内核,才会在精神领域有所创造。在浪漫派那里,想象被放在了首要地位。他们借想象的眼睛来观察世界万物,这种眼界使他们超越表层现实注意到内在的理想。他们敏锐地意识到在短暂的、一望而知的想象世界和理想的真与美的永恒、无限的境界之间的冲突,而后者可以借想象来察知。④

近代科学的发展推动了生物学、物理学、天文学等学科的进步。万有引力定律对事物运动的解释令人们相信世界存在不变的规律能够对纷繁复杂的自然现象做出统一的解释,而人们一旦发现了这种规律或法则就会获得一种普遍的知识,对世界即可获得完美的和终极的认识。这种认知的前提是世界存在一种统一的结构,万事基于此而存在和运行,人类通过学习获得知识即可发现世界发展的原理。因而,科学可以使人们生活获得幸福、自由和正义。知识即美德。浪漫主义则认为既然人是世界的主宰,而自由意志是人的本质特征,世界的存在是人塑造的结果,因而世上并不存在事物的结构,自由意志是多变的、散漫无界的,由人

---

① 〔英〕蒂莫西·C. W. 布莱宁:《浪漫主义革命:缔造现代世界的人文运动》,袁子奇译,北京:中信出版集团,2017 年,第 23 页。
② History of the Romantic Movement, https://www.historydiscussion.net/history/history-of-the-the-romantic-movement/1786. 最后访问时间:2022 年 11 月 11 日。
③ 〔英〕以赛亚·柏林:《浪漫主义的根源》,吕梁等译,南京:凤凰出版传媒集团、译林出版社,2008 年,第 126 页。
④ 〔英〕利里安·弗斯特:《浪漫主义》,李今译,北京:昆仑出版社,1989 年,第 53 页。

创造出来的世界亦不是固定不变的和千篇一律的。由此,"浪漫主义反对任何把现实再现为某种可供研究、描写、学习、与他人交流的形式,换言之,就是那些以科学方式再现现实的企图。"①

启蒙运动宣扬个体的权利,通过每个个体与生俱来的理性来发展个人的认知和批判力,从而捍卫个人的权利。浪漫派同样赞同个人的全面发展,"第一,自我实现的个体和艺术作品都是有机整体,在其中相互冲突的力量(理性对感性)被锻造成一个不可分割的统一体。第二,自由实现的个体和艺术作品都展现出自由,无拘无束,因为二者的显现都只遵循他们自身内部的法则、他们自身内在的动力和独立于外部的力量"。② 然而,理性主义者与浪漫主义者对于个人与社群、个人与国家的关系的认识却不尽相同。理性主义者对个体权利的强调使个人忽视所在群体的道德规范和一般原则,从而导致个体与群体的割裂。浪漫派尽管也认同个体的重要性,却坚持认为有同样适用于每个人的基本道德和自然法则。浪漫派宣扬个体性的同时,仍然努力建设同一性与整体性。他们相信应将个体融入更大的国家、社会和自然中。

启蒙运动的自由主义者认为,国家由普遍统一的个体之间的契约所形成,其中每个人都是自足的。在浪漫派看来,契约论的问题在于自足的个体是一种人为且武断的抽象概念;个体只是社会整体中的一部分,若脱离了社会整体,个体甚至不会有私利,遑论道德准则或审慎的能力。从自利的个体中不可能孕育出一个社会整体,因为个体一旦受到私利的驱使,便会抛开法则的约束。浪漫派进一步指出,公利必须首先由人民自己决定,人民才是国家的最高权力来源。浪漫派的社群理想在本质上是共和主义的。③

启蒙运动中机械论的观念重新塑造了近代人类的自然观。既然理性是上天仅赐予人类的禀赋,人类成为世界的掌控者,人类与自然则构成了主体和客体的二元关系。在科学革命和工业革命齐头并进的潮流中,自然被视为一部由上帝设计的机器,世间万物都在做机械运动,均可以

---

① 〔英〕以赛亚·柏林:《浪漫主义的根源》,吕梁等译,南京:凤凰出版传媒集团、译林出版社,2008年,第127页。
② 〔美〕弗雷德里克·拜泽尔:《浪漫的律令:早期德国浪漫主义观念》,黄江译,北京:华夏出版社,2019年,第47页。
③ 〔美〕弗雷德里克·拜泽尔:《浪漫的律令:早期德国浪漫主义观念》,黄江译,北京:华夏出版社,2019年,第60—61页。

置于普遍规律下进行解释，人以其智能成为这个宇宙的主宰，制服了野蛮的对象即自然。与自然是支配与被支配的关系，人类能够凭借理性和工具去改造自然。这样，自然被置于人的对立面。

浪漫主义批判了这种僵硬的机械论，浪漫主义者认为，世界并不像理性主义者所认为的那样是由上帝设计的机器，按照既定法则运转，而是一种自发存在的有机体，有其生老荣枯的自然代谢过程。自然也不仅仅是人类可以随意利用和占用的工具和资源，自然被提升到与人类平等的地位。①浪漫主义者强调人与自然的融合，人的内在情感能够与外部世界相互映衬。春天令人感觉生机蓬勃，秋天则令人十分伤感。正如谢林所言："自然是可见的精神，精神是不可见的自然。"②人类正是在与自然不断的共生和互动中发展到今天。

浪漫主义时期出现了很多崇尚回归自然，抒发感伤等情绪的作品，并强调人与自然的融合，即内在情感与外部世界的结合。大自然本身那种生命不息、变化不止的动态性和有机性使浪漫主义者认识到自然界中事物的自发性和独特性。"这种对自然的自发性和独特性的赞美使他们认为无论在生活还是艺术中，至关重要的是个人的独创性和创造性的天赋，在自发地表达个人经验时必须是无拘无束的。浪漫主义时期的作品都带有很强烈的个人色彩，作者强调自身的独创性和创造性的天赋。"③ 18 世纪的新古典主义试图洞察普遍真理，为万事万物建立永恒正确的标准，这令文学、艺术的创作受到了固定模式的束缚，而浪漫主义则认为想象和创造力是衡量艺术作品的重要标准。浪漫派强调自然与艺术的关联性。他们认为人类创造力的所有形式只是自然本身创造力的显现与发展，艺术家创作的作品也是自然通过他们所创作的，艺术家的活动便揭示、展现或表达了自然本身；实际上它是自然的自我揭示。艺术由此成了真理本身的工具和尺度。④因此，这个时期的文学、艺术作品也更加精彩纷

---

① 〔英〕利里安·弗斯特：《浪漫主义》，李今译，北京：昆仑出版社，1989 年，第 42—49 页。
② 〔英〕蒂莫西·C. W. 布莱宁：《浪漫主义革命：缔造现代世界的人文运动》，袁子奇译，北京：中信出版集团，2017 年，第 25 页。
③ 〔英〕利里安·弗斯特：《浪漫主义》，李今译，北京：昆仑出版社，1989 年，第 49 页。
④ 〔美〕弗雷德里克·拜泽尔：《浪漫的律令：早期德国浪漫主义观念》，黄江译，北京：华夏出版社，2019 年，第 38 页。

呈，去除了模式化，而越来越体现出个性特点和多元化。早期浪漫主义强调艺术想象，这种依赖直觉来揭示艺术家超验王国的洞见的方法，带有伪宗教的神秘主义气息。①

从对自然的态度上，也能够体现出浪漫主义者对情感的关注。人类正是通过情感才能与自然融合；人类作为自然的产物具有共情的能力，能够去共情他人的感受，能够去悲悯他人的不幸遭遇，也正是因为人类有共情的能力，人道主义才能够成为一种信条，在18世纪后期逐渐被接受和认可。②

浪漫主义者把处于原始状态的人类视为自然之子，认为他们仅依靠纯粹的自然植入其心中的冲动而欢喜。浪漫主义者欣赏原始部落的自然直觉和情感。他们美化美洲印第安人、非洲土著人和岛屿部落。正如罗素所说："他们（浪漫主义者）注意的尽是遥远的、亚细亚的或古代的地方。"③

在启蒙思想家的眼中，伴随着科学发展和工业化推进带来日新月异变化的近代是开明和进步的时代，因而只有近代才是有价值的，而中世纪则充满了迷信和黑暗，是理智上谬误的时代。大多理性主义者崇奉他们所生活的时代，而对中世纪持贬抑的态度，扬今抑古成为理性主义者对待历史的普遍态度。浪漫主义者则以尊重甚至留恋的态度看待过去，发掘过去的内在精神。在浪漫主义者眼中，人类的全部历史是长长的链条，而每个时代皆是其中的一个环节，承接过去，铺垫未来，因而每个时代皆有其自身的内在价值。④ 每个时代也具有其独特的精神，这正是其区别于过去和将来的本质。正是在这个意义上，在浪漫主义者眼中，中世纪遗留下的断壁残垣昭示着那个时代的文化，中世纪的民歌和典籍亦蕴含着那个时代的精神特质。遥远的中世纪被镀上了一层落日余晖，展现着神秘的魅力。以中世纪为题材的戏剧、小说、绘画在很多西欧国

---

① 〔英〕利里安·弗斯特：《浪漫主义》，李今译，北京：昆仑出版社，1989年，第57页。
② Joyce E. Chaplin, "Slavery and the Principle of Humanity: A Modern Idea in the Early Lower South", *Journal of Social History*, Vol. 24, No. 2 (Winter, 1990), pp. 302-303.
③ 〔英〕罗素：《西方哲学史》（下卷），马元德译，北京：商务印书馆，1997年，第217页。
④ 易兰：《西方史学通史：第五卷近代时期》（下），上海：复旦大学出版社，2011年，第118—119页。

家风靡一时。

浪漫派对中世纪的关注并非要使现代世界退回到中世纪的状态，而是呼吁回归古代世界中生活与艺术的统一。浪漫派并非因循守旧者，而是19世纪初普鲁士改革运动的先驱。针对理性主义极端化导致社会的原子化现象，浪漫派给出了自己的药方，即社群理想：国家是一个优先于它各部分的整体。这意味着国家不可化约为个体的集合，在其中人人自足，个体的存在和身份有赖于其在社群中的地位。浪漫派强调一个人的社会属性，希望以中世纪的社群主义来对抗近代社会的原子化和异化。浪漫派痴迷于中世纪社会的社团结构更多是因为他们对专制主义的憎恨，以及对多元主义的偏好。他们的主要目标是构筑对抗集权主义的壁垒。①

理性主义者认为，理性精神是世界历史进程的基础，理性是衡量世界万物的唯一标准，遵循理性原则的文明是进步的，符合人类发展的方向，反之则是落后和蒙昧的。无论民族文化的表现形式如何，每个民族都会沿着理性主义者的规划走相同的道路，即越来越理性，越来越进步，这样每个民族都会朝相同的方向前进，达到相同的目标，人类文明就具有了普遍性和一致性。

浪漫主义反对启蒙运动带来的一般化和简单化，而提倡个体性、特殊性和差异性。浪漫主义相信独一无二的民族精神的发展过程，传统、风俗、法律和文化发展是一个统一的有机过程，对于每个民族来说都是独特的，历史承担着追溯国家起源的任务。"浪漫主义试图以情感方式研究历史，而不愿以理性来解释国家的特殊性的发展，宣称这种发展仅是神秘的民族精神的结果。"② 在浪漫主义者看来，任何形式的国家或民族文化都单独构成一个有机的整体，并且具有独特的发展过程。在文化的发展过程中存在一种决定性且神秘的内在张力，推动不可知的创造性力量前进，文化的这种神秘的发展方式是不能以直接的理性分析获知的。根据这个前提，文化和宪政的发展是受到这种神秘的、超自然力量影响

---

① 〔美〕弗雷德里克·拜泽尔：《浪漫的律令：早期德国浪漫主义观念》，黄江译，北京：华夏出版社，2019年，第35页、第57页、第60页、第63页。

② Harry Elmer Barnes, *A History of Historical Writing*, New York: Dover Publications, 1963, pp. 178-179.

的，这就是后来兰克所称的时代精神（Zeitgeist）。①

每个民族都具有一种独特的内在精神，其外在的反映则是各具特色的民族文化。每个民族按照本民族的方式发展其自身特质，其发展道路不同，最后的走向亦不相同，展现出人类文明的丰富性和多元性。每个民族既是独立的文化实体，又是世界历史连续性中的一部分；历史学家的职责在于从变化的历史事实中发现统一性，从而揭示历史发展的连续性。克罗齐认为，浪漫主义作为一种滋润万物的力量不仅影响了文学、哲学、政治学和心理学，而且渗入历史学，带着它的创造性、想象力、情感、思想和对过去的乡愁，将历史学从单调机械的理性主义的笼罩下，带入一片色彩斑斓的世界。②

浪漫主义者在自然中重新发现了连续性、创造性、具体性、多样性、有机体等因素，这对新的历史观的形成具有决定性的影响。正如费希特所言，自然的发展就像一个链条，环环相扣，前后具有牢固的联系。而世界的发展也是连续的，每个人、每个事物、每个国家都是这一链条中的一个必要的环节，它们的存在既是自身的存在，也是整体的一部分，这种从自然衍生出来的连续性和统一性的观念也被用于描述人类历史的发展过程。③ 19世纪的历史学成为浪漫主义最骄傲的果实。④ 这种发源于欧洲的浪漫主义思潮很快传播到了美国，并受到美国人的热情响应和广泛接受，影响了美国的社会生活和历史学的发展。19世纪中期美国历史学也成为这"骄傲的果实"的一部分。

浪漫主义思潮是对理性主义的主旨和内涵的全面反思，它质疑了启蒙运动所强调的非历史的理性之可能性。浪漫主义者认为，人类自身恃理性而无所敬畏的状态，无助于认识世界的本真，更助长了人类对自然的践踏，浪漫主义发展出了一套有机自然观与启蒙运动的机械论相竞争。在伦理学领域，浪漫主义者强调爱与个体的重要性，以此反对康德和费

---

① Harry Elmer Barnes, *A History of Historical Writing*, New York: Dover Publications, 1963, p. 178.
② 张广智主著《西方史学史》，上海：复旦大学出版社，2004年，第225页。
③ 〔德〕费希特：《论学者的使命和人的使命》，梁志学译，北京：商务印书馆，1997年，第69—74页。
④ 〔德〕加达默尔：《真理与方法——哲学诠释学的基本特征》，洪汉鼎译，上海：上海译文出版社，2004年，第355页。

希特伦理学中的形式主义。在美学领域,他们动摇了古典主义的标准和价值,提出新的批评方法,即尊重文本的语境和个性。在政治领域,浪漫派质疑契约论背后的个人主义,复兴了柏拉图与亚里士多德的社群主义传统。浪漫派最早确认并指出了现代公民社会的一些基本问题:失范、原子化和异化。①

虽然浪漫主义的一些信条站在了理性主义的对立面,但浪漫主义并未从根本上否定理性主义。它是在理性主义基础上进行批判性地扬弃,除了以上的主张,浪漫主义者仍然承认历史的进步性和历史发展是有规律可循的。浪漫主义者反对的是唯理性是从的观念,而并不攻击理性本身。他们赞同人类的理智,但提出仅凭理性主义教条化的原则无法全面实现人的潜能,也无从认识世界的丰富层面。浪漫派赞同启蒙的根本价值:个人独立思考的权力、个体的权利。浪漫派同样认同通过教育与启蒙来维护个体至高的权利,认同启蒙运动的一个根本目标即公众教育,即公众的道德、智识和审美能力的发展。②

理性主义者认为,实现个人独立思考,维护个人的至高权利之目标的重要路径是批判。在浪漫派看来,理性主义者的彻底批判使人与自然相疏离,使人失去了社群意识、集体归属感。因此,浪漫派提出,只有艺术,才能够恢复信仰,恢复人与自然和社会的统一。艺术能够通过创造一种新的神话来恢复道德和宗教信仰。③ 浪漫派倡导艺术的目的是实现启蒙运动的理想:弥合理论与实践之间的差距,以使理性原则能在公共生活中实现。艺术的价值在于激励人们按照理性原则来行动。

理性主义者为世界各民族设定的普遍道路只是一种理想主义,与现实多相抵牾,同时也否定了世界各民族文化的差异性和独特性。浪漫主义者正是传承了启蒙运动的怀疑主义精神,才能够反思理性主义走向极端而带来的僵化和教条,因此浪漫主义既是对理性主义的批判,亦是对其有益的修正和补充。

---

① 〔美〕弗雷德里克·拜泽尔:《浪漫的律令:早期德国浪漫主义观念》,黄江译,北京:华夏出版社,2019年,第9页。
② 〔美〕弗雷德里克·拜泽尔:《浪漫的律令:早期德国浪漫主义观念》,黄江译,北京:华夏出版社,2019年,第79页。
③ 〔美〕弗雷德里克·拜泽尔:《浪漫的律令:早期德国浪漫主义观念》,黄江译,北京:华夏出版社,2019年,第83—84页。

第二节 从德意志到美国的传播：二者的异同

德意志引领了浪漫主义思潮的发展，浪漫主义经过几代德意志思想家的不断深化，在欧美产生了深远的影响。19世纪初期，赴德意志留学的美国青年成为浪漫主义传入美国的重要媒介，创办于1815年的《北美评论》是引介欧洲尤其是德国文学、哲学具有影响力的刊物之一。同时，一些移居美国的德裔知识分子在引入德意志文化的过程中传播了浪漫主义思潮。另外，一些新英格兰知识精英通过阅读英国文学家的相关评论文章进一步萌发了对浪漫主义思想观念的兴趣。虽然浪漫主义诞生于德意志，但浪漫主义对于人性的乐观信念与年轻的美利坚共和国欣欣向荣的发展势头相契合，其文化民族主义的观念极大地迎合了19世纪美国文化独立的迫切愿望，亦有助于仍具有显著的区域差异的美国构建民族认同。

一 美国浪漫主义的主题

（一）自然

德意志的浪漫主义是从对本民族语言、文化的重新发现中，在重回传统、重拾自信的过程中被激发出来的。语言被认为是国家独特性最重要的标准，这种观念深植于德意志人的思想中，语言是国家不同区域之间联结最主要的纽带。这带动了洪堡（Wilhelm von Humboldt）、沃尔夫（F. A. Wolf）、格林（Herman Grimm）在语言学上的研究。[①] 康德和席勒认为，注视自然的鬼斧神工并不会令人类轻视自身，反而会激发其追寻内在的伟大潜能。美国人也希望借用这种类比，然而美国并没有宏伟建筑和历史遗迹，也没有自己的语言。所以，美国文学要深深植根于美国的自然景观之上，美国自然景观的宏伟与美国自身无限潜力的特性形成了对称。美国的超验主义者流连于清新和蓬勃的自然风景。对爱默生来说，艺术是对自然的改造和再创造，艺术源于自然，自然之美与人类的

---

① Harry Elmer Barnes, *A History of Historical Writing*, New York: Dover Publications, 1963, p.179.

精神共同缔造了艺术。① 超验主义者认为真理来自内在的感知"直觉",与超验主义的神秘相伴随的则是清朗和铺满阳光的风景。超验主义者朴素而坦率,对于自然的信念,孩童般的执着,导向了一种宁静的生活方式。②

19世纪早期的美国知识精英对于自然的钟爱和赞美可以从更深层次的文化认同上来探讨,而这方面则是由于美国浪漫主义与其立国经历在时间上的重合所带来的独特性。浪漫主义时期也正是工业革命深入开展,向市场经济转型的变革时代,人们摒弃了殖民地时期停滞的、悲观主义的态度,而以乐观主义的精神迎接一个变化动荡的新世界。"人们也不再固守于旧式的田间和作坊,而是尽自己的力量去开发新大陆尚未被开发的资源。大批的移民不断从欧洲涌入新大陆,资本市场不断繁荣,越来越多的企业建立起来。浪漫主义时期的美国的气质是上扬的,孕育着进步与革新。"③ 这些来自欧洲的移民对于迫切适应新环境的渴望反映了他们与北美大陆的过去建立联系的愿望,尤其是在不断扩充和侵占新的土地的过程中建立一种自我认同,一种与这片土地、新环境的认同关系。所以,这个时期的新移民试图抛弃欧洲的制度和习俗对他们的影响,而建立起可以在新大陆上不断扩展的新的根基。于是,自然,美国人是自然的、天然的这种属性成为他们认同于新土地的标志。④

这种自然属性与土地相连,却非仅限于自然地理概念的土地,还包含土地的所有权。能够被承认合理地占有和使用土地是新移民的迫切希望,也是他们与新环境建立联系和认同的重要方式,为在当时如流沙般不断迁移的白人社群中建立一个具有共同价值观的社会奠定了基础。因此,"欧裔移民以自然属性进行的自我界定是这些美洲后来者在建立自身认同过程中的一种想象,而19世纪美国的文学家和历史学家也在竭力进

---

① George Boas, "Romantic Philosophy in America", Edited by George Boas, *Romanticism in America*, Baltimore: The Johns Hopkins Press, 1940, p. 200.
② George Boas, "Romantic Philosophy in America", Edited by George Boas, *Romanticism in America*, Baltimore: The Johns Hopkins Press, 1940, pp. 201-202.
③ David Levin, *History as Romantic Art: Bancroft, Prescott, Motley and Parkman*, Stanford, California: Stanford University Press, 1959, p. 18.
④ Bruce Greenfield, *Narrating Discovery: The Romantic Explorer in American Literature, 1790-1855*, NY: Columbia University Press, 1992, pp. 1-3.

行这种国家认同的文化创造"。①

这种自我认同的另一面就是美国人对于自身的独立性和特殊性的寻求。19世纪初,美国虽然取得了国家独立,但是并未建立起自身的文化。19世纪美国的文学作品与欧洲相比在数量上其实是很多的,这也正是因为美国人急于证明自身文化的独立性,并提升自己,超越欧洲标准,建立自己的模式。在美国文化的发展过程中,有学者认为美国不断拓展的广阔疆域和美国人性格中无限发展的力量在国家意识建立的过程中恰好成了对称的修辞。美国景观的象征意义亦建构了美利坚的认同。② 詹姆斯·拉塞尔·洛威尔(James Russell Lowell)则认为应该摆脱这种类比,"美国不应以自然疆域和景观来界定自己,而是应该通过自身在文化上的特质——比如民主制度和自由精神来确立自身的独特性"。③ 洛威尔的观点有其中肯之处,但是美国人的自然属性的确成为其塑造自我认同的重要因素,尤其是在浪漫主义时期不可忽视的一个重要特点。而这种对自然的认同与美国人在疆土上的不断扩展,在社会经济上快速发展,而显现出蓬勃上扬的气质是十分契合的。浪漫主义传入之时,正是立国不久的美国在政治、经济和社会等方面不断发展的成长期。进入19世纪之后,随着工业革命的开展,以及以培养共和国公民为宗旨的公共教育的推广,大众逐渐推崇风雅品位和休闲娱乐兼具的文学、历史作品。由于浪漫主义对于个体和多样性的关注,它与美国的西进运动和社会改革相融合,汇成了对普通人的潜力具有乐观信念的时代精神。

(二) 道德与进步:美国浪漫主义的独特性

19世纪中期的美国在政治上已经稳定下来,走上了以工商业立国的经济发展道路,工业化的帷幕在新英格兰地区已经缓慢拉开,美国的疆域不断向西部拓展,新老移民在开发西部土地的过程中,不断砥砺着个人奋斗的精神。来自西部边疆和南部的未受过多少教育的人不断地参与

---

① Bruce Greenfield, *Narrating Discovery: The Romantic Explorer in American Literature, 1790-1855*, NY: Columbia University Press, 1992, Introduction.
② David Morse, *American Romanticism*, Vol. I, Basingstoke, Hampshire: Macmillan Press Ltd., 1987, p. 3.
③ David Morse, *American Romanticism*, Vol. I, Basingstoke, Hampshire: Macmillan Press Ltd., 1987, p. 5.

到社会活动中，推动了第二次大觉醒运动的兴起。第二次大觉醒运动实质上是一场宗教的世俗化运动，复兴并强化了清教的美德。复兴后的清教更加崇尚直觉、个人的内在价值以及对社会和人类的责任。"千年福音"的观念强调净化人的灵魂并改善罪恶的世界，通过个体努力来拯救自身并达到完善的境界。19世纪上半叶的美国仍然沉浸在独立战争带来的乐观自信的氛围中和对未来的美好憧憬当中。美国社会对千禧年的美好预期并未被法国大革命后期走向极端所带来的失落情绪打破。而且，在禁酒运动、女权运动等各种社会改革运动不断兴起的过程中，个体的力量日益得到关注和彰显。

18世纪的启蒙思潮中占主导地位的理性仅为精英群体赋予潜在的完善性，因而，受过教育且拥有相当财产的精英才是具有"美德"的人。美国的浪漫主义者班克罗夫特在其著作中融入了浪漫主义思潮对于心灵和直觉等先验的官能的关注，突破了在新英格兰一直占据重要地位的加尔文教中僵硬的理性主义的禁锢，强调人的潜在的完美性和人权平等的观念。新英格兰受德意志的唯心主义思想影响最多。德意志与新英格兰的共同之处在于柏拉图、超验主义和唯心主义。来自法国的社会乌托邦理论也产生了影响。在这一自由主义运动中，贵族思想土崩瓦解，中产阶级时代已经开始。① 在美国的浪漫主义者看来，欧洲专制君主的权力仅是受到感官享乐的支配，违背了道德的标准。班克罗夫特认为法国不能引导革命，因为它只能通过理性来接受真理，却忽视了道德的力量，嘲笑公正无私的善的可能性。② 发生在美国的宗教复兴的目标是净化人的灵魂，改善罪恶的世界；时代精神赋予个人内在价值，从而增强了普通人的社会责任感，使他们参与到改革活动中来。由此，我们看到，19世纪中期借浪漫主义之风潮复兴并强化了的清教美德与社会改革运动相辅相成。第二次大觉醒运动中的"宗教奋兴"宣扬了对人性普遍的信心，激发了大众参与的热情，这种内在完善与平等的观念也渗透到了社会改革运动中，如更多的底层人士获得选举权，禁酒运动、女权运动蓬

---

① 〔美〕沃浓·路易·帕灵顿：《美国思想史1620-1920》，陈永国等译，长春：吉林人民出版社，2002年，第621页。

② George Bancroft, *The History of the United States America from the Discovery of the Continent*, Abridged by Russel B. Nye, University of Chicago Press, p.142.

勃展开等。浪漫主义思潮是对普通人潜在的自我完善能力的肯定，从而发掘了人人平等的先验的根源，使美国的政治生活从 19 世纪中期开始融入了平等的新内容。

浪漫主义乐观向上的蓬勃热情与处于上升时期的美国是十分契合的，因此来自欧洲的浪漫主义思潮会受到当时试图在政治、文化上摆脱欧洲影响的美国的欢迎，美国人结合自身的经历，尤其是在开发新大陆过程中历练出来的重实践、乐观向上、不畏艰险的精神，形成了独特的美国的浪漫主义。

浪漫主义认为，人类社会进程是前后相继、不断前进的。19 世纪上半叶的美国在发展过程中出现了各种社会问题，市场经济推进中阶层矛盾不断激化，区域发展不平衡，奴隶制度引起人们对美国宣扬的自由精神和共和制度的反思，引发社会舆论的分裂，在各种社会力量的博弈中，新政党不断兴起。这样的社会现状无法成为人类进步图景的注脚。美国的浪漫主义者从更长时段上把美国的历史与浪漫主义思潮相融合，发展出了美国式的进步观念：在美国历史中，进步是在美国人对独立、纯粹民主的探寻以及废奴主义的声音不断增长的情境中逐步显现的。螺旋式的进步图景为进步原则暂时的挫败提供了解释。美国历史学家从不接受伊甸园或田园诗般的自然状态为历史现象。他们认为真正的历史开始于人类的堕落，历史的进程就是人类从野蛮走向文明的过程。美国人认为进步就是从野性到文雅，从原始的迷惑状态到与自然和谐相处的文明时期。一部美国很普及的教科书中说："一些传统始于纯真和幸福的黄金年代，其他传统始于原初的野蛮状态和野性的无序。即使我们假设人类始于拥有知识和修养的高尚状态，后来却堕入野蛮，然后又逐渐提升到其自然禀赋充分发展的时期。"①

美国浪漫主义虽源于欧洲，但是却在美国人对新大陆的适应、扩张、建设和改造的过程中与美国人的特殊体验和经历相融合，体现了自然、进步、彰显民族特性等观念，从而也塑造了美国人的自我认同观念。

二 美国式的浪漫主义英雄

进入 19 世纪，随着浪漫主义和民族主义思潮的传播，对民族特性的

---

① Samuel G. Goodrich, *History of All Nations*, N.Y.: Auburn Pub. Co., 1861, p.560.

追寻，建立民族文化成为很多知识精英的共识。尤其在 1812 年美英战争之后，美国人的爱国热情进一步被激发出来，发展民族文化以对抗英帝国的呼声更加强烈。美国的文学从诞生之日起即承担着昭示美国伟大特性的使命，即美国不仅要有别于欧洲，而且要超越欧洲，不再做旧世界亦步亦趋的学徒。美国的文学独立在 19 世纪中期进入正轨，这也正是一个呼唤和欢迎"庄严"（Sublime）的时代，而美国自身就要成为这种"庄严"。"庄严"即勇于承担大任并为道德使命而行事，并且摆脱常规的束缚。① 这种"庄严"特性需要英雄人物来展现，因此浪漫主义的另一面是英雄的史诗。美国的浪漫主义史学家普里斯科特和帕克曼等在其著作中展现了很多过去的英雄人物、发现者和探险者，其雄心和个性与美国无垠的疆域相互映衬。普里斯科特承认这些征服者超出寻常的野心、暴力和残忍，他暗示其笔下英雄人物的美德与罪恶是联系在一起的，如果没有这些极端的禀赋，他们也不可能有如此的成就。② 对于普里斯科特和帕克曼来说，历史就是一页接一页的光辉事迹和个人成就的记载，这些记述堪称对过去的传奇性的发掘。

欧洲的浪漫主义英雄一般以自身的洞见去挑战社会的共识，驳斥无知、自大和迷信，质疑现实。而美国的浪漫主义，尤其在库珀的笔下，美国精神（Americanism）解决了所有的疑问。库珀笔下的主人公与不断生成的美国社会并行发展。其小说中体现了如下信念：美国存在一种超验的和过度的（excessive）美德，能够消除所有奇怪和反常的现象。③

美国浪漫主义过度表现的英雄形象并非直接孕育于美国的文化环境，而是把欧洲范例与本土文化结合后的释例。英国和德意志的浪漫主义文学总是社会批评的承担者，但这是一种模糊的批判，从要求更多的自由、更大的想象空间、更多的自治到更多的性享乐，但是有冲击社会准则和宗教信仰的偏激倾向。美国文学作品中的人物形象却更加具体。超验主义者赞赏的是有无限内在潜力的人，杰克逊民主下的"过度"英雄，并

---

① David Morse, *American Romanticism*, Vol. I, Basingstoke, Hampshire: Macmillan Press Ltd., 1987, p. 2.
② David Morse, *American Romanticism*, Vol. I, Basingstoke, Hampshire: Macmillan Press Ltd., 1987, p. 7.
③ David Morse, *American Romanticism*, Vol. I, Basingstoke, Hampshire: Macmillan Press Ltd., 1987, p. 31.

不与社会对抗，而是把公众责任担负在肩头。美国式的英雄总是展现当时在场的事情，而不像欧洲式的英雄，总是指向当下所缺乏的东西。美国的浪漫主义作品总是指向现实，并具有文化的训导功能。美国的浪漫主义英雄并不指向每一个凡人，他们是突破人类极限，超越人类弱点的超验人格的象征。这样的作品就像圣徒言行录一样激发普通人对于伟大的向往，提升其道德认知。这样的人物既是榜样，也是实验性的。"实验的"（experimental）一词在19世纪四五十年代的美国，其含义是人类的可能性可以无穷放大。"过度"则是对标准的重新定义。①

美国的文学诞生在追求庄严和崇高的时代，这又与其从诞生之日起就被视为伟大的实验、超越欧洲的标杆相契合。美洲大陆未被人类接触和干扰的自然拥有神圣的光环。同样，艺术作品对其的呈现也不受束缚，没有先例。从而，美国的艺术家能够挑战欧洲的标准，表现出可与其匹敌的崇高。② 19世纪中期美国在空间和精神上无限扩展的势头塑造了美国人自信和进步的观念，令他们相信这是一个不会止息的进程，这既是美国区别于欧洲旧世界的特征，又是令美国人相信他们具有共同特质，从而凝聚美国社会的内在因素。

三 美国浪漫主义的建设性

美国的浪漫主义者认为，美利坚的民族特性在于美洲大陆的独特环境孕育出来的自由精神和民主制度，进而衍生出美国超越欧洲的决心，美国的优越性也由此而生。浪漫主义的知识精英希望通过对德意志文学、哲学作品的引介和传播，提升美国人的文化素养，净化公民社会良性发展所需的公共道德，从而推动新生的共和国不断向前发展。正是基于上述出发点，美国学者对德意志文学作品中的观念无法完全认同，而是有选择地借鉴。

18世纪德意志开启了重大的文化运动，产生了一系列代表性文学作品，比如注重内心世界和个人发展的感伤主义（sentimentalism）小说与

---

① David Morse, *American Romanticism*, Vol. I, Basingstoke, Hampshire: Macmillan Press Ltd., 1987, p. 29.
② David Morse, *American Romanticism*, Vol. I, Basingstoke, Hampshire: Macmillan Press Ltd., 1987, p. 5.

中产阶级的成长小说（注重描写自我成长和教育）。① 虽然歌德的文学禀赋得到美国知识精英的肯定，但是歌德被评价为"不忠诚于情感和上帝"，"忽视道德感"。正如班克罗夫特在一篇评论中所言："因为歌德不仅描述温柔的情感和真正的人性，还常常涉及由想象引发的哀伤和文雅衍生的罪恶。在美国，歌德的作品被视为对人性危险的诽谤而被搁置一旁。古希腊作品中展现的人性中积极的一面，成为社会幸福和慷慨行为的源泉，一般被作为史诗和悲剧的主题。歌德笔下则展现了被推向绝望的人，因求之不得而变得衰弱，或者由于并非真实存在的痛苦而陷入忧郁的沉思，或者从爱的源泉却引入了恨之毒酒。"② 虽然歌德"具有世界主义的情怀，其主题不仅契合某个阶层的品味……他展示了人类生活的全景……其戏剧的伟大之处在于作者忠实地反映了那个时代的感伤主义和怀疑主义……"，但是"歌德代表了没落的贵族阶层，缺乏民族情感，他在道德上是不及伏尔泰的"。③ 相反，席勒则是被美国学者高度肯定的作家，不仅因为其作品中展示了文学天赋，而且具有道德感，并体现了爱国情感。班克罗夫特在对德意志文学的评论文章中，热情地赞颂赫尔德，不仅由于其在历史哲学方面的贡献，而且因为赫尔德的作品"提高了国家的声誉，改善了整个国家的品位。很少有人像赫尔德一样多才多艺又具有道德感"。④ 德意志学者艾希霍恩以怀疑主义精神对《圣经》进行解释，令班克罗夫特觉得他缺乏严肃的宗教观和道德情感。⑤

19世纪中期，清教伦理在美国仍然具有重要的影响，它教导信徒要保持对上帝的虔诚，为了获得拯救而勤奋工作、节俭克己，为社区和教会做出贡献。清教徒无法接受德意志文学的感伤主义，因为这是违背清

---

① 〔英〕玛丽·富布卢克：《剑桥德国史》，高旖嬉译，北京：新星出版社，2017年，第85页。
② George Bancroft, *Literary and Historical Miscellanies*, New York: Harper & Brothers, 1855, pp. 193-196.
③ George Bancroft, *Literary and Historical Miscellanies*, New York: Harper & Brothers, 1855, pp. 195-200.
④ George Bancroft, *Literary and Historical Miscellanies*, New York: Harper & Brothers, 1855, pp. 167-168.
⑤ Orie William Long, *Literary Pioneers: Early American Explorers of European Culture*, Cambridge, Massachusetts: Harvard University Press, 1935, pp. 120-121.

教伦理的，因而是不道德的。工业革命的开展为美国带来了经济繁荣，以培养共和国公民为宗旨的公共教育的推广逐渐提升了大众的社会地位。同时，由于浪漫主义对于个体和多样性的关注，它与美国的西进运动和社会改革相融合，汇成了对普通人的潜力具有乐观信念的时代精神。此时的美国人正在为新国家的建设而踌躇满志，展现的是一派乐观上扬的氛围，多愁善感以及对人性消极面的剖析并不符合当时美国人的口味。对于具有实用主义倾向的美国人来讲，沉浸于个人的内心于社会发展毫无用处。

由于德、美宗教文化的差异，美国学者对德意志作品中体现的宗教观念多有批判。随着启蒙思潮在德意志的传播，基督教失去了在文化、精神领域的领导地位。《圣经》被作为历史文本来解读，其绝对的权威受到了质疑。康德提出了理性宗教观，即以理性的态度对《圣经》进行解读。19世纪上半叶，宗教自由之风逐渐席卷了新英格兰，唯一神教逐渐摆脱了加尔文主义教条的影响，倡导不局限于教义忠诚，信任个体的理性和判断。尽管如此，德意志学者对《圣经》的批判和在宗教上彻底的怀疑主义态度，仍然无法被美国社会接受。美国学者把康德看作无神论者，认为其摧毁了宗教的本质。[1]

德意志哲学把道德从理性的桎梏中解放出来，情感成为通向道德感的重要途径，而审美则是人通过情感的升华获得道德净化的必经之路。通过把道德与情感、审美相关联，道德获得了自由的飞升，亦不再受到宗教的束缚，从而使宗教的地位进一步降低。美国则不能接受完全脱离物质世界的道德感，尤其19世纪中期的美国人仍然具有深厚的宗教观念，他们无法接受道德与宗教相脱离。直到19世纪末，德意志的神学观才逐渐被美国人接受，其批判主义不再被视为对美国宗教的威胁。[2]

美国的浪漫主义在向西部边疆推进的过程中，显示出比欧洲更具建设性的、个人主义的和民主化的倾向，美国自身的独特经历为浪漫主义

---

[1] Richard Arthur Firda, "German Philosophy of History and Literature in the North American Review: 1815 – 1860", *Journal of the History of Ideas*, Vol. 32, No. 1 (Jan.-Mar., 1971), p. 140.

[2] Jurgen Herbst, *The German Historical School in American Scholarship: A Study in the Transfer of Culture*, Ithaca: Cornell University Press, 1965, pp. 7–8.

提供了更好的土壤。浪漫主义带动了个人主义在美国的滥觞，这种观念不同于伦理上的自由主义。美国的浪漫主义者要成为自己、表达自我，成为世界的主人，而不是奴隶。① 19世纪中期，随着工业化进程的展开和商业的快速发展，新英格兰的市场经济确立起来，对金钱不断膨胀的欲望成为社会的趋势。浪漫主义者认为，不断试图征服物质障碍的人逐渐会成为物质的奴隶，比如，人与金钱的关系。因此，他们提倡人类的生活应超越物质的支配。超验主义者对于人之个性的培养和完善的观点带有强烈的宗教色彩，他们认为世间所有事物会与上帝同属，这方面可以与新柏拉图主义相类比。② 光照进黑暗并不断散播，当黑暗渐浓，人类的使命是回归光源，而不是淹没于阴影中。人存在于精神的天堂和肉体的尘世之间，人类的生命应逃离肉体的纠缠，飞升到精神的自由境界。这种观念存在于1812—1860年的美国。③

欧洲的浪漫主义带有更多的反叛性，攻击既有的制度和法规。回归原罪的感伤主义是当时法国和德意志诗歌和哲学的显著特征。在美国，封建主义、传统主义和政治特权在浪漫主义兴起前的两代人的时间里就已经消失了，因此美国的浪漫主义比欧洲的浪漫主义具有更少的反叛性。德意志的浪漫主义者和美国的超验主义者同为批判者，但前者却对其所属社会充满疏离和憎恨的情感，后者则对当时的美国全无恨意，甚至感觉不到自身是社会的疏离者。④ 德意志的浪漫主义者回溯过去的荣光，美国的超验主义者则面向现在和未来，因为这是美国最好的时光，美国人相信上帝赋予其特殊的使命，这种自信已融入美国人的个性里。⑤ 如果德意志人注重情感和审美，美国人则关注实用。"为神意所指引而工作——正义、爱、自由、知识和实用。"梭罗不必梦回中世纪，在瓦尔登湖畔即可

---

① George Boas, "Romantic Philosophy in America", Edited by George Boas, *Romanticism in America*, Baltimore: The Johns Hopkins Press, 1940, p.193.
② George Boas, "Romantic Philosophy in America", Edited by George Boas, *Romanticism in America*, Baltimore: The Johns Hopkins Press, 1940, p.197.
③ George Boas, "Romantic Philosophy in America", Edited by George Boas, *Romanticism in America*, Baltimore: The Johns Hopkins Press, 1940, pp.201-202.
④ Duane E. Smith, "Romanticism in America: the Transcendentalists", *The Review of Politics*, Vol.35, No.3 (Jul., 1973), p.309.
⑤ Duane E. Smith, "Romanticism in America: the Transcendentalists", *The Review of Politics*, Vol.35, No.3 (Jul., 1973), p.316.

以实现其所愿，而其德意志同辈却没有这样的好运气。

美国的浪漫主义拥有更少的对立面需要破除，因为这是一个开放和流动的社会，为人们提供更多的机会。美国人无须废除18世纪的繁文缛节。美国的浪漫主义产生了朗费罗而不是拜伦，不是马克思而是梭罗。它的本质是民主的，而非贵族的。因此，虽然美国的浪漫主义受到欧洲的影响，但它具有非常明显的本土特征。它不能接受席勒的彻底反叛，拒绝拜伦看似不负责任的与体制主义的对抗，以及年轻的歌德不合法的美德。美国从欧洲选取了最适合自身文化需要的成分，满足了其自身强烈的民族主义的自我表达的渴望。也正是从这个时期开始，美国的文化和艺术开始形成了对自身的认知。①

第三节　浪漫主义与民族主义

一　民族主义的源起

德意志哲学家莱布尼茨提出了"单子论"，打破了启蒙运动以整齐划一的标准对任何事物进行衡量的机械原则，为浪漫民族主义奠定了理论基础。莱布尼茨认为，单子不是别的，只是组成复合物的单纯实体。整个宇宙就是由单子组成的有机整体。他在强调单子组成宇宙万物有机整体的同时，也突出了单子本身具有的特异性和繁多性、完满性和自足性。他认为每个单子自身形成一个独立的自成一体的空间："物质的每个部分都可以设想成一座布满植物的花园，一个充满着鱼的池塘。可是植物的每个枝桠，动物的每部分肢体，它们的每一滴体液，也是一个这样的花园或这样的池塘。"② 在莱布尼茨看来，个体之间质的差异必然存在。③

单子论开启了浪漫主义史学对人类历史发展多样性、多层次性、差异性、特殊性、异域性的重视和书写。"每一个时代都必须通过它自己当

---

① Russel B. Nye, *The Cultural Life of the New Nation, 1776-1830*, New York: Harper & Row Publishers, 1960, p.294.
② 北京大学哲学系外国哲学史教研室编译《西方哲学原著选读》，北京：商务印书馆，1999年，第489页。
③ 冯庆编《历史主义与民族精神——启蒙语境中的赫尔德》，姚啸宇、包大为等译，北京：华夏出版社，2021年，第28页。

时的价值来考察；历史中没有进步或衰落，有的只是充满价值的多样性。历史的个性和自发性特点要求打破自然法学说，建立以人类精神为中心的历史观，而这种精神不是由理性或理解，而是由意志决定的。"① 浪漫主义强调人类天资中情感、直觉、想象力等禀赋的重要作用，人类正是运用这些非理性的官能与过去时代的精神相通，与逝去时代的人类情感相连，才能够贯通自身的过去、现在和未来。浪漫主义以情感为人类重要禀赋和体现创造性的观点使人类理解自身的过去成为可能，过去作为现在和未来的必不可少的一环的重要性得以彰显，过去是值得研究的主题。对过去的尊重成为历史研究在观念上的前提，人类的传承性和连续性由此得以实现。

早期浪漫主义的代表人物赫尔德亦借此指出人类文明并非仅具有一致性和整体性，正是由于构成人类文明的各个民族的文化具有独特性，每个鲜活的民族文化塑造了人类文明丰富多彩的面貌。"在某种意义上来说，人类所能够达到的每一种完美性都是民族的、世俗的，而加以仔细分析之后，又是个体性的。"② 赫尔德提出，民族是历史研究的单位，每个民族都有自己的幸福中心，这为历史研究中的民族主义奠定了基调。浪漫主义相信每个民族的内在精神是独特的，是民族赖以存在的基础，亦是构成世界多样性的个体。每个民族精神的发展过程都是独一无二的。历史研究承担追溯国家制度起源的任务，因此尝试去阐释国家特殊性的发展，并宣称这种发展是神秘的民族精神的结果。"赫尔德创造了民族精神的概念，并且第一个承认社会心理学的考察对正确的历史理解有着至关重要的意义。由于一个民族的价值深藏在其个体性之中，因此，历史学家必须找到他自己的史学道路。"③

赫尔德提出，每种文化如植物一样有其萌芽、生长、成熟的过程，孕育这种文化的土壤和环境亦是当时当地，与其他时空并不相同，每种文化都在其发展过程中深深地承载着创作者的印迹，正是因为如此，传

---

① 〔美〕格奥尔格·G.伊格尔斯：《德国的历史观》，彭刚、顾杭译，南京：凤凰出版传媒集团、译林出版社，2006年，第36—37页。
② 〔美〕格奥尔格·G.伊格尔斯：《德国的历史观》，彭刚、顾杭译，南京：凤凰出版传媒集团、译林出版社，2006年，第41页。
③ 冯庆编《历史主义与民族精神——启蒙语境中的赫尔德》，姚啸宇、包大为等译，北京：华夏出版社，2021年，第29页。

承自古代的德意志民歌，使用了德意志的语言和音韵，只有德意志人才能理解它们蕴含的内在经验和象征，而其他族群的人则无法领会其中的微妙之处。德意志人不仅创造了属于他们自身的语言，他们还有自身遵循的习俗、法律和制度等，这些构成了德意志人的精神内核。德意志的知识精英逐渐意识到"一切价值和权利都有民族根源，外国制度不能被移植到德国土壤中"。①

浪漫主义和民族主义的历史学家都特别强调对语言和法律的研究，认为它们充分体现了一个民族的精神特征和历史发展的有机连续性。"知道过去曾经有过而现在没有的东西，看到有多少来源于过去的东西仍然存在，这是一切高级文化的开端与条件。对于一个希望不是用最近几个世纪的衰落而是把自己与较早的强大时期相结合的方法来提高自己的民族来说，这具有特别重大的意义。"② 赫尔德提出的民族文化的独特性和历史的连续性观念为民族主义的内涵提供了必要的基础。

德意志浪漫主义关注民族的内在精神，认为民族精神的内核来自其文化传统，这种精神在历史的连续性发展中得以传承，成为凝聚人心的力量。这种文化传统并非来自王室和贵族，而是散落在德意志的民间乡土。18世纪中期，德意志的格林兄弟开始收集民间广泛流传的童话和传说，赫尔德研究民谣；英国的一些文化精英亦把民谣当作高雅的诗歌，对过往的民间流传文化的收集和兴趣可以说是浪漫主义运动的先声，也体现了浪漫主义的一个鲜明特征：未受过知识熏陶和教育的质朴先民的文化遗产充满了令人着迷的想象力，他们的文化遗产可以与占据主流的所谓高雅艺术比肩。17世纪和18世纪的大部分时间里，彰显博学的典故和影射，复杂和壮观的风格被奉为圭臬，浪漫主义却崇尚简单和自然，这种风尚则直接源于未受过教育的普通人情感的自然流露。在德意志，"人民"（Volk）的思想成为艺术灵感的重要源头。浪漫主义音乐经常从民间音乐中取材，歌德的《浮士德》也运用了民间传说的主题。莎士比亚正是不遵循新古典主义规则的典型，受到歌德和席勒的欣赏，歌德和

---

① 〔美〕格奥尔格·G.伊格尔斯：《德国的历史观》，彭刚、顾杭译，南京：凤凰出版传媒集团、译林出版社，2006年，第47页。
② 〔英〕乔治·皮博迪·古奇：《十九世纪历史学与历史学家》（上册），耿淡如译，北京：商务印书馆，1997年，第167页。

席勒吸收其元素，创作了自己的戏剧。对民间故事（人民的天才创作）传承的一个结果即民族主义。①

启蒙运动宣扬人凭借理性成为一个自足的个体并强调个体的至高权利。理性主义者认为，实现个人独立思考，维护个人至高权利之目标的重要路径是批判。在浪漫派看来，理性主义者的彻底批判使人与自然相疏离，使现代人失去了社群意识和集体归属感。赫尔德继承了莱布尼茨的"单子论"并以此为基础进一步探讨了个体与整体的关系。他指出，每一个人、每一个时代对于整个历史的汇聚过程来说，都是这个过程中的一个中心，就像莱布尼茨的"单子"是自足的和自我形成的有机体一样，每一个人和每一个时代也是自我形成、发展、成熟和消亡的。对于每个人和每个时代而言，它是自己的绝对的和无条件的中心。但对于一个更高的目的来说，从未停止成为自身目的的我们，又是转瞬即逝的手段和工具，不得不存在于我们自己既定的时间和地域，不能超越。赫尔德说："在某一相同的时间，我们既是目的又是手段。"②

赫尔德认为，每个人都在寻找自己可以归属的群体，这个群体是个体的根系和家园。这个群体拥有的文化在漫长的历史进程中不断传承下来，成为民族的精神源头。在这里，赫尔德使用了"民族"这个概念来界定此群体。③ 人类各民族是按照植物的方式逐渐成长起来的，语言和土地是民族的纽带。隶属于同一群体的人，他们之间的共同点直接地影响了他们存在的状态；每种文化的价值都隐藏在特定文化的理想之中，每种文化都有其重心并值得我们尊敬和理解。理性主义把社会割裂为原子式的个体，浪漫主义则在彰显人的情感属性的基础上，为人类寻找精神家园。民族精神和民族情感成为凝聚个体的内在力量，个体在"民族"中找回其精神上的整全性。在理性主义不断对宗教祛魅的过程中，浪漫主义以民族文化为核心为人类建立了新的世俗信仰。

---

① Lloyd Kramer, *Nationalism in Europe and America: Politics, Cultures, and Identities since 1775*, Chapel Hill: The University of North Carolina Press, 2011, pp. 72-73.
② Elías Palti, "The 'Metaphor of Life': Herder's Philosophy of History and Uneven Developments in Late Eighteenth-Century Natural Sciences", *History and Theory*, Vol. 38, No. 3 (Oct., 1999), pp. 326-327.
③〔英〕以赛亚·伯林：《浪漫主义的根源》，吕梁等译，南京：凤凰出版传媒集团、译林出版社，2008年，第65页。

浪漫主义思潮强调民族文化和民族精神的独特性，关注对单一民族历史的研究，解释国家的特殊性起源以及在国家生活中的体现，认为民族精神是历史发展的推动力。美国革命和法国大革命共同培养了民族自我意识。由于浪漫主义强调"民族特征"（genius of a nation）的原则及其深厚的感情基础，浪漫主义对民族主义史学的发轫有强大的影响，并成为19世纪历史写作中占有支配地位的潮流。①

二 世界主义与文化民族主义

19世纪历史学内在的前提是任何国家、民族文化发展的渐进性和不易察觉性（unconscious nature）。浪漫主义宣称，任何形式的国家或民族文化都单独构成一个有机的整体，并且具有独特的发展过程。在文化的发展过程中存在一种决定性但神秘的内在张力，推动不可知的创造性力量前进，文化的这种神秘的发展方式是不能以直接的理性分析获知的。根据这个前提，文化和宪政的发展是受到这种神秘的、超自然力量影响的，这就是后来兰克所称的时代精神（Zeitgeist），②浪漫主义史学强调民族（国家）传统和由未经证明的思想观念构成的时代精神和民族精神（Volksgeist）。所有的民族按照本民族的方式发展其自身特质，拥有不同的发展道路和前进方向。浪漫的民族主义虽然强调特质和差异，却并未在世界舞台上去比较孰优孰劣。这与早期浪漫主义融入个体观念的"人道理想"有关。"人道理想"指出，所有人都存在一种萌芽式的共同人性、高贵和尊严。③"人道理想"也同样适应于具有个性特点的民族。因此，以赫尔德为代表的浪漫的民族观假设促进人类精神丰富多彩的民族之间存在基本的价值平等。赫尔德的"民族"不是政治实体，而是一种文化理想，它反对的恰好是政治的民族主义，即一个民族出于自身的逻辑对其他民族发动战争并奴役其他民族的做法。浪漫的民族主义强调每一个民族的自然正当性，暴力冲突和专制压迫终将被自然的"人民"生

---

① Harry Elmer Barnes, *A History of Historical Writing*, New York: Dover Publications, 1963, p. 192.
② Harry Elmer Barnes, *A History of Historical Writing*, New York: Dover Publications, 1963, p. 178.
③ 〔美〕格奥尔格·G. 伊格尔斯：《德国的历史观》，彭刚、顾杭译，南京：凤凰出版传媒集团、译林出版社，2006年，第44页。

活的文化状态取代。①

每个民族的内在精神具有独特性，但仍然是世界文明的有机组成部分。浪漫主义虽然强调个体性和差异性，但仍然关注个体与整体的关系。浪漫主义者批判了启蒙思想的原子个人主义，认为这种原子个人主义削弱了个体对共同体的情感，并导致法国大革命的极端化。浪漫主义认为个体性与整体性并不矛盾，对共同体的依恋情感是每一个个体实现自身价值和完善自身所必需的。个体与整体互相依存，个体的独特性更多地体现在个体内心的自由和思想观念，个体是自身价值和道德判断的主体。每一个个体是一个有机体，同时又是组成更大的有机整体的充满活力的一部分，正如康德在《判断力批判》中对树木与其枝杈的阐释。施莱格尔也曾做此论述，个人既是他自己，也代表了人类的整体；整体亦是个体，脱离整体的个体一定会丧失其全部真实的存在。只有在联合中，在与宇宙全部精神力量的统一联系中，个体才能完全发展自身并达到永恒。这正是诺瓦里斯所言的"一个普遍的个体"。② 因此，具有个性的民族是人类文明整体的有机组成部分，人类文明亦通过每个民族呈现出其多样性。

在时间的长河中，自然界不断地演化，呈现出前后相继、连续发展的轨迹，一切事物的起源都可以追溯到自然之中，人类社会与自然一样在不断进步，每一个历史时代都是自然地由前一个时代进化而来。"人类历史必然是一个整体，从最初的一环到最后的一环，社会生活和变化的传统构成的链条"，一环扣一环，步步前进。赫尔德认为，每个民族的文化内涵在每个时期都是独立的文化实体，包括语言、科学、艺术、宗教、哲学、社会制度等，它们不可分割地联系在一起，既具有自身的价值，又息息相关、互为条件，共同存在于一个有机的整体之中。③ 每种民族性都是由自然和历史塑造的，人类的责任是沿着历史和自然铺设的路线去发展自己的民族并保持这种连续性。每个民族既是独立的文化实体，又是世界历史连续性中的一部分，历史学家的职责在于从变化着的历史

---

① 冯庆编《历史主义与民族精神——启蒙语境中的赫尔德》，姚啸宇等译，北京：华夏出版社，2021年，第10—11页。
② 王利红：《诗与真：近代欧洲浪漫主义史学思想研究》，上海：上海三联书店，2009年，第157—159页。
③ 易兰：《西方史学通史：近代时期》（下），上海：复旦大学出版社，2011年，第119页。

事实中发现统一性，从而揭示历史发展的连续性。

赫尔德具有最敏锐的感觉和对个体性的最深刻的理解。他把每个民族看作独特的个体，同时又认为人类在本质上是一个整体。赫尔德把全人类比作音乐大师手里的一架竖琴，每个民族都是这架竖琴上一根发出独特音调的琴弦，它们共同组成了普遍的包容一切的和谐的琴音。赫尔德强调各种音调的琴弦组成的普遍和谐，他把全人类看作一个有机的，通过各个不同的民族类型显示自己，并在通往普遍的完美和进步中统一起来的整体。① 世界主义精神本来就强调个体性、整体性和连续发展的原则，即在强调每个民族的个体独特性的同时也关心包含在民族主义中的普遍的人类价值。② 从这一意义上来说，这个时期的民族主义与世界主义并行不悖，是强调价值平等和人类文明多样性的文化民族主义。"浪漫主义者是民族主义的，但同时他们的哲学里也包含一种普世主义的张力，这是因为他们在历史哲学和文化上具有世界性的关怀。浪漫主义界定的那种纯粹的、本土的和自觉的民族文化观念导致了理性主义带来的值得称赞的世界主义的观念狭隘化了，并且以对民族历史的关注为中心。"③ 这段话展示了浪漫的民族主义与世界主义的内在关联和彼此之间的张力。

三　从文化民族主义到政治民族主义

晚期的浪漫派继承并发展了早期浪漫主义的审美趣味：迷恋过去，崇尚自然和纯朴，探究超自然领域，以及在诗歌表现中追求音乐性和自发性。但是他们转到更侧重实践的方面，在德意志晚期的浪漫主义产生了一种强烈的民族主义倾向。④ 1806 年，在反对拿破仑统治的战争中，普鲁士战败。普鲁士为了实现国家的强盛开始实行改革，同时拿破仑的

---

① 〔德〕恩斯特·卡西尔：《国家的神话》，范进等译，北京：华夏出版社，1999 年，第 225 页。
② Kuno Francke："Cosmopolitanism in German Romantic Thought", *Proceedings of the American Philosophical Society*, Vol. 66, 1927, pp. 183-190. 转引自王利红《诗与真：近代欧洲浪漫主义史学思想研究》，上海：上海三联书店，2009 年，第 164 页。
③ Harry Elmer Barnes, *A History of Historical Writing*, New York: Dover Publications, 1963, p. 179.
④ 〔英〕利里安·弗斯特：《浪漫主义》，李今译，北京：昆仑出版社，1989 年，第 59 页。

占领亦激发了德意志人强烈的民族主义情绪，推动了德意志的时代思潮从文化民族主义转变成政治民族主义。

以赫尔德为代表的浪漫民族主义在精神上仍是世界主义的，赫尔德乐观地相信民族主义把各个民族联系在一起，而不是将它们分离，政治生活的民族化有助于国际和平。1814年以后，德意志人对法国的仇恨日益加深，开始批判法国的民族性，民族主义不再是统一的，而是分裂的力量。与此同时，这个时期国家被提升到了一个非常不同的地位，开始与民族、人民相等同。费希特在1806年《对德意志民族的演讲》中，认为国家是德意志民族道德与宗教的教育者。而且，国家的角色与权力政治结合得日益紧密，国家的力量体现了更强者的权力。① 国家被赋予了民族的内在精神，被赋予了人类的个性，民族国家成为一个巨人，即被膜拜的对象，代替之前的人类个体。德意志浪漫主义者偏离了个体的个人主义，而转向了民族的个人主义。② 以国家的有机体理论来发掘德意志民族初始时期的荣光铸就了其一贯的伟大，因此德意志历史学家乐于追溯中世纪的历史。这与其美学观也保持一致："美的核心属性是其内在的、固有的统一性。国家作为一个有机体则是这种统一性的最高表达。"③

这个时期，世界历史不再是展示各民族文化的多彩舞台，而成为仲裁民族斗争的法庭，冲突中的胜利者通常代表了一个在道德上更加优越的民族。审美和文化导向的民族性研究逐渐让位于民族国家的理想。通过追求权力政治中的利益，国家的行为与一种更高的道德相一致。④ 在国家间的关系中，"既没有法律，也没有权利，有的只是更强者的权力"，⑤ 在国家间的冲突中，国家被赋予了伦理特性，而获得胜利者或展示出强

---

① 〔美〕格奥尔格·G.伊格尔斯：《德国的历史观》，彭刚、顾杭译，南京：凤凰出版传媒集团、译林出版社，2006年，第47—49页。
② Duane E. Smith, "Romanticism in America: The Transcendentalists", *The Review of Politics*, Vol. 35, No. 3 (Jul., 1973), p. 313.
③ Duane E. Smith, "Romanticism in America: The Transcendentalists", *The Review of Politics*, Vol. 35, No. 3 (Jul., 1973), p. 315.
④ 〔美〕格奥尔格·G.伊格尔斯：《德国的历史观》，彭刚、顾杭译，南京：凤凰出版传媒集团、译林出版社，2006年，第49—50页。
⑤ 〔美〕格奥尔格·G.伊格尔斯：《德国的历史观》，彭刚、顾杭译，南京：凤凰出版传媒集团、译林出版社，2006年，第49页。

力者，则是在道德上更加优越的一方。这样，早期的民族主义即浪漫主义的民族主义强调民族文化的多样性和平等，后来与国家结合在一起的民族主义则强调民族文化的差异性、排他性和优越性，民族利益高于一切，政治的民族主义走向极端则会发展成为沙文主义。

四　美国的民族主义

拿破仑战争后，普鲁士的重新崛起刺激了很多国家狂热的民族自我意识。而且，它被浪漫主义的流行信条加强，强调了国家性格的重要性以及不朽的"民族特征"。[①] 英国革命、美国革命、法国大革命、普鲁士解放战争、1830年革命和1848年革命激起了自由主义的传统。米什莱（Jules Michelet）、奎耐（Edgar Quinet）、麦考莱（Thomas B. Macaulay）、班克罗夫特和莫特利都阐释了自由主义推动了民族主义历史叙述的产生。[②]

有学者认为，美国比西方其他民族更早注意到了民族特性（national character），对民族本质的强调为民族特性的评估打下基础。早在美国独立战争之后，诺亚·韦伯斯特（Noah Webster）和杰迪戴亚·摩尔斯（Jedidah Morse）编著的地理教科书概览性地介绍了美洲的民族风俗和道德观，其中就显示出了种族特性（racial trait）。学者大卫·拉姆齐（David Ramsay）和蒂莫西·皮特金（Timothy Pitkin）也以种族特性的观点来解释生活在他们中间的黑人和印第安人的生活方式。西奥多·帕克（Theodore Parker）和拉尔夫·沃尔多·爱默生（Ralph Waldo Emerson）把民族特性的观念与唯一神论和超验主义结合起来，影响了很多的历史学家。[③]

从殖民地时期开始，美国即承袭英国的建制和文化、习俗。建国初期，美国人集中于对国家建制的讨论，热衷于写宣传小册子，却疏于文化的建构。虽然有康涅狄格州的作家写出一些文学作品，但其主题却与本土的环境、生活和文化相去甚远，在风格上也具有浓厚的英国小说的特征。欧文（Washington Irving）在《纽约外史》中描绘了最早定居于纽

[①] Harry Elmer Barnes, *A History of Historical Writing*, New York: Dover Publications, 1963, p. 192.

[②] Harry Elmer Barnes, *A History of Historical Writing*, New York: Dover Publications, 1963, p. 207.

[③] George H. Callcott, *History in the United States, 1800–1860: Its Practice and Purpose*, Baltimore and London: The Johns Hopkins Press, 1970, p. 167.

约的荷兰移民，库珀（James Fenimore Cooper）在 1821 年开拓了完全属于美国的题材，故事的主要发生地是他熟悉的纽约州的韦斯切斯特地区。① 18 世纪末期到 19 世纪初期，美国的史学作品具有浓厚的区域特征，大多是城镇、州或地区的编年史。特朗布尔（Benjamin Trumbull）的《美国通史》②和拉姆齐的《美国革命史》③打破了地方史学和保守观念的限制，开始尝试把美利坚看作一个完整的国家来进行历史写作。但是，二者在对北美殖民地和美国革命历程的追溯中都没有探讨美利坚的民族特性。

在与浪漫主义伴生的民族主义浪潮勃兴的氛围里，美国社会也开始重视整理历史文献和档案，编纂历史，尤其是本国历史。美式英语发音的奠基人诺亚·韦伯斯特提出，一个美国人，"当他开启唇齿时，就应背诵出祖国的历史，弘扬自由并称颂那些在独立战争中贡献过一己之力的英雄们"。④ 美国革命是世界历史的转折点的观念使人们相信，称颂国家的英雄能够唤起共同的情感，并促进人们的联合和共同福祉。1826 年，斯巴克斯（Jared Sparks）曾与一位建议他撰写从 1787 年到约翰·昆西·亚当斯总统（John Quincy Adams）时期的宪法历史的学者长谈。这位学者提出，斯巴克斯应阐释、捍卫和证实联邦党人的观点。斯巴克斯认为，作为一种历史撰写者，"这种立场是非常令人反感的"。斯巴克斯向编辑吐露说，"在我们的历史戏剧中掩藏伟大演员的缺点，而仅仅宣扬他们值得后代崇敬和效仿的美德和善行是不恰当的。我认为这种原则有害无益。人物性格和事件的意义经常从历史剧目中演员的小缺点或桀骜不驯的性格中显现光彩，而不是从他们的优点和高尚的品质中而来。邪恶的事情是一定会存在的，公正要求一定要使其适得其所，将邪恶置于其应属的位置。掩盖人的缺点的历史只讲述了全部故事的一半，是不完整的，也

---

① 〔美〕纳尔逊·曼弗雷德·布莱克：《美国社会生活与思想史》（上册），许季鸿等译，北京：商务印书馆，1994 年，第 440 页。
② Benjamin Trumbull, *A General History of the United States of America, from the Discovery in 1492, to 1792, or, Sketches of the Divine Agency, in their Settlement, Growth, and Protection, and Especially in the Late Memorable Revolution*, Boston: Farrand, Mallory, 1810.
③ David Ramsay, *The History of the American Revolution*, 2 Volumes, Indianapolis: Liberty Classics, 1789.
④ Russel B. Nye, *The Cultural Life of the New Nation, 1776-1830*, New York: Harper & Row Publishers, 1960, p. 43.

是不完美的"。① 斯巴克斯心中拥有一种撰写历史的原则，欲尽量还原历史人物的固有色彩，令历史事件也公正地各归其位。但是，他最后还是偏离了他心中的原则，尤其著名的例子是，斯巴克斯在为华盛顿总统编写传记时，修改了华盛顿手稿中的语法错误，甚至按照自己对华盛顿的揣摩修改其认为错误之处。在这里，斯巴克斯的书写体现了历史编纂中的英雄主义色彩，他为其心中的英雄人物不自觉地带上耀眼夺目的光环。这成了浪漫主义史学家的通病，英雄主义情结与强烈的民族主义情绪使他们急迫地要书写美国与众不同的辉煌的过去，并尽力挖掘国家英雄的骄人之处。

18 世纪末 19 世纪初的美国人认为，历史写作应该发现国家和人类发展的轴心，发现美国社会和国家是如何形成的。历史不仅是政治史，还是科学史、宗教史、社会生活史。历史的过程就是对自然法则的执行，就像 18 世纪历史曾贯穿了上帝的法则一样。人类历史依据普遍的自然法则和道德法则不断发展，在这个过程中，有的国家崛起，有的国家衰落，而美国则在历史循环的上升环节，神意指令这种上升的过程是永恒的，人类的全部过去为美国的诞生做了准备。当时的学者认为，美国的历史学家和哲学家越研究美国的历史，越发现美国在每个方面都优于欧洲，并认为美国在未来会取得伟大成就是由神意确保的。很多人相信美国是特殊的——美国是在上帝赐予的机会下，在全人类共有的价值观基础上建立起来的，美国因此对整个人类具有重要意义。② 直到内战前，美国人一直怀有这样的设想，即美国作为一个民主社会，注定会在世界众多的国家中占有一种特殊的优越地位，美国因此会免于欧洲的专制和等级制度所引发的暴力。一个自信的、进步的美国，并作为反对旧世界的象征，也因此成为凝聚美国自身的象征。③

19 世纪早期美国的进步观念是在独立于欧洲的情感的发展、净化的民主以及废奴主义情绪增强的语境中产生的。进步与道德的观念互相倚重并

---

① Bert James Loewenberg, *American History in American Thought: Christopher Columbus to Henry Adams*, New York: Simon and Schuster, 1972, pp. 236-237.
② Russel B. Nye, *The Cultural Life of the New Nation, 1776-1830*, New York: Harper & Row Publishers, 1960, p. 44.
③ David Morse, *American Romanticism*, Vol. II, Basingstoke, Hampshire: Macmillan Press Ltd., 1987, p. 1.

产生内在联系。浪漫主义历史学家并不注重历史事件的内在联系和因果关系，他们把历史前进归于不可抗拒的进步趋势，不道德者必然消亡，而道德者最终一定取胜。美国人经常把自身进步的经历普遍化。进步观念促使历史学家去探寻国家制度的特殊形态。班克罗夫特决定用心研究美国的最初阶段，即美国的制度起源问题。理查德·希尔德雷斯（Richard Hildreth）也追溯制度、宗教、社会和政治的最初发展状态。进步观不仅与道德观交织在一起，而且是以美国特性和民主作为预设前提的。如果人类朝向新英格兰的唯一神论演化，那么就是在向美国的政府模式演变。美国的很多历史学家，即使只是编修地方史，也要使其编著的主题成为美国民主发展中的一幕。一部在美国广泛使用的历史教科书写道："我们不仅指向自身的命运，而且指向整个世界的命运。人类历史上第一次，人将会成为真正的人……在这里会实现人们很早预言过的、长久期待的黄金时代。"①

浪漫主义既是一种思想观念，又是与社会发展密切相关的实质存在。正如米勒（Perry Miller）所言："毫无疑问地，19世纪中期的学者阐发了关于艺术本质的个人观念，他们的作品带有明显的新英格兰传统的烙印，充满了清教的影响和扬基人的灵动气息。但是，除却上述特征，这些作品还是浪漫主义的，即使这些作品围绕着地方事务的主题，也会融入国际意识。如果他们的著作在今天仍然焕发着生命力的神采，并不是因为其中体现着作者的个体经历，或者因为它赞美了民族图景，而是因为，我们现在称之为浪漫主义时代的影响力使美国的精神和思想再次复兴并更具有活力。"② 美国精神的形成和塑造与浪漫主义史学对美利坚民族特性的追溯密切相关。

第四节　浪漫主义思潮影响下的美国历史编纂学

一　19世纪初期美国的历史编纂

自从哥伦布航行至美洲起，这片新大陆不断发展繁荣起来，有关美

---

① J. Merton England, "The Democratic Faith in American Schoolbooks", *American Quarterly*, XV (Summer, 1963), pp.191–199.

② Perry Miller, "Review on Romanticism in America by George Boas", *The New England Quarterly*, Vol.14, No.3 (Sep., 1941), p.573.

洲大陆的历史记载也不断涌现。从17世纪开始,便有清教徒史学家撰写殖民地的历史。这些虔诚的清教徒笔下展现的是在上帝的指引之下受迫害的基督徒来到新大陆寻找新的迦南,并建立"山巅之城"的理想图景。18世纪早期史学家认为美洲殖民地历史是英国历史的一部分,在马瑟、阿齐代尔、卡伦德、普赖斯和贝弗利等历史学家眼中[①],美国历史并未拥有不同于英国历史的新主题。[②] 到18世纪末19世纪初期,已经有一批关于美洲殖民地的文献、档案和历史著作问世。

独立战争使美利坚作为一个共和国建立起来,这次革命战争既诞生了美国,也使美国的历史学蹒跚起步。在这个时期,欧洲各国政府已经着手拨款资助历史学家发掘历史文献和档案,编辑史料,编修本国的历史。美国没有像欧洲国家那样经历过封建社会时期,也没有财力和文化上的积累。新共和国建立伊始,政府专注于国家立法和政党政治等问题,对国家文化的发展并不十分热心,对于历史学的关注和支持更加缺乏。这个时期的历史作品大多为史料编修、回忆录、地方志等,内容比较粗糙,史料缺乏考订,其作者都是不同行业和领域的专业人员。直到1837年,彼得·福斯(Peter Force)才艰难地从美国政府那里获得了一些资助,得以出版其编纂的《美国文献》(*American Archives*)。但是,政府没有继续拨款,使福斯原本打算编修从美洲大陆发现到美国宪法形成时期的历史的计划落空,最后只出版了其中的一小部分。[③]

美国历史学的专业化比欧洲要晚一代人的时间,在历史学还没有成为一个专业学科时,当时的著史者大多是收集资料和档案的古物研究者,其作品的出版大多凭借个人出资或各州的历史协会的资助。18世纪末期到19世纪初期,从事历史写作的主要是神职人员、律师、政治家、编辑、书商、有财产的绅士、教师、记者、图书管理员等。职业作家和记者所著史书通常都是精彩的故事描述,而编辑和图书管理员则热衷于史

---

① 科顿·马瑟(Cotton Mather)、约翰·阿齐代尔(John Archdale)、詹姆斯·托马斯·卡伦德(James Thomas Callender)、理查德·普赖斯(Richard Price)、罗伯特·贝弗利(Robert Beverley)是18世纪早期美洲殖民地比较有名的编年史家。
② Russel B. Nye, *The Cultural Life of the New Nation, 1776-1830*, New York: Harper & Row Publishers, 1960, p. 42.
③ Harry Elmer Barnes, *A History of Historical Writing*, New York: Dover Publications, 1963, pp. 229-230.

料的编纂。这些历史作品大多是地方史——城镇、州或地区的编年史，其中有相当一部分是作者搜集史料，为其热爱的家乡树碑立传。人物传记在19世纪早期也非常受欢迎，华盛顿、富兰克林等建国之父的传记是当时的畅销书籍，如大法官马歇尔也编纂了五卷本的《乔治·华盛顿传》。这些传记通过讲述英雄人物的经历进行道德训诫，它们也的确影响了那个时代美国人的价值观。如梅森·洛克·威姆斯（Mason Locke Weems）是第一个在华盛顿的传记中讲述后来广泛流传的"樱桃树的故事"的历史作家，这个故事成为教育孩子们诚实勇敢的典型范例。

在独立战争前后，最好的史学著作一般反映了占统治地位的保守阶级的观点。随着对有天分的效忠派历史学家的驱逐，从布雷德福德到哈钦森时期建立起来的良好的史学传统被粉碎了。[①] 而且，历史学家中有很多是政治人物，如第三届总统托马斯·杰斐逊著有《弗吉尼亚札记》，开国元勋本杰明·富兰克林著有《宾夕法尼亚州制宪和政治史要》，议员大卫·拉姆齐著有《南卡罗来纳的革命史》等。在新的上层阶级中仅出现了一些平庸的历史学家，如威姆斯式的感伤主义者或华盛顿的狂热追随者，他们对过去提供了一种非常狭隘的解释。地方史学家仅仅关注本地区的利益，或新近发生的事件或冲突，而对整个国家的历史视而不见，也忽视了殖民地历史的编纂。

美国建国后的史学家则认为殖民地历史是不断向美利坚合众国的诞生这个目标前进的动态过程，因此，殖民地时期的历史成为美国的起源和预言。托马斯·哈钦森所著《马萨诸塞湾的历史》[②] 和杰里米·贝尔纳普的《新罕布什尔的历史》[③] 即有明显不同。马萨诸塞湾的历史在哈钦森的眼中仅仅是英国跨越大西洋殖民地的历史，对贝尔纳普来说，新罕布什尔的历史则是对一种新出现的生活方式的记录，并由此发展出不同的社会制度和政治制度以及一种新的共同体。在独立战争即将结束时，

---

① Harvey Wish, *The American Historian: A Social-intellectual History of the Writing of the American Past*, New York: Oxford University Press, 1960, p. 38.

② Thomas Hutchinson, *History of Massachusetts Bay*, 3 volumes, Printed by Thomas & John Fleet at the Heart and Crown in Cornhill, Boston, New-England, 1764–1828.

③ Jeremy Belknap, *History of New Hampshire*, Volume Ⅰ, Philadelphia: Printed for the author by Robert Aitken, in Market Street, near the Coffee-House, 1784. Vol. Ⅱ and Ⅲ were Printed at Boston in 1791 and 1792 respectively.

美国的历史编纂者对本国历史的解释表现出更大的热情。正如伏尔泰指出的，研究本国的历史能够造就更好的、更忠诚的公民。① 18世纪末19世纪初，本杰明·特朗布尔的《美国通史》② 和拉姆齐的《美国革命史》③ 打破了地方史学和保守观念的限制，开始尝试把美利坚看作一个完整的国家来进行历史写作。但是，前者仍然没有跳出史料编纂的窠臼，而后者则把美国革命仅仅看作在上帝指引下的人类的丰功伟绩。④

随着共和国建立后公共教育的开展和公众阅读兴趣的提升，19世纪中期美国出版的历史著作不断丰富起来。有些学者关注欧洲人对于美洲大陆的开拓及殖民地的发展问题，其中华盛顿·欧文对于哥伦布生平的记述印数很大。建国之父们的传记从美国立国后就一直是畅销作品。出生于新奥尔良的查尔斯·E. A. 加亚雷（Charles Etienne Arthur Gayarre）与其他很多南方历史学家的研究志趣相近，即致力于记载殖民地的发展历程与地方史，他一生中出版了多卷本的有关路易斯安那从殖民地时期到美国建国后的历史。这个时期也有历史编纂者将目光投向美国作为一个国家的发展历程。乔治·塔克（George Tucker）于1856年到1857年出版了四卷本的《从殖民地时期到1841年第26届国会结束时的美国史》⑤，这部书被学界认为是比较严谨的学术著作，但并不符合当时美国人的口味。理查德·希尔德雷思在其关于美国历史的著作⑥中以比较客观的态度来解释美国革命，更加关注普通人，但他对美国社会多有批判，无法迎合美国社会正在澎湃着的民族主义热情，因而他的著作受到了大众的冷落。

---

① Russel B. Nye, *The Cultural Life of the New Nation, 1776-1830*, New York: Harper & Row Publishers, 1960, p. 42.

② Benjamin Trumbull, *A General History of the United States of America, from the Discovery in 1492, to 1792, or, Sketches of the Divine Agency, in Their Settlement, Growth, and Protection, and Especially in the Late Memorable Revolution*, Boston: Farrand, Mallory, 1810.

③ David Ramsay, *The History of the American Revolution*, 2 Volumes, Indianapolis: Liberty Classics, 1789.

④ Ernst Breisach, *Historiography: Ancient, Medieval and Modern*, Chicago & London: The University of Chicago Press, 1994, p. 225.

⑤ George Tucker, *History of the United States: From Their Colonization to the End of the 26th Congress in 1841*, Philadelphia: Lippincott Company, four Vols, 1856-1857.

⑥ Richard Hildreth, *History of the United States of America*, New York: Harper & Brothers, 1856-1860.

二 美国的浪漫主义史学家

从19世纪20年代开始,新英格兰的崛起改变了美国缺少反映时代精神的优秀史著的局面,这个时期涌现出的一些文学史学家成为美国历史学的奠基者。这些新英格兰的历史学家大多出身于良好的家庭,拥有相当的财产,使他们能够拥有闲暇时间撰写历史。在19世纪初期,历史文献还没有很好地被整理和归类,大多也并未向公众开放,搜集史料是一件费时费力并需要大量花销的事情,而历史著作的出版和印刷一般也要由作者个人出资,在出版印刷业不很发达的19世纪初期的美国,成书付梓更是花销不菲,需要有相当财力支持。所以,出身于新英格兰的这些历史编纂者也被称为"贵族史学家"(Brahmin Historians),其中一半以上来自马萨诸塞,尤以波士顿为多。这些历史编纂者大都受过大学教育,有些在欧洲的大学深造过,但其中只有乔治·班克罗夫特取得了博士学位。当时,只有不到1%的美国人受过高中以上的教育,[1] 这样看来,历史学家的受教育程度在当时来说是很高的。在19世纪中期的历史编纂者中,浪漫主义史学家的作品尤为当时的美国人津津乐道,其对后世美国历史学的发展亦影响深远。

美国浪漫主义史学中最具影响力的历史著作当属乔治·班克罗夫特的《美国史》。[2] 从1834年到1874年,这部书陆续出版了十卷。由于充满了浪漫主义的爱国情感和对年轻的共和国美好前景的坚定信心,这部书问世之后大受欢迎,成为当时鲜有的史学畅销著作,多次再版,仅第一卷到1878年时就再版了26次。这部《美国史》是当时第一部由美国人自己撰写的以美国社会和历史发展为对象的比较成熟的通史型史学著作。班克罗夫特也因此被誉为美国第一位"民族史学家"和"美国史学之父"。[3]

---

[1] George H. Callcott, "Historians in Early Nineteenth-century America", *The New England Quarterly*, Vol. 32, No. 4 (Dec., 1959), p. 497.

[2] George Bancroft, *History of the United States of America from the Discovery of the American Continent*, 10 Vols, Boston: Little, Brown and Company, 1834–1874. 后来作者删节为6卷本 (The Author's Last Revision, New York: D. Appleton and Company, Vol. I, 1885; Vol. II–VI, 1890)。

[3] John Arthur Garraty, *Encyclopedia of American Biography*, New York: Harper & Row Publishers, 1974, p. 56.

与班克罗夫特同时期的历史编纂者威廉·H.普里斯科特以自身的财力搜集了可观的资料,完成了《斐迪南和伊莎贝拉时期的西班牙史》①这部坚实之作。《墨西哥征服史》②则是普里斯科特最出名的著作,其笔下的战争场景恢宏壮观,对传奇和冒险故事信手拈来,描述栩栩如生,成为畅销之作。约翰·L.莫特利(John L. Motley)则在欧洲游历期间赴多国的档案库搜集史料,写成了《荷兰共和国的兴起》③,这部书当时就被认为将成为经典之作,并被译成法文和荷兰文。弗朗西斯·帕克曼访问了美洲没有"开化"的印第安人部族并寄居其中,以实际的生活体验和研读大量的欧洲历史档案写就了《庞蒂亚克的阴谋与征服加拿大之后的印第安战争》④,比较真实地展现了法属加拿大的印第安人部族的生活和制度及其覆灭的过程。这个主题虽然不如前述的几本著作那样引起了广泛的关注,但也受到了当时有眼光的少数批评家的赞赏。上述历史编纂者的著作在主题上虽然不尽相同,却有着共同的历史观念和写作风格。基于其社会思想基础、方法论和表现方式上的共性,他们被后世的历史学家称为浪漫主义史学流派。⑤

浪漫主义史学是从业余史学向专业史学过渡的桥梁,浪漫派的史家亦非专职撰写历史,他们一般都拥有自己的职业,如著有《荷兰共和国的兴起》的约翰·L.莫特利在从哥廷根大学留学回到美国后,一度在法律界执业,但是他真正的兴趣是历史和文学。班克罗夫特一生大部分时间作为政治家和外交官在公共领域活动,却笔耕不辍,著有多卷本《美国史》。还有的历史学家则出身于富裕的有闲阶层,如威廉·H.普里斯

---

① William H. Prescott, *The History of the Reign of Ferdinand and Isabella*, Boston: C. C. Little and J. Brown, 1838.
② William H. Prescott, *History of the Conquest of Mexico*, New and Revised Edition, Edited by John F. Kirk, Philadelphia: J. B. Lippincott Company, 1892.
③ John L. Motley, *The Rise of the Dutch Republic: A history*, New York: Harper & Brothers, 1883.
④ Francis Parkman, *The Conspiracy of Pontiac and the Indian War after the Conquest of Canada*, Boston: Little, Brown and Company, 1874.
⑤ 德门齐也夫等:《近代现代美国史学概论》,黄巨兴等译,北京:生活·读书·新知三联书店,1962年,第8页。David Levin, *History as Romantic Art: Bancroft, Prescott, Motley and Parkman*, Stanford, California: Stanford University Press, 1959; Bert James Loewenberg, *American History in American Thought, Christopher Columbus to Henry Adams*, New York: Simon and Schuster, 1972.

科特因著有《斐迪南和伊莎贝拉时期的西班牙史》和《墨西哥征服史》等而享誉海外。浪漫主义史学家写作历史并非出于生计需要或追逐名利，而是出于对所选择的主题的喜好和关切，或是出于对社会的责任感。对于这些历史学家来说，在其作品出版后，读者能够与其共同分享书中内容，就会为他们带来很大的欣慰和享受。普里斯科特认为历史写作是他精神上的食粮，并使自己零散的阅读找到了方向，为其带来心灵的充实，他称历史学永远是他最喜爱的学科。贾雷德·斯巴克斯从青年时代就感到了历史学对他有"非常强烈的吸引力"。帕克曼、莫特利、乔治·蒂克纳（George Ticknor）都曾写到，自从他们的大学生活开始，历史从令其感到愉快的消遣而成为他们热衷的事业。①

18世纪末19世纪初期，拿破仑战争以后，由于民族国家意识的勃兴，欧洲国家兴起搜集历史文献、编修本国历史的潮流，推动了民族史学的发展。从19世纪上半叶开始，美国的历史写作受到了这股思潮，尤其是德意志浪漫主义和民族主义思潮的影响，这也是美国的浪漫主义史学诞生的历史语境。下文就美国浪漫主义史学的历史观念、主题、写作风格和历史影响进行阐释。

三 浪漫主义的历史观念："正确的设想"

在浪漫主义潮流中，以往农业社会里土地对于人们的限制被逐渐打破，工业革命推动了资本主义工业和商业的兴起，社会产生了一种流动的经济，荡涤了有碍民主发展的一切限制，为普通人提供了机会。② 在工业化和开发西部的征程中，来自南部和西部的小农场主、小企业主、工人和技师等群体在历史舞台上展示了力量。人们为了前方的希望和梦想而更加积极肯干。浪漫主义正适合美国打破停滞状态，不断开拓新世界的进程。以独特性和平等为基础的浪漫主义思潮在19世纪中期的美国社会表现为对个体价值的重视，认识到大众在人类进步中的力量，这反映了当时美国乐观、上扬和进取的精神气质。正是在这种生气勃勃的开

---

① George H. Callcott, "Historians in Early Nineteenth-century America", *The New England Quarterly*, Vol. 32, No. 4 (Dec., 1959), pp. 508-509.
② 〔美〕沃浓·路易·帕灵顿：《美国思想史 1620-1920》（卷二），陈永国等译，长春：吉林人民出版社，2002年，第351—352页。

拓过程中，普通人的潜力得以发挥出来并受到关注，所以，美国的浪漫主义是植根于普通人之中的。这种时代精神使历史学家们更加关注社会的期望，历史作品的社会功能，在历史观念上也表现为对人类不断进步的普遍原则的信念。

浪漫主义思潮对自然界的多样性和变动性的承认，也为当时的社会奠定了平等的基调。自然赐予每个人天然的禀赋，每个人都能够通过自身的智识感知上帝的意旨，每个人都能够实现自我完善。19世纪早期，美国开始抛弃贵族教育，提倡大众教育，教育的目的旨在提升全社会的公民素养。历史学在其中承担了政治和道德教育的任务。浪漫主义史学著作以激动人心的故事为人们树立道德榜样，以此担负起道德训诫的功能。浪漫主义史学著作虽然在主题上不尽相同，却分享着共同的著述目的和历史观念，即期望以好的历史著作吸引读者，在读者分享关于美国过去的经验时，使其在精神上受到熏陶，在心灵上得到启示，在道德上得以提升。

在这个意义上，浪漫主义历史学家是面向社会和公众的。在19世纪中期，工业和城市还没有发展到把人的功能和作用分门别类，致力于思想的人群和以行动为本的人群界限也并未泾渭分明。当时的社会精英也没有把自己固定在某一个行业或领域内。杰斐逊、麦迪逊和约翰·昆西·亚当斯都是响应公共责任召唤的学者。很多公众人物，不仅是来自波士顿或剑桥的精英，都确信首先要致力于公众的精神建设，并提高整个国家的文化素养，才能实现新兴的共和国文化的真正繁荣，历史研究者也投身于这项伟大的事业之中。"他们认为对过去的探究不仅仅是为了理解过去，历史的学习和教学是一项公共职责和公共信托事业，历史研究是一项文化上的义务和职责。历史的功能之一即公民身份的建设者。"[1]

浪漫主义历史学家对现实的关注，以及对历史学承担社会功能的期望，体现在其历史观念中即他们的著作都存在一个"预期设想"（preconceived ideas），这个预设的前提也被称为"正确的设想"。[2] 所谓"正

---

[1] Bert James Loewenberg, *American History in American Thought, Christopher Columbus to Henry Adams*, New York: Simon and Schuster, 1972, p. 17.

[2] George H. Callcott, *History in the United States, 1800–1860: Its Practice and Purpose*, Baltimore and London: The Johns Hopkins Press, 1970, p. 151.

确的设想"建立在当时美国社会的一般共识的基础上，意即只有被大多数人认同的思想观念才应该在历史作品中反映出来。当时的历史编纂者普遍认为，历史的主要功能是支持社会的基本原则并以此使社会稳定，所以历史事实一般被置于"预期设想"的框架内。在 19 世纪早期，道德、进步、爱国主义和上帝的存在是大多数人能够接受和认同的价值观念，于是就成为这个时期历史著作的主题。

另外，在 19 世纪大部分时间里，历史学并没有形成一个独立的学科，而是与哲学和文学相伴相随。哲学为历史学提供了解释框架，而文学手法则是历史描述的重要表现手段之一。"早期的史学是具有目的意识的历史学，历史以实例来阐释哲学，哲学提供原则，历史则以事实证明原则。真正的历史一定以正确的原则为前提，事实为阐释真理服务。"① 所以，写作历史时很重要的前提是从正确的设想开始。浪漫主义者承认，历史学家会把其情感、兴趣倾向和观念倾注在历史写作中，因此其会选择符合其历史理论的事实来证明他预期的想法，或以事实来证明或解释其预先形成的框架。

四　主题——建立于一般共识基础上

19 世纪中期的历史叙事建立在一定的哲学框架之内，并为"预期设想"所支配。这个时期的历史学家是面向大众的，他们希望其他人也能对历史事件和场景感同身受。因此，他们的历史作品的主题与当时社会主流价值观一致。从另一个方面来讲，浪漫主义历史学家相信历史的功用在于其支持已经被接受的价值观这样一种社会功能，所以，历史著作的主旨应该与时代思潮相一致。历史通过连续的事件来展现潜在的原则，这些也是深受当时美国社会认同的"正确的设想"——自然、进步、道德、民族主义。

（一）自然

浪漫主义崇尚自然，"回归自然"显示了浪漫主义关于外在世界的全新的观念。他们认为，世界并不是理性主义者眼中的由上帝设计的机

---

① George H. Callcott, *History in the United States, 1800–1860: Its Practice and Purpose*, Baltimore and London: The Johns Hopkins Press, 1970, p. 177.

器，按照既定法则运转，而是一种自发存在的有机体，有其生老荣枯的自然代谢过程。自然也不仅仅是人类可以随意利用的工具和占用的资源，自然被提升到与人类世界平等的地位。浪漫主义者认识到大自然本身那种生命不息、变化不止的动态性和有机性，正如人有喜怒哀乐一样。①

这时的史学作品中也充满了对自然的热爱和描述。弗朗西斯·帕克曼在其著作中表现出对身体活动（physical activity），尤其是在野生自然景观中活动的强烈兴趣。乔治·班克罗夫特也希望"在自然的怀抱中重获青春"。② 这些史学家在其历史著作中以华丽的辞藻和饱满的热情大段地、铺张地描述或壮阔豪迈或深邃幽密的自然景观。班克罗夫特和帕克曼甚至还亲自来到其描写的历史事件的发生地，细心观察景观风貌，亲身体验当时的气氛和其中蕴含的情感。在这里，景观不仅装点历史戏剧，而是构成历史行为整体的有机成分，历史事件与其发生场景应具有同一性质。如果浪漫主义史学家描写一场宏大、重要的战役，而其恰巧发生在庄严的历史景观内，那么这就是他们所希求的最完美的主题。浪漫主义史学家希望读者也因此能够身临其境，成为"这个场景中的一部分"。③

在浪漫主义者眼中，自然并非附属于人类的客体，自然与人类同样是有着成长过程的有机体。这种观念亦体现在浪漫主义者的史学叙述中。自然环境并不只是人类活动的背景和舞台，自然景观也并不只是人类行动的映衬。人类与自然之间相互影响，对自然景观的描述是身处其中的人的情感和心理的展现，而且自然为人类精神世界赋予灵感，亦是人类获得道德净化的重要源泉。当讲到英国人费迪南多·戈吉斯（Ferdinando Gorges）在北美的拓殖经历时，班氏描绘了位于缅因的圣乔治岛的六月宜人的气候、茂密的森林和多样的鱼类，以映衬戈吉斯此次探险之旅的顺利和丰富的收获。④ 贵格派牧师乔治·福克斯（George Fox）旅行到北

---

① 〔英〕利里安·弗斯特：《浪漫主义》，李今译，北京：昆仑出版社，1989年，第42—49页。
② *Papers of George Bancroft 1811-1901*, Microfilm of Originals in the Cornell University Library, Ithaca/NY, 1967.
③ David Levin, *History as Romantic Art: Bancroft, Prescott, Motley and Parkman*, Stanford University Press, 1959, p. 18.
④ George Bancroft, *History of the United States of America from the Discovery of the American Continent*, Vol. I, The Author's Last Revision, New York: D. Appleton and Company, 1890, p. 82.

卡罗来纳，发现生活在森林中的拓殖者淳朴好客。班氏借福克斯之口讲到，当地的拓殖者从自然的神谕中听到了真理的声音，他们并非跟随洛克的理论，森林为其带去了哲学和活力。① 1663年，来自英国的契约奴和克伦威尔的士兵受到弗吉尼亚荒野的自然活力的激励，要求净化教会。② 班氏描绘了北美的新尼德兰壮阔宏伟的自然景观，"在这未被驯服的荒野中生活的人充满野性和生命力，他们的知识和技能都来自自然，他们的宗教是对自然的崇敬，其道德来自没有受到规训的直觉，其直觉正受到自然万物的启发。"他认为，此地的历史亦受到其气候、环境和地貌的影响。③

班氏借德意志哲学家赫尔德之口说出对共和制的欣赏，认为人类最伟大的思想在共和制下日臻完善，有关政府政治和人性的最好哲学亦产生于共和国中。他甚至指出，美国诞生之地的山脉、湖泊、河流等自然环境赋予其新文明的属性。④

浪漫主义史学家亦通过对恶劣的气候和自然条件的描述，来展示人类与自然的较量中体现出来的内在力量。普里斯科特描绘了阿兹特克帝国的地形地貌和气候条件，并提到冬季有时飓风会突袭墨西哥的海岸，"大自然仿佛用魔法要把黄金宝藏围拢在自己的怀抱里。人类的才干和决心却能够超越它的魔力"。⑤ 普里斯科特向读者呈现了墨西哥湾的自然环境，同时在恶劣的气候中又突出了人类战胜自然的意志。莫特利描绘了荷兰的地理

---

① George Bancroft, *History of the United States of America from the Discovery of the American Continent*, Vol. I, The Author's Last Revision, New York: D. Appleton and Company, 1890, pp. 421-422.

② George Bancroft, *History of the United States of America from the Discovery of the American Continent*, Vol. I, The Author's Last Revision, New York: D. Appleton and Company, 1890, p. 444.

③ George Bancroft, *History of the United States of America from the Discovery of the American Continent*, Vol. I, The Author's Last Revision, New York: D. Appleton and Company, 1890, pp. 485-486.

④ George Bancroft, *History of the United States of America from the Discovery of the American Continent*, Vol. V, The Author's Last Revision, New York: D. Appleton and Company, 1890, p. 231.

⑤ William H. Prescott, *History of the Conquest of Mexico*, New and Revised Edition, Edited by John F. Kirk, Philadelphia: J. B. Lippincott Company, 1892, p. 4.

位置、自然环境,并指出这里"很难说被自然赋予了丰富的资源"。① 荷兰人对抗暴虐的海洋,把其河溪支流连成网络,以灌溉农田并形成水路以利于交通。② "在这片贫瘠的土地上,人类自由得到了发展,否则民族的繁荣则无从谈起。"③ 正是荷兰人与自然相抗争的精神映衬了其书的主题——荷兰反抗西班牙侵略者获得了胜利。

(二) 进步、道德与民族主义

既然自然被看作一个自发的有机体,有其生长的代谢过程,那么人类历史也同样是有机的、不断发展变化的过程,各个历史阶段是历史发展总链条上的一个环节,后一个阶段总是会超越之前的历史阶段,因此历史发展是一个不断上升的过程。在这个意义上,19世纪中期的大部分历史学家都会毫无争议地接受进步的原则,认为现实不断地超越过去,而获得一种进步的发展。进步为人类发展提供了内在的主题。除了进步的存在本身这个事实,进步是比任何其他历史事实都确定的。进步确定了特殊事实的准确性。"人类为进步而生。"④ 浪漫主义者认为,历史学家应该把人类的进步作为其写作的出发点,并根据这个原则来判断所有的事件。莫特利在其著作的前言中说明其成书的目的:"相信人类进步、相信一个民族能够自治并自我完善的人们,人类天赋和美德的拥护者,会在这部具有英雄主义色彩的民族历史中得到激励。"⑤

浪漫主义史学家把历史看作不断变化的过程,他们尤其抓住了历史是进步的特征,认为现实不断地超越过去,而获得一种进步的发展,而且人类精神进步的过程不断西移至北美:日耳曼丛林的基督教,伊比利亚半岛的民族性(nationality),尼德兰和英格兰的宗教改革,美洲殖

---

① John L. Motley, *The Rise of the Dutch Republic: A History*, New York: Harper & Brothers, 1883, Vol.1, p.6.
② John L. Motley, *The Rise of the Dutch Republic: A History*, New York: Harper & Brothers, 1883, Vol.1, p.3.
③ John L. Motley, *The Rise of the Dutch Republic: A History*, New York: Harper & Brothers, 1883, Vol.1, p.38.
④ George H. Callcott, *History in the United States, 1800-1860: Its Practice and Purpose*, Baltimore and London: The Johns Hopkins Press, 1970, p.160.
⑤ John L. Motley, *The Rise of the Dutch Republic: A history*, New York: Harper & Brothers, 1883, Vol.1, p.ⅷ.

地的民主（或自由）制度。在上帝的设计下，这些原则的胜利是历史上最有意义的进步。一个国家的成功应该遵循进步的原则，这些原则与自然法也是一致的。①

既然人类历史是不断进步的，那么推动历史进步的动力是什么？衡量进步的标准又是什么呢？美国的浪漫主义史学家在这里将"道德"作为衡量标准。美国的浪漫主义思想，一方面源于欧洲，另一方面结合自身的社会现实，与清教互相作用，发展出具有美国本土特征、适合其自身精神成长的理念。在美国浪漫主义思潮传播的同时，第二次大觉醒运动的发生，复兴并强化了清教的美德。复兴后的清教的教义主旨上更加趋向于崇尚直觉、个人的内在价值以及对社会和人类的责任。"千年福音"的观念强调净化人的灵魂并改善罪恶的世界，通过个体努力来拯救自身并达到完善的境界。对道德感的强调，以及对历史中的人物和事件进行道德判断，是浪漫主义史学作品的重要特征之一。班克罗夫特认为法国不能引导革命，因为它只是通过理性来接受真理，却忽视了道德世界的力量，嘲笑公正无私的善的可能性。② 而英国的政治和商业界的理论家们以及皇室阻止了自然法的实行。③ 班氏曾在其文集中盛赞德意志的文学和学术，但他认为其缺少了宗教和道德感。④ 在讲到10世纪荷兰的情况时，莫特利指出，统治者的利益与人民的福祉相悖，这是违背道德法则的。⑤ 奥地利的唐·约翰（Don John）论智慧远逊于奥兰治的威廉（William of Orange），其德行也达不到人民的君王应有的水准。⑥

19世纪早期美国的历史思想弥漫着道德意识。在当时的历史学家眼中，历史发展的原因是已经预设好了的，道德即历史发展的动力，事件

---

① David Levin, *History as Romantic Art: Bancroft, Prescott, Motley, and Parkman*, Stanford, California: Stanford University Press, 1959, p. 27.

② George Bancroft, *History of the United States of America from the Discovery of the Continent*, Vol. II, Boston: Little, Brown and Company, 1875, p. 260.

③ George Bancroft, *History of the United States of America from the Discovery of the Continent*, Vol. II, Boston: Charles C. Little and James Brown, 1858, p. 58.

④ George Bancroft, *Literary and Historical Miscellanies*, New York: Harper & Brothers, 1855, p. 195.

⑤ John L. Motley, *The Rise of the Dutch Republic: A History*, New York: Harper & Brothers, 1883, Vol. 1, p. 27.

⑥ John L. Motley, *The Rise of the Dutch Republic: A History*, New York: Harper & Brothers, 1883, Vol. 3, p. 623.

只是这种内在动力的表现。与浪漫主义并行的超验主义强调自我控制和诚实正直等个人美德。大众文学中也充满了关于个人行为和道德责任的教条式训诫。① 对历史学家来说,抓住真理的重要方式就是拥有道德情感,历史的重要目的是道德感的提升,最普遍也是唯一的前提是道德法则的存在。所以,浪漫主义作品最大的特点是"道德热情"。道德特性被认为是判断历史事件的唯一标准,个人应有的道德观即绝大多数人认为神圣的情感和观念,即浪漫主义时期的美德。历史学家们认为,"一个民族和时代的思想应契合对其进行判断的标准"。② 历史成了道德的裁判所,历史学家也成了具有道德感和公正的法官,判断过去的人和事成为历史研究的重要命题。善恶成为浪漫主义史学作品中的主题。对于历史学家来说,历史的伟大戏剧就是简单有力与腐朽落后的冲突,而且结果往往是可以预测的:不道德和腐朽是重生和进一步上升的一个阶段,历史就是从野蛮向文明、从堕落向道德进步的过程。

既然进步是必然的趋势,而正义最后会取得胜利,进步与道德是互相解释,同时存在的。浪漫主义史学家会选择胜利者向读者说明什么是进步的和善的。帕克曼在评述法国试图拖延七年战争时指出,法国是不可能最终得胜的,因为它的神职人员和专制制度是邪恶的。③ 普里斯科特通过阿兹特克帝国的惨败证明了其不道德和专制性。西方文明代表进步,美洲印第安人固守其野蛮的本性,即使欧洲文明提供了更好的法制和更加纯洁的信仰,阿兹特克帝国不愿接受先进文明的影响,必定走向衰亡。④ 而美国一定会发展成非常民主的国家,无论《五月花号公约》是如何规定的。华盛顿最终会取得胜利,无论在约克郡发生了什么。历史学家并不注重历史事件的联系和因果关系,在对历史事件缺乏充分解释的情况下,把"不可抗拒的进步趋势"(the resistless

---

① David Levin, *History as Romantic Art: Bancroft, Prescott, Motley and Parkman*, Stanford, California: Stanford University Press, 1959, p. 24.
② George H. Callcott, *History in the United States, 1800–1860: Its Practice and Purpose*, Baltimore and London: The Johns Hopkins Press, 1970, p. 159.
③ Francis Parkman, *Braddock's Defeat, 1755: The French and English in America*, New York: Effingham Maynard & Co. Publishers, 1890, p. 10.
④ William H. Prescott, *History of the Conquest of Mexico*, New and Revised Edition, Edited by John F. Kirk, Philadelphia: J. B. Lippincott Company, 1892, pp. 25–26.

march of progress),或"伟大的潮流"(the great current of events)作为历史前进的最终解释:不道德者必然消亡,道德者一定会取得最后的胜利。①

在美国的浪漫主义史学家眼中,美国式的共和制度是人类社会发展的趋势,亦是符合道德法则的典范。在这个过程中,自由的精神和力量不断战胜教会和贵族王室的专制,这也正是人类不断冲破黑暗、走向光明的进程。班氏在叙述英国在北美殖民地实行印花税法案时指出:"英国设计了一套制度来奴役美洲,但人民有无可争议的权利来反对不合理的权威……自然法则,英国的宪法精神,希腊和罗马的范例,英国祖先的英勇行为捍卫了人类内在的权利,反抗国王和教士。美国反抗英国的奴役建立在智识和道德世界的法则之上,根源于真理、自由、公正和仁慈。自由与美德牵手,奴役与邪恶并行。"② 自由是道德原则的内在应有之义,而阻碍自由精神发展,剥夺人类权利的行为则是非道德的。正如班氏所述:"时间和人类本质,英式自由的原则,欧洲的哲学,法国的政策都有助于美洲的解放,英国的殖民当局妄图阻止道德准则对人类事务的影响。"③ "在英国国会决定对波士顿实行高压举措后,波士顿赢得了道德上的胜利,它站在法则的一边,而其敌人则是自然法的破坏者。"④

莫特利把荷兰的独立进程描述成自由精神不断成长,权力从少数人向多数人转移的过程。当勃艮第贵族限制了尼德兰的政治权利时,莫特利观察到,在这表象之下,削弱集权的力量已经在暗中生长,历史将迎来自由的进步。⑤ "尼德兰联合省的统治权掌握在大部分人手中,勤奋和才智通向财富和权力,与11世纪和12世纪的普遍奴役状态相比,这是巨大的进步。"⑥

---

① David Levin, *History as Romantic Art: Bancroft, Prescott, Motley and Parkman*, Stanford, California: Stanford University Press, 1959, p. 28.
② George Bancroft, *History of the United States of America from the Discovery of the Continent*, Vol. Ⅲ, New York: D. Appleton and Company, 1890, p. 144.
③ George Bancroft, *History of the United States of America from the Discovery of the Continent*, Vol. Ⅲ, New York: D. Appleton and Company, 1890, p. 295.
④ George Bancroft, *History of the United States of America from the Discovery of the Continent*, Vol. Ⅲ, New York: D. Appleton and Company, 1890, p. 335.
⑤ John L. Motley, *The Rise of the Dutch Republic: A History*, New York: Harper & Brothers, 1883, Vol. 1, p. 44.
⑥ John L. Motley, *The Rise of the Dutch Republic: A History*, New York: Harper & Brothers, 1883, Vol. 1, p. 82.

在浪漫主义史学家的观念中，自由精神与道德原则是一致的，而且内在于盎格鲁-撒克逊人的种族特性之中。"荷兰人是盎格鲁-撒克逊人的兄弟，从未接受封建主义。荷兰这片土地上的几个王国从13世纪开始即采用共和制的自治政府形式，这是公民精神与中央集权抗争的结果。热爱自由，乐于为反对专制的事业流血是这个种族的特性。"① 盎格鲁-撒克逊人在不同区域争取独立、捍卫自由的精神贯穿了世界历史的进程，并形成了前后相继的链条。"荷兰共和国的兴起是现代史上的首要事件之一，如果荷兰未获得独立，接下来的很多历史事件就会被改写。荷兰人不仅为自身赢得了独立，亦为人类命运的改变做出了贡献。荷兰争取独立的进程构成了人类历史上浓墨重彩的一章，与英国革命、美国革命前后相继，在人类命运的链条上传递自由的精神。"② 盎格鲁-撒克逊人的精神也体现在荷兰的独立事业中，它是盎格鲁-撒克逊种族历史的重要部分。无论是在弗里斯兰，还是在英格兰或马萨诸塞，这种精神的实质是相同的。③

北美殖民地人是盎格鲁-撒克逊人的传承者，其对大英帝国专制统治的抗争既体现了其种族内在的自由精神，同时亦符合道德法则。如此，美国革命便成为人类历史不断进步的进程中重要的一环。"专制和迷信扼杀光明和自由的企图是徒劳的，世界会从混乱走向更美好的前景。在这个进程中，美国的解放是其中的光辉一章……"④ 正是在对人类社会的进步历程和衡量进步之标准的探讨中，美国的浪漫主义史学家发现了美利坚民族的特性。"人民的权利来自宇宙伟大的立法者，不能被剥夺。人类社会在逐渐进步，从绝对君主专制到封建法律，人民在对抗教权和贵族权力的过程中，在对抗宗教的和世俗的专权的过程中，他们的力量在上升……美国人在废除封建制的不平等中建立了比欧洲更加符合人性尊

---

① John L. Motley, *The Rise of the Dutch Republic: A History*, New York: Harper & Brothers, 1883, Vol.1, pp.38-39.

② John L. Motley, *The Rise of the Dutch Republic: A History*, New York: Harper & Brothers, 1883, Vol.1, pp.ⅲ-ⅳ.

③ John L. Motley, *The Rise of the Dutch Republic: A History*, New York: Harper & Brothers, 1883, Vol.1, p.ⅴ.

④ George Bancroft, *History of the United States of America from the Discovery of the Continent*, Vol.Ⅲ, New York: D. Appleton and Company, 1890, p.294.

严的政府。"① "美国既没有与过去突然断裂,也并未遵循腐朽的模式……在一个信仰自由、言论自由和出版自由的国度里,对于真理的普遍感知保证了永不停息的改革进程。"②

在美国的浪漫主义史学家眼中,历史的演变展现了从奴役到自由的进程,只有自由劳动在一个族群中占支配地位时,其才能演化成为一个民族。莫特利在讲述尼德兰的历史发展进程时写道:"尼德兰有些地区存在过很多农奴,当农奴逐渐被自由劳动者取代,农业和手工业获得更高的社会地位,自由人就有了更广阔的发展空间。这样,一个民族开始产生了。"③ 自由精神与一个现代民族的诞生直接相关。如此,人类进步的历程、自由精神、道德法则与民族主义产生了内在关联。

"美国的民族主义史学主要研究北美的殖民地经历以及美国独立的斗争。美国历史学家给这个时期冠以光环,可以与穆勒(Johannes Müller)和夏多布里昂(François-René de Chateaubriand)美化德国、法国的早期建国历史不相上下。"④ 缔造这种移民美洲和被拯救的民族史诗的主要人物是班克罗夫特,他歌颂了美利坚民族的优越性和光辉的民主制度。班氏以华丽的修辞风格展现了殖民地脱离压迫的勇敢精神,把美国革命看作代表人类文明的自由精神,具有美德、无私的爱国者征程。美国宪法是一群独特的精神巨人的杰作,这是前无古人、后无来者的。正如班氏在给斯巴克斯的信中所说:"我们所希望得到的肯定是在我们的领域内能对我们的国家的文化事业有所推动,爱国主义情感是最令人振奋的动机。"⑤

班克罗夫特认为历史始终由一条伟大的原则指引,历史因此是一个连贯的过程。而美利坚共和国在自由的原则下不断向更高的阶段前进。

---

① George Bancroft, *History of the United States of America from the Discovery of the Continent*, Vol. Ⅲ, New York: D. Appleton and Company, 1890, p. 143.
② George Bancroft, *History of the United States of America from the Discovery of the Continent*, Vol. Ⅴ, New York: D. Appleton and Company, 1890, p. 125.
③ John L. Motley, *The Rise of the Dutch Republic: A History*, New York: Harper & Brothers, 1883, Vol. 1, p. 34.
④ Harry Elmer Barnes, *A History of Historical Writing*, New York: Dover Publications, 1963, p. 231.
⑤ Bert James Loewenberg, *American History in American Thought, Christopher Columbus to Henry Adams*, New York: Simon and Schuster, 1972, p. 243.

美利坚民族的内在精神即自由的精神符合普遍法则，美国的发展将越来越符合这个原则，这样美利坚这个民族也会趋于一致和普遍性，美国的民族主义由此成为世界主义的民族主义。美国由此会成为文明世界的范例。

美国的浪漫主义者认为，历史学家有义务发现一种普遍的原则，这个原则在历史发展过程中持续不断地起作用，没有这种普遍原则，历史不会是一个连续的整体，没有一种恰当的道德感，历史也不会得到提升。班氏的普遍原则就是美国殖民地朝向自由的趋势。① 人类的历史是连续的、不断向前的进程，在这个进程中贯穿着普遍法则。自由的精神符合普遍法则，一个民族的自由精神不断成长，即遵循普遍法则不断前进的过程。在自由对抗专制、文明对抗野蛮不断胜利的过程中，盎格鲁-撒克逊人内在的自由精神与人类历史不断上升的趋势相一致。美国革命则是自由战胜压迫、人民的权利战胜皇室权力的典型事件，是人类历史发展的更高阶段。班克罗夫特对美国建国过程的叙述凸显了美利坚的民族特性。自由精神与人类发展的普遍法则相一致，美利坚民族的精神由此被赋予了普遍性。

五　真实性与趣味性：大众读者的期望

对历史作品能够承担训诫社会的功能之信念，以及历史学家自身对公共文化领域的强烈责任感，也体现在浪漫主义史学作品的真实性与趣味性的博弈中。浪漫主义史学家自身强调历史的真实性，因为他们眼中的历史本身就是情趣盎然，吸引人不断去探索真相的领域。他们认为只有还原历史的本来面貌，才能体现历史丰富多彩的性质和寓意深长的趣味性，真实性和趣味性是成正比的。19世纪中期的史学家选择主题一方面是为了要发现事实，另一方面是为了增强作品的可读性或增加其对于读者的吸引力，他们一般会选择一些此前没有人探究过的历史领域，或者并没有被很好展开的某一主题。为了更加生动地再现历史真实，他们经常会雇用代理人或托朋友为其在国外查找档案。有时其主题虽然是围

---

① David Levin, *History as Romantic Art: Bancroft, Prescott, Motley, and Parkman*, Stanford, California: Stanford University Press, 1959, p. 27.

绕众人熟知的历史事件，但他们要发掘出更多不为人知的细节以增强其主要人物或情节的真实性。普里斯科特在其著作的序言中提到他在西班牙、法国、英国等地查阅档案，甚至在墨西哥和秘鲁查找资料，"力图使事实区分于小说，把叙述建立在广泛的资料和证据之上，另外还要充分引用一手资料来加强论述的可信性"。① 这些史学作品描写的历史场景或惊心动魄，或妙趣横生，人物或真实感人，或令人崇敬，人物栩栩如生和故事引人入胜是这些历史学家追求的目标。

19世纪中期的历史学家虽然强调历史事实，并乐于展开批判性的评论，但在浪漫主义史学家的心中，历史事实是增强其历史作品的趣味性和可读性的重要元素。班克罗夫特认为普里斯科特关于格兰纳达之陷落的叙事准确，并拥有清醒的批判意识，仍不减其魅力。他的作品具有一种源于真实的更深层的趣味。② 由此可以看出，浪漫主义史学家认为历史叙事的真实性和准确性有时会带来叙述的枯燥乏味，而影响其作品的生动性和趣味性。但是，如果历史事实本身或对于历史事实的叙述还原了时代的整体氛围和精神，为读者带来身临其境的体验，那么，这就是浪漫主义史学家追求的最高境界。

当历史还没有成为一个独立的学科并形成专业的规范时，虽然历史作品是带有脚注的，但这些脚注并不是为了证明其作品的科学性，历史学家也并不希望脚注为读者带来阅读的负担，而是希望脚注的使用令读者相信这些作品的真实性。19世纪中期的历史著作面向一般公众，而非职业学者，当时一些脍炙人口的历史著作，像班克罗夫特的《美国史》、普里斯科特的《墨西哥征服史》、莫特利的《荷兰共和国的兴起》、帕克曼的《庞蒂亚克的阴谋与征服加拿大之后的印第安战争》，吸引了一大批读者，也唤起了公众对过去的尊重意识。当时的普通人也喜欢在闲暇时间阅读历史著作，关注他们认为真实可信的历史作品。但是，这些为数众多的读者并不想去考察和验证他们眼前的文字的科学性和真实性，他们最终还是希望从这种被注脚确保的真实性中得到不同于小说的更深

---

① William H. Prescott, *History of the Conquest of Mexico*, New and Revised Edition, Edited by John F. Kirk, Philadelphia: J. B. Lippincott Company, 1892, pp. v-vi.

② David Levin, *History as Romantic Art: Bancroft, Prescott, Motley and Parkman*, Stanford, California: Stanford University Press, 1959, p. 22.

层次的乐趣。① 源于真实，并由真实带来趣味性是浪漫主义史学家期望的作品风格，但是在真实性和趣味性二者互相博弈时，真实性有时会妥协于趣味性，这时的历史资料就会被加以修饰，而符合大众期待的标准或历史学家心中的框架。另外，浪漫主义史学的真实性与后来科学的历史学中的真实的标准是不同的。

六　真实的标准：事实真实？精神真实

最好的历史是最真实的，这是19世纪的人们衡量历史作品的标准。即便如此，19世纪中期的"真实"标准与19世纪末以后科学的历史学派兴起以后所定义的"真实"有很大的不同。这种对"真实"的看法与当时的历史观联系在一起。浪漫主义者认为，"好的历史归属于心灵"，对其主题拥有的激情并不妨碍历史的真实性，对过去的感情和主观直觉也是很重要的，历史学家必须有穿越时空的能力，感觉到其主题的现实性，感受真实的精髓和历史的时代精神和整体氛围，并恰当地传递这种感受。基于此，历史学家应该兼有政治家的激情和诗人的想象力。② 在这个意义上，历史作品渗透了史学家自身的诗性主体体验、驰骋的想象力和对历史的深邃思索。历史学家要把自己的整个心灵沉浸到感官里，以便再现历史事件的殊相（特殊的、独一无二的历史事件或活动），这样的历史就是"诗性的历史"，这是浪漫主义历史编纂学的重要特征之一。③ 另外，历史作品是面向大众的，浪漫主义史学家认为，他们应摒弃18世纪启蒙时期以自我为中心的哲学式探讨。历史学家不应该仅仅关注事实本身，而是要挖掘事实深处的真理，使读者从心灵上感受过去，从整体上把握历史的精神。

这里的"真实"指向遥远时代的精神。读者在历史作品中能够真切体会到作者所描述的时代精神，并与之融合在一起，这是历史学家的首要任务。主观直觉、想象力、热情而非谨慎小心地科学求证成为写作历

---

① George H. Callcott, *History in the United States, 1800 – 1860: Its Practice and Purpose*, Baltimore and London: The Johns Hopkins Press, 1970, p. 131.
② George H. Callcott, *History in the United States, 1800 – 1860: Its Practice and Purpose*, Baltimore and London: The Johns Hopkins Press, 1970, p. 149.
③ 朱本源：《历史学理论与方法》，北京：人民出版社，2007年，第387页。

史的重要方法和途径。所以，浪漫主义时期的历史学家会不遗余力地在辞藻、文风、描述和烘托历史时代的氛围上下功夫，因为形式与意义紧密联系在一起。当时的历史学家很注重对词句的锤炼以及各种文学性的表达方式，并认为意义不能存在于形式之外，形式不仅是意义的载体，它和意义融为一体来展现历史的面貌。最好的历史学家应最关注文章的形式。

浪漫主义文学和史学的另外一个特点即探讨历史中个人的独特性，同时在历史人物身上寻找对自身的认同。爱默生相信，读者对过去的最大兴趣在于其不自觉地会成为历史英雄。[①] 浪漫主义史学家追求的是人物的生动再现，而非性格的抽象。这些都强调了文学技巧和直觉等主观体验，而有时候造成了对个别事件"真实"的忽视。或者可以说，为读者带来过去真实的整体时代氛围，精神上（艺术上、心灵上）的真实，而非现代意义上的科学的真实被置于首位。但是，浪漫主义史学家并不认为历史学是某种形式的虚构。虚构的意图在于使之成为可信，而历史学是在讲述真理，它预设了历史再现与过去之间的一种直接联系。历史学家并不是小说家，历史学家受到合乎真理与合乎理性的阐释标准的约束和限制。另外，历史学对过去的再现不只是纯粹的描写，它还是感性的、解释性的、分析的描述。再现并不是对赤裸事实的叙述，它是一种理解的叙事，历史学导向理解。[②]

七 写作手法：想象式沉思

如前文所述，浪漫主义史学强调民族（国家）传统与时代精神和民族精神，把握时代精神被认为是抓住了历史的精髓。班克罗夫特、普里斯科特、帕克曼和莫特利以"想象式的沉思"的方式来体验过去，并力图真实地传达出历史的精神和氛围。这种想象使他们能够以今通古，在内心对过去进行主观体验，令这些历史学家兴奋的是与过去的生命进行感

---

① George H. Callcott, *History in the United States, 1800–1860: Its Practice and Purpose*, Baltimore and London: The Johns Hopkins Press, 1970, p. 145.

② 路易斯·格罗尔克：《历史的艺术：历史学与历史绘画传统》，见〔加〕威廉·斯威特编《历史哲学：一种再审视》，魏小巍等译，北京：北京师范大学出版社，2008年，第83—84页。

受上的交流。对于这样一群拥有文学经历，并强调对主题的体验和理解，与写作对象产生感应的历史学家来说，为过去赋予生命是最重要的事情。① 这也体现了浪漫主义史学的一个主要特征，即强调历史的内在精神、思想、情感和情操，用移情和同情的方式深入历史，从内部感知和理解历史的进程，浪漫主义史学的主体性特征决定了它从内部观察历史。黑格尔在分析浪漫主义艺术时，把内在主体性的原则作为浪漫主义艺术的基本原则，而主体性就是精神性，他认为只有浪漫主义才初次把精神沉浸到它所特有的内心生活里去，从而实现了自己和自己的统一，精神原先要从外在的感性事物中去找它的对象，而现在，它就从它本身获得它的对象，并在这种精神与本身的统一中感觉而且认识自己。

浪漫主义所强调的主体性并不是对外在客观事物的否定，而只是以内在的精神为基础，通过精神的创造力的活动，赋予外部世界和各种感性事物以意义。浪漫主义史学之所以为浪漫的，就在于它确立了主体性原则，强调主观的思想和情感，强调通过想象和直觉去亲历历史、感受历史，它是从历史的内部而不是外部去写作历史。它不仅想要知道过去发生了什么，而且要复活过去。浪漫主义史学家不仅热切地希望了解他们的祖先是什么样的，而且希望通过某种方式把过去和现在连接起来，看到他们成长的社会是什么样的。浪漫主义重新思考历史知识问题，并且将个体的意愿视为历史过程中唯一的因果效应主体，而重新思考历史过程问题。由此而言，浪漫主义史学家既是历史过程中的观察者，亦是其中的行为主体。②

在创作方法和风格上，浪漫主义史学强调主观性与主体性，把情感和想象提到创作的首位，不仅用热情奔放的语言、超越现实的想象和夸张的手法塑造了理想中的形象，一般是作为历史中主体的英雄形象，而且最重要的是把想象作为连接遥远的过去与现在以及美好未来的方式。③ 帕克曼认为人物的特征不应是抽象的思想或非物质形象，而应是鲜活的血肉之躯

---

① David Levin, *History as Romantic Art: Bancroft, Prescott, Motley and Parkman*, Stanford, California: Stanford University Press, 1959, p. 8.
② 〔美〕海登·怀特：《元史学：十九世纪欧洲的历史想象》，陈新译，南京：译林出版社，2004年，第107页。
③ 王利红：《欧洲浪漫主义史学思想研究》，博士学位论文，复旦大学，2007年，第87页。

的具体体现。这里,化身、外部再造代表了最重要的特征。帕克曼在其著作中对库柏进行了非常形象和生动的肖像素描,为当时的人们所称道。①约翰·马歇尔和华盛顿·欧文都撰写了华盛顿总统的传记,后者由于符合了浪漫主义时期史学作品的标准而得到赞扬,其得到的评价是:历史学家与诗人的禀赋是相通的,在描述上,则要兼具诗人和画家的才能。②班氏在其历史著作中的戏剧式的表现力得到了特别的赞扬。普里斯科特曾告诉班克罗夫特他很钦佩班氏"能够让历史中的角色自己行动,并且以自己的语言说话,这样就很原汁原味地、很有效地展现了戏剧的形式"。在多年以后,当班氏的下一卷《美国史》面世时,普里斯科特又称赞班氏"令其历史戏剧中的演员们自己表达出伟大的现实"。③ 这种表现方式并不仅仅为了加强一种戏剧化效果,历史学家还使用对过去"同情式理解"的方式置身于历史场景中,把过去展现出来,并传递出一个民族或时代的特殊语言。

另外,在19世纪早期的美国,史学并未完全独立于文学领域,其还没有成为一个专门的学科,形成今天的研究方法和规范,那时候的历史学家强调文学技巧、趣味和效果,不仅仅因为他们都曾经致力于诗歌、散文等文学创作,还因为他们相信对过去的重建需要想象和文学技巧。班克罗夫特说,他宁愿复原事物本来的面貌,但他认为,这必须要有文学技巧。另外,虽然浪漫主义史学家运用文学方法来增强其叙事的戏剧化效果,但是,他们还是会力图划清自己的历史作品与文学小说虚构的界限,"小说家使想象的场景看起来尽量真实,而历史学家则开始于真实"。④ 但是,浪漫主义史学家眼中的事实本身是不能说话的,而必须要被置于一定的哲学框架内,而这就需要史学家的大胆综合。在他们眼中,历史是反思和分析的产物,事件和意义在历史中被批判地阐释,历史的归纳为

---

① David Levin, *History as Romantic Art: Bancroft, Prescott, Motley and Parkman*, Stanford, California: Stanford University Press, 1959, pp. 11-12.

② Richard Arthur Firda, "German Philosophy of History and Literature in the North American Review: 1815-1860", *Journal of the History of Ideas*, Vol. 32, No. 1 (Jan.-Mar., 1971), p. 139.

③ David Levin, *History as Romantic Art: Bancroft, Prescott, Motley and Parkman*, Stanford, California: Stanford University Press, 1959, p. 20.

④ George H. Callcott, *History in the United States, 1800-1860: Its Practice and Purpose*, Baltimore and London: The Johns Hopkins Press, 1970, p. 128.

道德、政治和社会研究提供了一个丰富的领域。① 好的历史学家必须以阐释性思考穿透事实，在历史中发现真理。如果历史学家在历史叙述中揭示出关于过去的终极真理，那么他就是完美的艺术家。因此，一方面事实增加了历史作品的趣味性——因为他们认为这种趣味性源于真实性，另一方面事实充当了历史学家的道具，它并不是被完全描述出来，而是根据史学家的需要被展现出来，而历史学家要做的则是透过其选择的事件和意义发现终极真理。

第五节 浪漫主义史学的历史影响及其审美维度

一 历史影响

在19世纪大部分时间里，美国从事历史、文学和哲学研究的人被统称为"写作的人"（man of letters），浪漫主义史学家也被包括在内。浪漫主义史学家注重过去对当代社会的道德训诫或对国家发展的借鉴意义，这体现了浪漫主义史学家作为知识分子强烈的社会责任感。班克罗夫特以大量的原始文献为基础写就了《美国史》，他获得许可利用大不列颠国家文献室（State Paper Office of Great Britain）的资料、英国财政部（British Treasury）的记录以及大不列颠博物馆（British Museum）中关于美国的文献。他还亲自访问了十三个殖民地的每处历史文献收藏地并查阅了制宪会议的连续记录。② 莫特利为了寻找第一手资料写作尼德兰革命史，在德累斯顿、布鲁塞尔和海牙等地对有关档案进行了四年详尽地研究。③ 普里斯科特购置了大批外国档案资料，并雇用了助手去西班牙图书馆内抄录其中有关墨西哥和秘鲁的手稿，经十年苦心钻研终于出版了《斐迪南和伊莎贝拉时期的西班牙史》的第一卷。④ 浪漫主义史学家对于历史真实的兴趣，推动了其对原始档案文献的发现和整理，为后来的历

---

① George H. Callcott, *History in the United States, 1800–1860: Its Practice and Purpose*, Baltimore and London: The Johns Hopkins Press, 1970, p. 153.
② Russel B. Nye, *George Bancroft*, New York: Washington Square Press, 1964, p. 168.
③ 宋瑞芝等主编《西方史学史纲》，开封：河南大学出版社，1989年，第221页。
④ 〔英〕乔治·皮博迪·古奇：《十九世纪历史学与历史学家》（下），耿淡如译，北京：商务印书馆，1997年，第654页。

史研究，包括为寻求客观真相的专业历史学家奠定了雄厚的研究基础。

浪漫主义史学家认识到国家制度、法律、文学和政府的特殊性在于其国家（民族）的特征（genius），这激起了19世纪很多历史学家研究自身民族历史的兴趣，促进了从民族和文化角度研究历史。尽管浪漫主义理论带有半模糊性的特征及其哲学的多变性，但我们必须承认浪漫主义史学家所提出的历史发展中的无意识的（不易觉察的）推动因素，而且他们强调了文化综合体的有机整体性。虽然他们把中世纪的本质和重要性浪漫化并夸大了，却纠正了理性主义者对这段时期的过分轻视。浪漫主义史学家对于历史采取的神秘主义的和充满感情的方式使历史学家对过去的沉思具有理想的情感氛围。[①] 在对过去的"同情式理解"中，他们与过去联系在一起，他们的精神与过去的精神相通。这里，精神的联结促进了历史发展的连续性。浪漫主义史学强调了民族文化的有机整体性，以及文化和制度发展的原则，直到一个世纪以后，兰普雷西特才真正发现了浪漫主义原则中有价值的东西，并将其融入其著名的理论中，即历史发展是在民族和全人类的集体心理中的转变和突变过程。[②] 浪漫主义者确实比理性主义者具有更宽广、更合理、更真实的历史观念。[③]

浪漫主义史学家不仅运用华丽的辞藻和铺陈的叙述来描写人物，展现历史场景，传达过去的情感，以使读者能够真切体会已经发生的事情或对历史人物抱有理解式的同情。他们还借鉴了绘画技巧以使人物肖像和过去的景观描绘更加生动和具有层次感。历史作品的风格反映着历史学家主观的兴趣、品位和倾向，十分具有个性特征，因为"文风应是代表道德一方的人物的自然表述"[④]，即文风与历史学家描述的主要人物特征密切相关。个人色彩浓重的文风表明历史写作并未形成规范和专业化，但同时也并未僵化。

[①] Harry Elmer Barnes, *A History of Historical Writing*, New York: Dover Publications, 1963, p. 192.

[②] Harry Elmer Barnes, *A History of Historical Writing*, New York: Dover Publications, 1963, pp. 179-180.

[③] Harry Elmer Barnes, *A History of Historical Writing*, New York: Dover Publications, 1963, p. 179.

[④] George H. Callcott, *History in the United States, 1800-1860: Its Practice and Purpose*, Baltimore and London: The Johns Hopkins Press, 1970, p. 147.

浪漫主义对历史研究的贡献不仅在文学技法上。浪漫主义史学家正在划清历史与自然科学的界限，他们并不把历史仅仅看作认识对象的事实，而是使自己投身于其中，并以想象去感受历史，就像他们自己的经验一样，这样历史学家更容易从整体上把握过去时代的氛围。浪漫主义者反对以一种纯学究的态度来对待历史。同情成为历史研究中的一部分，它使历史学家能够进入他们所研究的那些事实的内部。① 而他们之所以能做到这一点，是因为他们在其中认出了他们自己过去的精神，那对他们是宝贵的，因为那是他们自己的。②

在浪漫主义史学家那里，历史不再是单纯叙述性的，而是其本身具有内在目的性和评判标准的各种特殊领域的精神的历史。同情或移情无疑是浪漫主义史学重要的特征和表现手法之一。没有对过去的同情就不可能形成有机的、连续的历史发展观，就不可能使浪漫主义者在和他们大不相同的各种文明中看出一种积极的价值和趣味来，不同的历史阶段既是人类精神的独一无二的成就，部分地又是为以后的具有价值的事物的发展而做的准备。从而，在浪漫主义者眼中，历史发展的每一个阶段既是独立存在的，又是与整体相关联的。③ 因此，莫特利会为尼德兰革命描绘壮丽的色彩，普里斯科特会对遥远年代的南美洲的墨西哥和秘鲁充满兴趣。他们不仅认识到与自身不同的文化的特性和重要性，还有每一种文化对于构筑人类历史整体的意义。

浪漫主义史学家以今通古式的对过去的体验式理解，一反理性主义以统一的规律贯穿历史发展的理论模式，而是另辟蹊径，通过想象、移情、感受等主体体验的方式来实现与过去的交融，一反理性主义者对历史本身机械的、僵化的普遍解释模式，不仅在人类感性上对历史哲学进行了很大的推动，也实现了把过去真正置于历史中的解释，从而使过去从整体上呈现出更加真实的面貌。这样的历史研究不仅从历史事实上探索有关过去的知识，而且既让作者也让读者从整体上去把握过去的时代氛围和时代精神，为历史研究开拓了一种新的视野。

启蒙运动仅仅关怀着现在和最近的过去，"浪漫主义者坚持历史发展

---

① 〔英〕柯林伍德：《历史的观念》，何兆武等译，北京：商务印书馆，2003 年，第 162 页。
② 〔英〕柯林伍德：《历史的观念》，何兆武等译，北京：商务印书馆，2003 年，第 140 页。
③ 王利红：《欧洲浪漫主义史学思想研究》，博士学位论文，复旦大学，2007 年，第 86 页。

的连续性,并看重中世纪在人类历史上的地位,认为这个时期是历史研究最有成果的阶段,纠正了理性主义者的一些错误"。① 浪漫主义进而把人们引向认为过去全部都是值得研究的而且是一个整体的观念。历史学的范围大为开阔,于是历史学家就开始把人类的全部历史认为是从野蛮状态开始并以一个完全理性的和文明的社会告终的单一的发展过程。② 浪漫主义对公众期待的关注,不仅对于文本自身以及文本的阅读者(对读者传递历史感受的期望)的关注,还培养了人们对历史的兴趣,向大众传递了历史的存在感,使人们意识到遥远的过去曾经作为独立存在的意义,人类从过去到现在的融通,以及过去对于构筑现在以及未来的意义,树立了人们对于历史的尊重的意识。

浪漫主义时期形成的历史观和方法论为历史学逐渐成为一个独立的学科奠定了重要的基础。因为从浪漫主义时期开始,人们发现了国家和民族的多样性,不同历史阶段的独特特征,历史事件的特殊性和独一无二性,而并不是仅仅用理性主义的普遍规律就可以得到对于历史的满意解答。从浪漫主义时期开始,人成为具有了历史感的存在,历史作品也开始真正具有了历史的观照,历史学开始具有了不同于哲学和文学的自身的观念、方法和特征。浪漫主义史学不仅是美国史学史上的一个重要的发展阶段,它所倡导的历史观念和表现手法给后世的历史学带来了深远的影响。

二 对科学历史学的挑战

19世纪末期,美国历史学的专业化使其最终脱离了哲学和文学,而获得了独立的地位,研究方法上也趋向于以怀疑主义精神和实证的方法对历史资料进行检验,历史学家必须要以完全客观的态度反映历史事实,使自己置身事外。很多专业历史学家批评浪漫主义历史学家缺乏批判精神和科学客观的方法。专业历史学家认为,历史学也可以跟自然科学一样,以完全客观的面貌呈现,历史学家的观念和情感则与其研究对象是

---

① Harry Elmer Barnes, *A History of Historical Writing*, New York: Dover Publications, 1963, p. 239.
② 〔英〕柯林伍德:《历史的观念》,何兆武等译,北京:商务印书馆,2003年,第140—141页。

完全分离的。从此,历史研究也被称为科学的历史学。历史学成为科学后,逐渐失去了与价值观的联系,专业历史学家以追求科学的精神,冷静地探索历史的真相,客观地叙述与意义分离的事实,这样的历史学和其阅读对象尽量保持距离。"科学的历史学家抛弃了对人和事件的道德判断,加强了历史研究和写作的一致性和规范性,却以牺牲历史作品的个性为代价。"[①] 科学的历史学在美国确立后不久,亨利·亚当斯挑战了专业历史学家的观念。他认为,仅仅堆砌死板的事实是毫无意义的,没有一种假设前提,无论多少事实都无济于事。观念是精神的集合,尽管这样的观念是脆弱的,但它有助于学者理解事实。亚当斯并没有仅仅把历史看作一门科学,他认为,历史具有科学以外的特征以及作为一门学科的独特性,他把科学和历史结合了起来。他认为,无论什么样的观念框架,人类的禀赋和社会行为都是自然宇宙不可分离的一部分,因此历史学家不应该试图分离它们。如果历史学家要理解人类,必须要理解世界。亚当斯批评学者们过度依赖理性,他认为有很多知识需要依靠人类经验而非理性去发现。发现事实不仅需要理性的方法和观念,想象或内心的观念更加重要。亚当斯认为,只有全部的个性能够承担全部的经验。整体是一种视野,它应该是人类学习过程的一部分。[②] 历史学家应该注重历史的整体性,而不是把其剥离成碎片,这样并不能反映全部事实或真正反映历史的真相。历史需要去阐释,这就需要历史学家进入到历史的情境中,体验过去的全部氛围,才能在整体上把握历史的真实。

即使到了第三代专业历史学家那里,当还原历史真实和实证主义的方法已经被历史学家当成一种信念,而对历史的综合观念和移情的理解方式已经被抛弃多年时,仍然有历史学家呼吁事实不是历史学家追求的唯一目标,事实深处所蕴藏的时代精神和价值体现也不应被遗忘。莫利(John Morley)在其研究狄德罗的作品中有一段话值得注意:"历史的观念在这一百年里不是前进了,而是倒退了。在这个时代,有迹象表明,

---

[①] Edited by John Higham, *The Reconstruction of American History*, New York: Harper & Row Publishers, 1962, p.18.

[②] Bert James Loewenberg, *American History in American Thought, Christopher Columbus to Henry Adams*, New York: Simon and Schuster, 1972, p.545.

历史学正变得狭隘、陈旧和琐屑无味。它正在从对人类社会伟大时期和运动的宏观视野中退出来，而不停地堆积无意义的事实和陈腐无用的知识，充满恋古癖的味道。时代精神却被搁置一边，方向、意义和人类历史多样化的进程都消失殆尽了。"① 尽管浪漫主义理论带有半模糊性的性质及其哲学的多变性，但我们必须承认浪漫主义史学家所提出的历史发展中的无意识的（不易觉察的）推动因素是仅凭科学的方法和怀疑主义的精神无法发现的，而且他们强调了文化综合体的有机整体性这样的重要事实。美国历史协会的一位主席曾说过："无论是个体的还是群体的人类行为，都是复杂而多变的，当历史学试图去描述这些行为时，不能忽视其任何的表象，无论是在统计学、经济学、政治学、社会学、人类学或心理学上的。"② 浪漫主义对人类历史整体性的关注，为历史研究提供了更广阔的视野。第二代专业历史学家中有人开始质疑僵化的客观主义的可行性，比尔德和卡尔·贝克尔在晚年都试图建立如19世纪时的史学与哲学和文学的联系。有些第三代专业历史学家甚至走得更远，他们试图通过历史的参与者来看待历史事件，这些历史学家比他们的前辈们更愿意尝试不经证明的猜想。③

三 浪漫主义史学的审美维度

在西方古典传统中，艺术作品应承载道德教化的功能。18世纪的理性主义思潮承袭了这一原则，并进一步提出，艺术作品应符合理性的原则，即永恒的、普遍的规律，这种不变的道德律基于启蒙运动对于亘古不变人性的界定。古典主义与理性主义推崇的普遍法则结合起来，发展出一套审美原则：模仿自然、呈现自然本身的样子并且符合当时的道德规范，才是艺术的最终目的，因此，古典主义的上乘艺术作品必须体现道德法则，其审美功能被囿于道德的清规戒律中，这样的艺术仅是传达道德观念的工具，并不具有自身独立的价值。如此风格的艺术作品虽

---

① Bert James Loewenberg, *American History in American Thought, Christopher Columbus to Henry Adams*, New York: Simon and Schuster, 1972, p. 332.
② Guy Stanton Ford, "Some Suggestions to American Historians", *The American Historical Review*, Vol. 43, No. 2 (Jan., 1938), p. 268.
③ Edited by John Higham, *The Reconstruction of American History*, New York: Harper & Row Publishers, 1962, pp. 22-23.

然精于技艺，在形式上呈现出完美的样貌，符合艺术鉴赏的学院标准，但缺乏个性和创造力，并未有创作者的热情融入其中，难免陷入僵化呆板的窠臼。

浪漫主义对于人类除理性之外的禀赋的强调，则使情感、直觉、想象力等主观体验成为艺术创作的重要驱动力，"单纯的思辨理性失去了已有的权威，让位于信仰、情感、愉悦、想象一类的实践感觉。随后的浪漫哲学，无论有怎样的差异，无不强调超理性的想象、情感（爱）、灵性等个体感性因素——尤其想象力的作用，异常突出"。① 上述因素使浪漫主义艺术充满生机和活力，在更大程度上体现了艺术家的观念和理想，亦传达出虽不完美却千姿百态的真实世界。这样，艺术不再是一般法则和道德律的传声筒，而成为创作者个人情感和体悟的表达，天才灵感的展现，这样的作品融入了艺术家的个体生命体验。浪漫主义引领了审美的现代转向，促进了情感和形象逻辑在美学中的确立。②

浪漫主义者认为，有限的自我与无限的宇宙能够实现精神与情感的统一与融合，人与外在世界形成互相映照和影响的关系。自然作为具有内在特质的有机体，不再是人类任意改造的客体，而是能够与人类产生共鸣的对象。人类与自然不仅是和谐共生的关系，而且自然成为人的内在情感和精神在宇宙世界的投射。因此，浪漫主义者眼中的自然成为一个象征体系，以此来表达内在的情绪和体悟。浪漫主义者"想要描摹的不是这些植物，也不是这些山峦，而是我的精神，我的情绪，此刻它们正支配着我"。柯勒律治也曾说道："在自然中，一切事物都有自己的生命，而且我们都属于同一个生命体。"③ 浪漫主义把人的内在世界与自然和谐地联系在一起，浪漫主义史学家运用自身的直觉和想象力等"回到"过去事件发生的自然场景，以此来感受当时的时代氛围和时代精神，并使用象征的手法把内心与过去时代的共鸣表现出来。

历史过程是由人的行动构成的，行动的背后必然有行动者的思想动机，只有了解了思想动机，才能理解行动及由此构成的历史过程。因此，

---

① 刘小枫：《诗化哲学》，上海：华东师范大学出版社，2011年，第21页。
② 刘晓男：《康德审美道德论与浪漫主义思潮》，《学术交流》2018年第7期，第39页。
③ 〔美〕M. H. 艾布拉姆斯：《镜与灯：浪漫主义文论及批评传统》，郦稚牛等译，北京：北京大学出版社，2004年，第56—57页、第72页。

过去是人的内在思想、情感等主观体验的一系列集合。历史学家对于过去的思想进行再阐释才能使之为人们所理解，才成为真正的历史。过去并非来自直接的经验，历史认识只能靠史家以自己的思想对过去的重演才能得到。历史学家所呈现的过去的图景必须在一定的时间和空间中定位，过去的人物、事件与其所处的场景紧密地联系在一起，历史学家要呈现出上述因素融合之后形成的一贯的整体。① 这样，情感和想象力成为历史学家体验过去并还原过去的真实的必不可少的工具。浪漫主义史学家注重过去的真实，为了呈现过去的真实，历史学家正是在调动主体官能与过去的整体相融合的过程中，展现了一幅有血有肉的历史图景，引领读者对过去的审美体验。

对于浪漫主义史学家来说，生动的描述和夸张的修辞等文学技法的使用，无疑会使其情不自禁地渲染历史事件和场景，因为历史是一出戏剧，要惊心动魄或催人泪下。而历史学家是要面向公众的，一方面要吸引公众，另一方面要使公众从历史作品中获得教益，得到熏陶和完善。

从表现形式和创作风格上，浪漫主义史学家对人物体验和按照浪漫主义的惯例对人物形象的描述，尤其他们的描述中对绘画技法的借鉴②，不仅为历史叙述增添了生动性和趣味性，使历史画面更加饱满和具有层次感，而且把审美价值融入历史作品中。浪漫主义史学家相信，历史研究是不能完全客观的，或仅凭客观就能到达历史的真实。历史的研究对象是人，而仅仅利用科学的方法研究人是不可能实现的。浪漫主义思潮的代表性哲学家赫尔德认为"人类的本质最终在于人性，他们会实现这个终极目标，因为上帝已经使其掌控自我命运"。③ 自由意志是浪漫主义历史哲学的中心主题，而道德是推动历史前进的动力。

浪漫主义史学再现历史的文学技巧、绘画式描述、戏剧式表达指向了审美维度，而审美维度最终归结于道德。在审美活动中，道德理念通过"象征"得以感性化，美的表象在具象的感官世界与抽象的道德世界

---

① 〔英〕柯林伍德：《历史的观念》，何兆武等译，北京：商务印书馆，2003 年，第 326—343 页。
② David Levin, *History as Romantic Art: Bancroft, Prescott, Motley and Parkman*, Stanford, California: Stanford University Press, 1959, p. 23.
③ Harry Elmer Barnes, *A History of Historical Writing*, New York: Dover Publications, 1963, p. 193.

之间架起了一座桥梁。审美正是因其具有无功利、无目的性，才能将主体引渡到至善的境界，从而在自由的高度与道德相遇。在审美判断中，主体消融于客体，获得了一种无目的的合目的性的愉悦，体会到心灵的自由；在道德判断中，主体摒弃感官欲望，超越了人自身作为感性存在的局限性，获得了真正意义上的自由。如果人心可以被美的事物感动，那么，其也会在某种意义上背离现实的物质世界，而趋近于理想的精神世界，审美能力似乎是善良灵魂拥有道德情感所必备的素质，"鉴赏仿佛使从感性魅力到习惯性的道德兴趣的过渡无须一个太猛烈的飞跃而成为可能"。①

在对过去的再现中，历史学家通过人类固有的理性和情感等理解性的智力和认知能力来追求有关人类的真理，这种真理最终归结于道德。他们反对历史的发展存在固定的法则，因为法则与道德互相抵触，而且科学的方法并不是研究历史的法宝。② 英国画家和美学家雷诺兹认为，历史学展现了一幕经过了一番渲染的人类戏剧，这幕戏剧中充满了"英雄壮举或英雄受难的杰出事迹"，为的是"始于体验（taste）的对普遍正义与和谐的思索；当它升华和精练之后，可以归结于德性"。③ 历史叙述和表现风格体现的是美，而其目标则是真实的再现，以使观众受到启迪，并从中发现和追求道德真理，即终极的善。在这里，美、真和终极的善走到了一起，在历史叙述中实现了彻底的融合。

当代历史哲学家耶尔恩·吕森提出了历史学的三个维度：认知维度、政治维度和审美维度。史学理论主要涉及认知维度，专业史学家则以政治维度为研究中心，审美维度却一直受到了忽视。审美不只是语言、诗学和修辞，它还包括先于语言的经验和交往的因素。历史学的这三个维度在历史研究中具有同等重要的地位，因为它们都是支撑历史学不可或缺的因素。"如果只强调审美的维度，以牺牲其他两个维度为代价，就会导致将历史去政治化和非理性化，并给实际带来灾难性的后果……以牺

---

① 刘晓男：《康德审美道德论与浪漫主义思潮》，《学术交流》2018年第7期，第40页。
② George H. Callcott, *History in the United States, 1800–1860: Its Practice and Purpose*, Baltimore and London: The Johns Hopkins Press, 1970, pp. 222–223.
③ 路易斯·格罗尔克：《历史的艺术：历史学与历史绘画传统》，见〔加〕威廉·斯威特编《历史哲学：一种再审视》，魏小巍等译，北京：北京师范大学出版社，2008年，第96页。

牲审美维度来强调认知的或政治的维度,也会是一样的情形。历史文化中牺牲别的方面的认知策略,就会导向教条主义……单单审美、政治或认知都无法成就历史的意义,只有对于这三者的综合才能做到这一点。"① 浪漫主义史学家无疑向人们展现了历史学作为人文学科的综合性和艺术性,并在提醒人们推动历史过程的还有理性所不能分析的因素,这样也就展现出了一直被科学的历史学所忽视的人类历史复杂性和模糊性的真实层面。浪漫主义史学无疑为人们认识到历史更加真实和立体的全貌做出了独特的贡献。

四 科学性与艺术性的平衡

18世纪历史学家研究不变的人性,浪漫主义则深入生命的本质,研究人类经验而不仅是个人体验。浪漫主义史学家认为,历史研究人文而非社会,它是一种个人表达,探寻价值观。历史表现出美学上的丰富,与诗和宗教合为一体。这里,在试图评析浪漫主义史学时,又回到了历史学的科学性和艺术性的问题上。科学远离价值,而艺术则始终乐意和人文关怀与价值判断联姻。浪漫主义史学家认为,真理存在于心中,应该通过灵感与调查来发掘,激情也是发现真理的手段。历史不仅是事实的科学,它更是宏伟的艺术,直觉是上帝对人类发出的声音,终极真理不是通过理性而是通过灵感而获得,历史学家必须去感知而非发现真理,因为真理更接近灵魂。② 19世纪末以来,科学和工业获得高速发展,普遍法则统领了自然科学,达尔文的进化论被应用于人类社会,历史资料不断地被发现,专业史学家也力图在浩如烟海的文献和档案中为历史学建立如自然科学的一般法则,为事实寻找联系,并为历史创立一种清晰的阐释体系,把历史提升到科学的崇高地位。浪漫主义历史学家则通过对过去的整体性的体验和把握,再现了过去的精神和氛围,并强调历史再现中的审美价值。这样的美并不是"为了美而美",而是如历史绘画一般"作为再现之美"。浪漫主义史学家在承认过去的存在和意义的基

---

① 〔波兰〕埃娃·多曼斯卡编《邂逅:后现代主义之后的历史哲学》,彭刚译,北京:北京大学出版社,2007年,第191—194页。
② George H. Callcott, *History in the United States, 1800-1860: Its Practice and Purpose*, Baltimore and London: The Johns Hopkins Press, 1970, pp. 210-211.

础上,在感知上对过去具有深刻洞察力的阐释,① 从而使历史学家的文本与其试图理解的主体事件达到了一种对称和和谐的美,这样的历史是艺术。

所以,仅凭客观主义不能理解过去。而且,历史一旦彻头彻尾地成为科学,便会失去其人本性、娱乐性和社会功能。专业史学家摒弃了浪漫主义史学家一贯采用的道德评判的历史观念和充满想象色彩的写作方式,把历史作为客观地反映过去的镜子,而不带历史学家个人的主观色彩。科学的历史学剥离了历史学人性化的一面,鼓励宿命论,这种保持中立的态度也使其与读者之间出现了一道无法逾越的鸿沟。因为科学的历史学家并不关注读者的感受,也并不想把读者与某个特定的时间和空间联系起来。科学的历史学家忽视读者,道德批判史学家则催促读者进行判断。历史实用主义者十分关注当下的需要,但他们的同情是有限的,他们的批判也并不深入。正如约翰·海厄姆所言,历史学家的批判不仅应建立在与现实的相关性上,而且应关注人类精神的内在本质。② 浪漫主义史学家不是在号召我们脱离历史的真实,他们眼中的历史作为对过去的再现,其目标是建立起文本与主体事件之间准确的和谐一致。浪漫主义史学为我们提出了发现真实和解释历史的不同的视角和方法。

科学研究自然的普遍法则,浪漫主义史学认为历史学研究的是具体的和特定的事例。当浪漫主义史学家运用其阐释框架、表述风格和写作技巧来达到其目的时,这样的历史学无疑包含着一种科学化的努力。与科学家的目标相类似,历史学的目标也是要说出真理。但是,浪漫主义史学家与专业史学家不同的是,他们认为,历史是对过去理解和阐释的再现,在对过去再现的叙述中包含了历史学家的主观的情感和体验,而且,一般法则也无法使纷繁复杂和富于变化的人类活动整齐划一。

作为人文学科的历史学,还有作为研究主体的人,是包含着理性、情感、想象的复杂的综合体,而真正的历史也呈现复杂多层次的面貌,时间、空间与方法和视角的限制会让同一事件在不同的研究者眼中呈现

---

① 路易斯·格罗尔克:《历史的艺术:历史学与历史绘画传统》,见威廉·斯威特编《历史哲学:一种再审视》,魏小巍等译,北京:北京师范大学出版社,2008年,第99页。
② John Higham, "Beyond Consensus: The Historian as Moral Critic", *The American Historical Review*, Vol. 67, No. 3 (Apr., 1962), pp. 609-625.

不同的面貌，从而进行不同的叙事，得出不同的评价，正所谓"横看成岭侧成峰，远近高低各不同"。但是，这并不是说，我们要放弃对历史真实的追求，正是要用不同的方法和视角才能无限接近历史的真实面貌，而想象和理解则不失为构筑历史真实的一个重要的维度。历史真实是一座高山，与我们保持一定距离，我们只有从不同的路径接近它，以不同的视角观察和研究它，才能尽可能地观其全貌。从另外一个角度讲，只有认识到并关注历史的复杂性，人类认知世界的特征时，才能更加冷静地去寻找历史的真实和尊重事实。

综上，无论是以因果关系为解释基础并在历史内部建立一般法则的科学史学，还是以移情的方式探索整体性历史的浪漫主义史学，都应该成为历史研究的维度或视角之一，它们看似互斥却能够互补并存，并为探索历史事实提供更为全面和丰富的途径和方法。历史本身就是丰富多彩的，包含不同的层次和方面，仅以一种单独的方法恐怕只能看到历史的某一个侧面，而使历史认识失之片面。只有从多种视角去观察和研究过去，才能认识到历史的不同层面，从而反映历史真实的完整性和复杂性。历史学家只有从不同的路径接近历史真实，并运用不同视角才能展现历史的不同侧面，使广阔而斑斓的历史长卷不断完善，不断接近其真实的全貌。

第二章 班克罗夫特的历史观和方法论

第一节 班克罗夫特的生平概述

在柏林时的乔治·班克罗夫特

资料来源：Lilian Handlin, *George Bancroft: The Intellectual as Democrat*, New York: Harper & Row Publishers, 1984。

18世纪末19世纪初期，由于民族国家意识的勃兴，欧洲很多国家兴起搜集历史文献、编修本国历史的潮流，推动了民族史学的发展。从19世纪上半叶开始，美国的历史写作受到了这股思潮，尤其是德意志浪漫主义和民族主义思潮的影响。但是，直到19世纪30年代，却仍然没有一部比较成熟的美利坚通史来向人们揭示美国的历史起源、国家进程以及共同价值观的形成。这一方面是由于美国的历史编纂学还在蹒跚起步，另一方面，对于美洲历史档案的发现和整理才开始不久，美国的历史文献和档案有很大一部分还未向公众开放，揭示美利坚自身特性的民族史学仍在酝酿当中。浪漫主义史学家帕克曼、普里斯科特虽然没有撰写美国历史，他们并不缺乏民族主义热情。在他们的著作中，对欧洲天主教国家和其他种族的描述成为美国的鲜明对照，在"他者"落后状态的映衬下，美国作为符合历史伟大潮流的进步国家的地位凸显出来。1834年，乔治·班克罗夫特填补了这个令人遗憾的空白。他的《美国史》不仅是在浪漫主义思潮影响下写就的，还带着那个时代特有的烙印，体现着19世纪中叶的美国社会的精神风貌，开创了民族史学的先河，乔治·班克罗夫特也因此在其他几位浪漫主义史学家中脱颖而出。

一　班氏的身世和在德意志的教育背景

乔治·班克罗夫特于1800年10月3日出生在马萨诸塞州的伍斯特，这里素被称为节俭和自由思想之乡。班克罗夫特的父亲艾伦·班克罗夫特（Rev. Aaron Bancroft）是当地公理会的牧师，博览群书并著有一部颇为畅销的《华盛顿传》，艾伦还在独立战争中贡献过一己之力，是一位坚定的爱国主义者，他在独立战争中使用过的滑膛枪一直挂在家里的壁炉上方，这也激发了乔治·班克罗夫特从小对美利坚的情感和认同。艾伦承认自己是一个公理会信徒①，但是他鼓励孩子们自由思考，并以自己的方式解决问题，并公开表示反对代表新英格兰"虔诚"和"笃定"一面的加尔文主义。班克罗夫特的母亲具有坚强的意志和开朗的性格，这使班氏在面对挫败和困难时也充满乐观的精神。

班克罗夫特在童年的时候被送进位于新罕布什尔州埃克塞特（Exeter）的菲利普斯学院（Phillips Academy）读书，并于1813年进入哈佛学院（Harvard College）。在1817年毕业的时候，班克罗夫特立志要成为一名牧师，并受到了哈佛学院的老师们的支持。由于他的出色天赋，哈

---

① 公理会教派素以强有力的中央组织闻名。

佛学院的校长柯克兰（Kirkland）筹款资助班克罗夫特到德意志留学。班克罗夫特不负众望，他在哥廷根大学的出色表现给他的老师们留下了深刻印象，并于1820年9月获得哲学博士学位。之后，他继续游学法国和意大利。1821年班克罗夫特返回德意志，在柏林参加了兰克、洪堡等著名历史学家的讲座。

在德意志受到的教育和在欧洲游学的经历使班克罗夫特的学识长进、视野开阔，德意志的学术训练和严谨的学风给他留下了深刻的印象。他回忆道："理性、热情与德意志的韧性一旦结合，最模糊不清的历史也会变得清晰可辨。不管那些作品是让人味同嚼蜡还是兴味盎然，是杰作还是平庸之作，只要有价值，他们都加以收集，耐心细致地审阅整理。这种严谨的学风，真令人叹为观止。"① 德意志学者研究历史的客观方法也清晰地体现在班氏日后所著的通史中，他也强调使用原始资料而非二手资料来写作历史，这样，班克罗夫特成为美国第一个以现代的观点和方法撰写美国史的史学家。② 德意志的哲学思潮，尤其是康德、费希特、赫尔德、黑格尔等人的历史观念对班氏日后历史写作的影响尤其深远。他们对历史普遍原则的强调，以及历史是一个不断进步的连续过程的观念在班氏的历史著作中都有所体现。在哥廷根大学，班克罗夫特对历史学教授阿诺德·赫伦（Arnold Hermann Ludwig Heeren）尤其敬佩，他经常去听赫伦的课。回到美国后，他把赫伦的著作翻译成英语。他在撰写《美国史》时，有关新大陆与旧世界关系的不少观点就是直接受到赫伦的启发。赫伦重视普及历史知识，强调历史对公民教育的作用，这在班克罗夫特的著作中也得到了极好的体现。虽然他没有在大学授课，但德意志历史观在美国的传播要首先归功于班氏。③ 班克罗夫特于1824年在美国翻译并出版了赫伦的著作《对于古希腊政治的思考》和《欧洲政治制度及其殖民地历史》。虽然他认为翻译是一件很谦卑的事情，但为了使美国人能够读到更多的好书，他宁肯为之。而且，他确信当时的美国人

---

① Harvey Wish, *The American Historian: A Social-intellectual History of the Writing of the American Past*, New York: Oxford University Press, 1960, p. 72.
② Russel B. Nye, *George Bancroft: Brahmin Rebel*, New York: Alfred A. Knopf, 1944, p. 99.
③ Harry Elmer Barnes, *A History of Historical Writing*, New York: Dover Publications, 1963, p. 259.

对政治制度方面的书籍有浓厚的兴趣。

在德意志留学期间，虽然班氏在信中表示出对于德意志人的宗教观和道德观不赞同的态度，但是，德意志的文化思潮、生活观念和社会风尚还是深深地影响了年轻的班克罗夫特。以至于班氏从欧洲刚刚回到美国后，对其好朋友塞缪尔·埃利奥特（Samuel Eliot）说："我感到与大家的疏离，我的首要任务是尽快地适应这里的氛围。"① 班克罗夫特在后来的生活和写作中也不断地试图使自己在德意志受到的影响与本土环境和文化相融合。

二 早期文学生涯

1822年，班克罗夫特回到了他的故乡伍斯特，并被邀请在哈佛学院教授希腊文。在这期间，班克罗夫特也曾尝试实现最初的志向成为一名牧师，但他的布道方式和一些言论被认为离经叛道而难以为人所接受，新英格兰的固守正统和僵化的礼仪规则很快使班氏觉得格格不入。而且，哈佛"传统落后的教学方法如柱石一样坚固"②，班氏尝试的教学改革也没有推行下去。但是，班克罗夫特毫不懈怠的个性并没有使他陷入沮丧和失望的阴霾中，他很快确立了新的目标。1823年，班克罗夫特和约瑟夫·G. 考格斯威尔（Joseph G. Cogswell）③ 决定以德意志大学预科学校（gymnasium）的形式为范本，在北安普敦郡（Northampton）的圆山（Round Hill）建立一所大学预备学校。这所学校在一段时期内创办得还是很成功的，甚至远在佐治亚和缅因的父母也慕名送自己的男孩子到这所学校就读。④

1823—1831年，班克罗夫特还积极热情地投入到有关文学经典的评论上。他在《美国评论季刊》（*American Quarterly Review*）上发表了几十篇有关德国文学评论的文章，这使他成为美国早期杰出的德意志文学批评家之一，也是传播德意志文化和思想的先锋。19世纪30年代后，他

---

① Russel B. Nye, *George Bancroft*, New York: Washington Square Press, 1964, p.50.
② John Spencer Bassett, *The Middle Group of American Historians*, Massachusetts: Norwood Press, 1917, p.144.
③ 考格斯威尔于1806年毕业于哈佛，也曾在欧洲留学。
④ Russel B. Nye, *George Bancroft: Brahmin Rebel*, New York: Alfred A. Knopf, 1944, p.73.

致力于《美国史》的写作，而一度在文学评论领域封笔。在1855年之后，他陆续还有一些有关德意志文学评论的文章见于《北美评论》(*North American Review*)。班氏注意到赫尔德对古代诗歌和民谣的喜爱和收集。他认为，这主要是为了证明人民大众是历史与文学写作的主要见证者，而二者在人类历史中是同步发展的。

班克罗夫特在青年时代还曾尝试写诗，并于1823年出版诗集。① 但在这之后，他退出诗歌领域。安德鲁·席勒（Andrew Schiller）认为，班克罗夫特是一个能够正确评估自己的人，当他认识到自己在诗歌方面缺少天赋，便把精力投向其他领域，后来成为出色的历史学家和政治家。② 但是，在诗歌中迸发的激情并非仅属于青年人自然而然的热情，而是不断地在他的信件和著作中流露出来，铸就了他的写作风格，也令其今后的作品不至于过于说教和迂腐。③

三 坚定的民主党人士——投身政治

中学教师并不能使班氏获得成就感，而且，圆山的教学方法超前于当时美国的实用主义教育原则，最后归于失败。他发现自己的志向另有所属，便于1831年离开了圆山学校，决定撰写历史并涉足政坛。

早在1826年7月4日在北安普敦的演讲中，班克罗夫特就表明了支持杰斐逊大众政府理论的立场。此后，他对其政治观点一以贯之。他在一次演说中宣称"无论从理论还是从实践上看，权力来自人民，政府应由人民或忠于人民的代表管理。这样的政府才是民主政府，才是不折不扣的民主政体……人民的呼声是最有力的，它是我们的圣旨，民意就是天意"。④ 班氏对民主的信念一直未曾动摇，而且年深益笃，以下即是最好的例证。

1867年，在班克罗夫特出任驻普鲁士公使期间，他在柏林曾与兰克

---

① George Bancroft, *Poems*, Cambridge, Massachusetts: Cambridge University Press, 1823.
② Andrew Schiller, "A Letter from George Bancroft", *The New England Quarterly*, Vol. 33, No. 2 (Jun., 1960), pp. 228, 231.
③ John Spencer Bassett, *The Middle Group of American Historians*, Massachusetts: Norwood Press, 1917, p. 151.
④ George Bancroft, *An Oration Delivered on the Fourth of July*, Northampton, Massachusetts: Shepard and Co., 1826, pp. 19-20.

相遇，兰克暗示了对班氏以民主原则贯穿《美国史》的写作方式的批评。班氏对这种评论的回应是："我否定这种指责。历史中存在民主，而且不是主观存在的，民主是客观存在的，在历史中必然有其位置。"① 民主是一种绝对存在，自然如果不是民主诞生的中介，就是它的根源。"民主就像从荒野中凿出的喷泉。"② "政治智慧也不是藏在羊皮卷中，而是从森林中奔涌而出，像山坡上乍现的流水。"③ 而在 30 年前，如果有人赞扬班氏对民主的热爱，他会说，他希望以此贡献于民主事业。

以平等为基调的杰克逊民主为"美国梦"的实现提供了社会环境，奠定了思想上的基础，信仰民主的班氏十分热情地支持这位来自西部的平民总统："杰克逊是一个坚持美德和真理的人，他宣称，我们的制度是建立在共同的美德之基础上，'当蛊惑人心的政客掌控了人民的时候，我们的自由也就被摧毁了。'我受到如此神圣正义之言论深深启迪。他确信坚持真理是上策。"④ "上帝不会抛弃朝圣者，也不会抛弃民主党人。上帝永远注视着改革的事业、自由的事业和人民的力量。"⑤ 一系列出色的演讲使班氏在政治上崭露头角。1830 年，班氏在《北美评论》上发表文章支持杰克逊的第二银行政策，因此得到杰克逊政府的倚重。

杰克逊民主思想在 19 世纪中期的美国，尤其是在抱持正统政治立场——辉格党信条的新英格兰地区属于激进的政治观，并没有得到认同。波士顿的精英并不愿意看到班氏激进的政治立场，听到他在民主党和工人党的工匠面前散布的平民主义论调。新英格兰人害怕下层的统治会带来灾难。他们认为，出身于上层，受过良好的教育，并关注公共事务的人来引导公众是很自然的事情。由于民主思想被视为无神论的一部分，杰克逊主义者被看作无信仰者。这时，新英格兰正处于政治思潮的转型

---

① M. A. DeWolfe Howe, *The Life and Letters of George Bancroft*, Vol. II, New York: Charles Scribner's Sons, 1908, p. 183.
② George Bancroft, *History of the United States of America from the Discovery of the Continent History*, Vol. I, Boston: Little, Brown and Company, 1856, p. 403.
③ George Bancroft, *History of the United States of America from the Discovery of the Continent History*, Vol. I, Boston: Little, Brown and Company, 1856, p. 399.
④ M. A. DeWolfe Howe, *The Life and Letters of George Bancroft*, Vol. I, Port Washington: Kennikat Press, 1908, p. 193.
⑤ Lilian Handlin, *George Bancroft: The Intellectual as Democrat*, New York: Harper & Row Publishers, 1984, pp. 151, 152.

中，从政治正统转向自由民主的共和主义观念。班氏走在了新英格兰的前面，被称为"贵族反叛者"。在新英格兰辉格党人的攻击下，班氏坦然于自己不同的政治立场，他给爱德华·埃弗里特（Edward Everett）的信中写道："我是深思熟虑来写这封信的，我坚持自己的观点。我不想收回一句话，也不想改变发表它的时间。我不知道自己对不当的指责会多么漠视，但是这些的确没有打扰我的平静；我从未如此平静。我的信是要攻击那些制造混乱的人和不信教者。无论在感情上，还是在原则上，我都是一个共和党人。"①

很多人对班氏的政治立场表示遗憾和不满，班氏在辉格党盛行的波士顿感到一种疏离，也因此遭到联邦党人的攻讦，但他并不急于辩解，却坦然于自己的共和主义立场。"我行动的信念（对于我来说）与文明世界的趋势是一致的，不用激情和焦虑来捍卫。民主的原则是真正的美国原则，它就像我们的独立一样安全。"其实，这不仅是他自己的原则，波士顿精英中有很多绝对的自由主义者。威廉·E. 钱宁（William Ellery Channing）认为，那些在思想上有天分的人在哲学上都是民主党人。波士顿的很多知识分子热衷于谈论民主和支持民主，但他们仅是哲学上的民主派，而班氏却是理论和实际上的民主党人。② 班克罗夫特在其文章和演讲中宣扬了杰克逊时代的"纯粹"民主，他认为在对杰克逊的跟随中探寻到了"上帝的声音"。③ 班氏定义民主为"实践中的基督教义"。④ 1831年，马萨诸塞州共和党人未经班克罗夫特同意就选他为州议员，他没有接受。次年，他又拒绝了马萨诸塞州州议长的提名。此时班克罗夫特尚未跻身政界，但他与不少政界要人交往甚密。

19世纪30年代，美国党派林立，在新英格兰地区除了联邦党人、辉格党和民主党等比较重要的党派，还有一些比较小的党派如杰克逊党、工人党和反共济党（Anti-Masons）等在蓬勃发展中。此时，民主党亟待

---

① Lilian Handlin, *George Bancroft: The Intellectual as Democrat*, New York：Harper & Row Publishers, 1984, p. 157.
② Russel B. Nye, *George Bancroft: Brahmin Rebel*, New York：Alfred A. Knopf, 1944, pp. 119 - 120.
③ Harry Elmer Barnes, *A History of Historical Writing*, New York：Dover Publications, 1963, p. 233.
④ Russel B. Nye, *George Bancroft: Brahmin Rebel*, New York：Alfred A. Knopf, 1944, p. 110.

壮大自身的力量，需要一个能够在这几个小党派之间起到调和作用的人，并说服更多其他党派的人加入民主党，由于班氏的历史学家身份，其又是很受欢迎的公众人物，这个任务就非他莫属了。班氏不遗余力地向工人党宣传，辉格党拥护有财产的人，民主党赞成自然的人性；辉格党喜欢"分化的利益"，民主党则支持"平等的权利"。他宣称民主党是激进的和反对财产集中的，以消除劳动阶层对控制民主党的银行家的疑虑。①

到19世纪30年代中期，班克罗夫特已经成为民主党大会中的重要人物。1834年班氏在写给埃弗里特的信中说："我从感情和原则上都是共和党人，在内心深处，我是个激进派。"② 1836年，马萨诸塞州竞选后，民主党虽然仍负于辉格党，却取得了有史以来最好的战绩。班氏十分乐观和充满信心地预言道："现在，自耕农和工人是文明的引领者，大众时代到来了。"③

1836年，班氏加入马丁·范布伦（Martin Van Buren）阵营。1837—1841年，他被任命为波士顿港口的收税官。在波士顿的8年，班克罗夫特成为新英格兰民主党集团中举足轻重的人物。到1844年时，他成为民主党国家大会代表。同年，他在马萨诸塞州竞选州长，未获成功。后来，他在总统竞选中为民主党奔走谋划，为波尔克赢得民主党总统候选人提名立下汗马功劳。波尔克当上总统后，任命班克罗夫特为海军部长，班克罗夫特欣然就职。

任职期间，他力排众议，积极革除海军的一些弊病陋习，如严禁军官鞭打水兵，提拔军官不论资排辈而重实际军功等。他还在安那波利斯建立了美国的海军学院，为海军培养专门人才。班克罗夫特还是波尔克政府对外扩张政策的积极支持者。④ 墨西哥战争期间，他任战时代理部长，积极调兵遣将。他鼓吹加利福尼亚划入美国版图乃是大意所归。班氏以极大的热情赞同"天定命运"并支持吞并加利福尼亚。作为波尔克手下的战争部执行秘书，他派出军队待命，静等战争爆发即采取行动。

---

① Russel B. Nye, *George Bancroft: Brahmin Rebel*, New York: Alfred A. Knopf, 1944, p. 110.
② Russel B. Nye, *George Bancroft: Brahmin Rebel*, New York: Alfred A. Knopf, 1944, p. 108.
③ Russel B. Nye, *George Bancroft: Brahmin Rebel*, New York: Alfred A. Knopf, 1944, p. 110.
④ Russel B. Nye, *George Bancroft: Brahmin Rebel*, New York: Alfred A. Knopf, 1944, pp. 143-144.

他的主要任务是协助约翰·弗里蒙特（John Fremont）在加利福尼亚的探险，清除吞并加利福尼亚时发生的地方叛乱。①

四　外交使节和历史资料的收集者

从1846年开始，班克罗夫特出任驻英国公使。在从事外交事务的同时，他经常出入英国档案馆，收集与美国历史相关的资料。在此期间，他结识了英国著名的历史学家麦考莱、哈兰等人，他对麦考莱的博学赞誉有加，"我认为他是如此少见的比自己的作品还要伟大的人"。② 班氏每年安排三个月住在巴黎，去图书馆、博物馆收集资料。1847年，班克罗夫特与基佐会面时，讨论了美国革命与法国大革命，班氏赞赏法国对美国独立战争的援助。当时，基佐已经读过了班氏《美国史》的前两卷，他称班克罗夫特的《美国史》是"大洋彼岸最好的历史作品"。③ 班氏还会见过梯也尔、拉马丁、库辛和托克维尔等学者和政界要人。在英国任公使的三年中，班克罗夫特在外交上并无重大建树，但他收集了有关美国独立战争的大量史料，对于他正在写作的《美国史》极有价值。1849年，班氏回国后在纽约定居，继续历史写作。

1867年，约翰逊总统任命班氏为驻普鲁士公使。他在柏林仍然不倦地收集史料。早年曾在此有过留学经历，这次故地重游，对德意志文化风尚的熟悉使班氏在社交和查找档案上都如鱼得水。作为美国公使，他结交甚广，历史学家兰克（Leopold von Ranke）、西奥多·莫姆森（Theodor Mommsen）、古斯塔夫·德罗伊森（Gustav Droysen）几乎每周都会到其住处小坐，俾斯麦、赫尔穆特·冯·毛奇（Helmuth von Moltke）等政治家也是他的座上宾。④ 在柏林供职期间，他成为最受欢迎的美国大使，与普鲁士的皇室、贵族以及很多学者保持着友好的关系。班氏尤其和俾斯麦兴味相投、交情甚笃。班氏把俾斯麦看作"日耳曼种族杰出的代

---

① Harvey Wish, *The American Historian: A Social-Intellectual History of the Writing of the American Past*, New York: Oxford University Press, 1960, p.76.
② M. A. DeWolfe Howe, *The Life and Letters of George Bancroft*, Vol. II, New York: Charles Scribner's Sons, 1908, p.16.
③ M. A. DeWolfe Howe, *The Life and Letters of George Bancroft*, Vol. II, New York: Charles Scribner's Sons, 1908, p.57.
④ Russel B. Nye, *George Bancroft: Brahmin Rebel*, New York: Alfred A. Knopf, 1944, p.244.

表",称他拥有如"红胡子"腓特烈一样对独立自由之思想的热烈感情和路德一般不肯屈服的决心。① 在班氏回到美国后,他们仍然长期保持通信往来。俾斯麦退休后,在他的书房里仍然悬挂着班克罗夫特的肖像。班氏不仅对俾斯麦尊崇有加,对德意志的民族统一运动也非常支持。在这一点上,他们有共同的情感和语言。在普法战争期间,班氏表现出对普鲁士的强烈支持,以致引起法国作家雨果的不满。② 关于班氏的一则逸事曾经在华盛顿流传,表明他的晚年生活的德国色彩是多么浓重。那时,班氏把骑马作为一项锻炼活动,每天下午都会经过退伍军人收容所,一位经常碰到班氏却不认识他的绅士向门口的侍卫询问,这位一副军人打扮如此热爱骑术的老人是谁时,侍卫回答说:"这是一个姓班克罗夫特的德国人。"③

19世纪中期,独立的美国还没有自主的文化,美国人要想学有所成,就要去欧洲镀金。欧洲知识界的认同是对美国文化作品最高的赞赏。班克罗夫特是当时寥寥可数的被欧洲知识界认同的美国学者之一。

五 最重要的成就——历史写作

浪漫主义时期,社会还没有实现行业和领域的细化和专门化,人的功能也没有被明确地分门别类。因此,这个时期的很多学者都是通才型人物,他们涉足很多领域,而且都取得了比较出色的成就,班氏是其中的佼佼者之一。班克罗夫特在热衷政治活动的时候,并未放弃对历史写作的追求,而且,这成为他一生中最斐然的成就,也是他得以留名史册的最重要的原因。1818年,班氏就开始酝酿撰写一部大部头历史作品。但是,从1823年到1830年班克罗夫特在期刊上发表的文章比较分散和多样的主题来看,那时他还没有确定其史学作品的主题。到1828年,班氏决定要为自己的祖国撰写一部通史。经过几年的准备,1831年班氏正式动笔,开始了《美国史》第一卷的写作。此后50年,他一直笔耕不

---

① Russel B. Nye, *George Bancroft: Brahmin Rebel*, New York: Alfred A. Knopf, 1944, p.247.
② John Spencer Bassett, *The Middle Group of American Historians*, Massachusetts: Norwood Press, 1917, pp.198-199.
③ John Spencer Bassett, *The Middle Group of American Historians*, Massachusetts: Norwood Press, 1917, p.199.

辍，完成了从哥伦布航行至美洲大陆一直到美国联邦宪法制定的将近300年的美国历史的著述。

班克罗夫特写作《美国史》是间断进行的，从1834年第一卷出版，其余9卷历经大概40年才全部出齐。但是，一旦他开始写作，他就会非常努力，进度也十分稳定。班克罗夫特一般在早晨五点钟起床，在七点三十分吃早饭，一直工作到午饭时，那已经是在下午两点钟了。他说，有时候他在开始写作之前，也许会先读一两段吉本或其他历史学家的作品。下午，他会进行自己十分热衷的骑马活动，然后在七点或七点半的时候吃晚饭。在晚上，他会与朋友会面，他总是保持着传统的礼仪，对女士很有风度。① 班氏年轻的时候，有时每天会工作14个小时。他的妻子记得，有一次，班克罗夫特早晨五点钟开始坐到书桌前，一直工作到晚上九点钟，中间只休息了1个小时，他这样一直持续了5天。他使用8英寸长、6英寸宽的白纸写作，一般每一页上只有4—6行字，日后他会在两行之间的空白处增加或删改内容，有时对同一处内容，他修改了很多次，只有最细心的抄写员才能识别出其内容。他对其作品不知疲倦地修改，平均每页要修改3—4次，有的甚至修改了10次之多。有时在午饭后，他会散步一会儿。下午四点或五点，他会修改前一天写的内容。在晚年生活中，班氏也基本保持着这样的作息习惯。上午他会把写作的内容口授给秘书，在午饭后小睡一会儿，缩短了下午工作的时间。在70岁以后，他每天仍然会工作6—8个小时，长年累月一直如此。②

班氏对自己的作品精益求精。班氏的秘书奥斯汀·斯科特（Austin Scott）说，班氏经常为了思想的精湛而在头脑中斗争很久。他经常会大段地口述，速度很快，并带着很高的热情，但是他通常会在几次修改后选择最后版本为定稿。他最初的草稿通常被修改了很多次，并被提炼浓缩。《美国史》的早期卷本的草稿是他最后出版的书稿的8倍。③

1834年到1874年，《美国史》陆续出版了第一卷到第十卷，这部书

---

① John Spencer Bassett, *The Middle Group of American Historians*, Massachusetts: Norwood Press, 1917, p. 207.
② Russel B. Nye, *George Bancroft*, New York: Washington Square Press, 1964, p. 176.
③ Warner's Library: The World's Best Literature, Vol. Ⅲ, p. 1436. 转引自 William Hutchinson ed., *The Marcus W. Jernegan Essays in American Historiography*, New York: Russell & Russell, 1958, p. 13。

由于浸润着浪漫主义的爱国情感和对年轻的共和国美好前景的坚定信心而大受欢迎，成为当时鲜有的畅销史学著作，多次再版，仅第一卷到1878年时就再版了26次。1882年，82岁高龄的班克罗夫特出版了两卷本的《美国宪法制定的历程》（History of the Formation of the Constitution of the United States of America），于次年把这12卷合并并最后修订为6卷本的《美国史》。班氏利用他担任驻英国公使和驻普鲁士公使的机会，在英国、普鲁士、法国等欧洲很多国家查阅了大量珍贵的档案资料，令这部《美国史》资料翔实、内容丰富，从美洲大陆的发现，一直到美国宪法的修订，最初的版本洋洋洒洒共12卷，170多万字。这部《美国史》是第一部由美国人自己撰写的以美国社会和历史发展为对象的比较成熟的通史型史学著作。班克罗夫特也因此被誉为美国第一位"民族史学家"和"美国史学之父"。[①] 20世纪60年代，理查德·霍夫斯塔特称班克罗夫特是"美国第一个伟大的历史学家"。[②]

虽然班克罗夫特涉足过诸多领域并不乏令人注目的成就，但是，令其彪炳史册的还是他在撰写美国历史上取得的名誉和声望，以及其对美国社会、美国历史发展以及美国后世史学的深远影响。班氏的政治家、外交家和文学批评者的身份和成就都掩盖不住他作为历史学家的光环。

第二节　班克罗夫特的历史观

自从1834年《美国史》第一卷问世，班克罗夫特的著作就广受欢迎，不断再版，他的声望在美国知识界也不断提高，并受邀成为纽约历史协会和世纪联合会（Century Association）的成员。1854年11月20日，班克罗夫特在纽约历史协会成立50周年的庆祝仪式上发表题为《人类种族进步的必然性、现实性和前景展望》的演讲，又一次体现了他一贯的风格，讲究辞藻、气势磅礴，以大手笔来阐释宏大的主题，内容充满哲学意味和人文关怀。在这次演讲中，他还阐发了关于历史功能的观念：

[①] John Arthur Garraty, *Encyclopedia of American Biography*, New York: Harper & Row Publishers, 1974, p.56.

[②] Richard Hofstadter, *The Progressive Historians: Turner, Beard, Parrington*, New York: Alfred A. Knopf, 1968, p.15.

……因为上帝在历史中是可见的，所以除了诗歌，历史拥有最高贵的地位……历史学系出神圣，它不仅关注生命中的伟大事件，而且，在造物主赋予的创造力之下，唤醒了已经消逝的事物，并重新赋予它们以生机……历史女神，斜靠在象征永恒的圆环上，注视着人类的精神是如何融入其创造的事业中，如何构建科学、制订法律、组织共同体，在有形的智识活动中展现这种精神的能量。在所有需要分析的事业中，历史学是处于第一位的。历史学与哲学一样，以实证来推动思想的发展，所以，历史学包含哲学。历史学重于自然科学，因为它研究的是人，造物主的最后杰作，人与上帝的关系也是最完美的。[①]

在这里，班氏道出了历史对于人类的智识活动几乎无所不包的特性，历史囊括了国家的发展、制度的制订和科学活动等，并且历史将过去和现在联系起来。班氏还提出了历史的方法论，即付诸历史学家的分析，而历史学的崇高地位在于上帝在其中的显现。这正是班氏受到后来的历史学家的诟病之处，美国第一代专业历史学家尤其不满于班氏作品中的道德哲学味。但是，一直到19世纪末期，班氏的《美国史》还大为畅销，甚至到了20世纪，这部卷帙浩繁的历史著作仍被列在美国大学的必读书目上。[②] 那么，班氏的《美国史》的意义何在？它对于美国历史学的发展有什么价值呢？下面我们就从分析班克罗夫特的历史观入手，对《美国史》进行深入地解读，明了作者关于历史的性质的认识对于理解并评价他的著作大有裨益。

一 历史的连续性与统一性

班克罗夫特在青年时代留学德意志时，便对历史学产生了浓厚的兴趣。哥廷根大学的赫伦、沃尔夫（Friedrich A. Wolf）、艾希霍恩（Karl Friedrich

---

[①] George Bancroft, *The Necessity, the Reality, and the Promise of the Progress of the Human Race*, Address at the New York Historical Society, 1854.

[②] Reviewed by W. M. Brewer, "The American Historian: A Social-intellectual History of the Writing of the American Past", *The Journal of Negro History*, Vol. 46, No. 4 (Oct., 1961).

Eichhorne）对于古物的热情和对于历史资料批判的精神给年轻的班克罗夫特留下了很深的印象。他获得哲学博士学位后，还曾在柏林大学游学，班克罗夫特很欣赏康德、黑格尔等德国唯心主义哲学家，他们的历史哲学为班氏的历史写作提供了一种指引。通过融入自己的哲学和宗教观，并结合美国历史状况和社会现实，班氏形成了自己的历史观，他的史学理论在20年间很少改变过。他认为，历史的作用是让人们辨别过去，并向人们解释人类进步，利用引导的方法使人们了解一般法则。

康德借鉴柏拉图的哲学思想，发展出以"理念"为基础的超验的历史哲学。在康德看来，人类历史是人类精神向着合理性不断进步的"普遍史"（Universal history），历史哲学的任务就是把握历史演进过程的方向及其动因。历史旨在表明作为一个物种的人类是怎样不断变得越来越有理性，从而变得越来越自由的。① 班克罗夫特发挥了康德超验论中有关"普遍史"的内容，在其著作中体现了他自身关于人类历史和美国历史的观念。② 在《美国史》的前言中，班氏解释道，历史必须拥有一个主题，行动的伟大原则才能为叙述带来整体性和意义。这个伟大原则以自由为基础，因为"殖民地从最初即有追求自由的精神"。③ 人类以自由的原则前进和行动，并发展出智识行为的更好形式。

班氏并不满足于仅仅把历史呈现为一个神秘的连续过程，他还要展示在历史中上帝所引导的道德判断。真理、道德和正义永远是真理、道德和正义，它们永远都不会改变。自由和真理是不可抗拒的，上帝控制着人类事务。④

> ……但是永恒流动的存在从未停息过，通过不断的变化承载着人类种族不断前进。当进入人类的公共意志时，原则就具有了在现

---

① 朱本源：《历史学理论与方法》，北京：人民出版社，2007年，第340—341页。
② 张和声在《评乔治·班克罗夫特的历史观及其代表作〈美国史〉》一文中关于班氏对康德历史进步观念的借鉴也有论述。
③ George Bancroft, *History of the United States of America from the Discovery of the Continent*, Vol. I, Boston: Little, Brown, and Company, 1855, Preface, vii.
④ George Bancroft, *History of the United States of America from the Discovery of the Continent*, The Author's Last Revision, Vol. II, New York: D. Appleton and Company, 1890, pp. 269, 405.

实中的生命；当公共意志成熟的时候，原则就获得了对所有事件的掌控力。这两个进程是必然的，紧紧相随的，而原则在这个过程中从未停止过它的统领。骚动的波涛刚开始平息，全能精神（Infinite Spirit）的新的讯息就会从无形的惊涛骇浪中浮出水面……①

在哲学观上，班氏相信种族的统一和趋向自由是同一个进程，既然美利坚是一个自始至终贯彻着自由原则的民族，其发展的过程也必将是不断走向统一的过程，美利坚也因此成为人类文明发展的榜样。道德法则是上帝对人间的指导原则，是对人和事件进行评判的终极准绳，在《美国史》中，班氏经常会以道德法则来衡量历史事件。美国所奉行的自由精神符合一般法则，并彰显道德法则。因此，美利坚也会在自由精神与道德法则的良性互动中不断发展繁荣，而法国在新世界则没有任何权利，"一个制造了圣巴托罗缪日大屠杀（St. Bartholomew Day Massacre）的政府是没有资格建立新国家的"。他认为弗吉尼亚的第一批殖民者是风流的花花公子、破产的商人和浪子，"由这些人组成新的国家，成为土生土长的美国人的祖先并不是上帝的意愿，但是，总有一天他们的子孙会有力地宣称美国的自由，并以他们的勇气去捍卫这种自由"。②

班氏的历史观，正如他在1834年和1854年所阐释的，即人类的每一份经验都是一般法则的普遍模式的一部分，这样他就在人类历史中发现了统一性和持续性。"道德世界由一般法则调控，这个法则不仅覆盖无生命的自然，还控制着人类和国家……意义决定着事件的影响。"或者，用他通常的话则表达为："事件以其被安排的秩序不断推进，这个过程充满了完美的和谐，就像娴熟的艺术家之手拨弄着琴弦，历史在动听的时代和弦中成为一体。"

康德把人类历史看作一个整体，而历史发展的过程就是人类不断进步、由恶向善的过程。班克罗夫特为康德"普遍史"的概念所激励，他把记录人类精神的进步作为他的最终目的：

---

① Harvey Wish, *The American Historian: A Social-intellectual History of the Writing of the American Past*, New York: Oxford University Press, 1960, pp. 80-81.
② George Bancroft, *History of the United States of America from the Discovery of the Continent*, The Author's Last Revision, Vol. Ⅱ, New York: D. Appleton and Company, 1890, p. 325.

第二章　班克罗夫特的历史观和方法论

当人类世界不断趋向一个整体，那么它在智识的力量上也在不断进步……每个个体精神的禀赋都在其自身的发展之中，理性在不断趋向完善，从人类存在的那一刻开始就不停地在塑造自己，其改善自身的能力从无止境。①

在班氏看来，既然历史是由贯穿其始终的一般法则统领的，历史学家不仅要探索人类进步的证据，还应尽力去证实事件之间的联系，以及在事件与一般法则的关联中，世界所获得的统一性。"历史作为一个系统，它的力量是持续的，而这种力量的诸多表现都是有组织的整体的部分。每个个体在以全体人类种族为背景的图景中必定有他的位置。"② 历史学家还应考察人类世界统一性的起源，要在多样性后看到统一性。"人类世界并非支离破碎，事件彼此也并非绝缘。"历史学家很有兴趣发现事件的"种子"，发现其起始点，在细微的事件中观察历史的重要趋势。比如，在《美国史》中，班氏解释了马丁·路德和托马斯·杰斐逊、康德和富兰克林、华盛顿和弗里德里克大帝的生活怎样通过相似的自由的观念联系起来。③ 他还解释了为什么英国与法国最初的冲突会成为美国革命这场伟大战役的信号。

由于班氏强调历史统一性的观念，他在《美国史》第四、第五、第六卷中讲述英帝国制度的困境以及殖民地趋向独立的动力时，与其他历史学家不同的是，班氏把美国革命置于欧洲这个更大的环境下。整个第六卷是对欧洲的概览，班氏逐一分析了欧洲主要国家朝向自由的大众政府前进的趋势。他用两章的篇幅来描述英国，分析其附属国、宗教忠诚的程度、殖民政策和经济形势。

班氏认为，美国历史是世界历史的一部分，他经常把美国历史置于

---

① George Bancroft, *Literary and Historical Miscellanies*, New York: Harper & Brothers, 1951, pp. 433-435.

② George Bancroft, *History of the United States of America from the Discovery of the Continent*, The Author's Last Revision, Vol. II, New York: D. Appleton and Company, 1890, p. 321.

③ George Bancroft, *History of the United States of America from the Discovery of the Continent*, Vol. II, Boston: Little, Brown and Company, 1858, pp. 452-464; Vol. IX, 1866, pp. 499-501.

普遍背景下来考量。哥伦布发现新大陆对人类历史意义重大，所以美国历史与世界历史紧密相关。他还会分析美国的事件在欧洲社会、政治进程中的影响。① 再如，他认为林肯总统解放奴隶的事业与人类自由和进步的事业联系在一起。他把美国的事务置于全人类事务的宏大视野中；美国对奴隶制的战胜为全人类的自由事业做出了贡献。② 美国革命尤其具有世界意义：

> 美国革命的缔造者宣誓其目标是为了全人类的福祉，并相信其事业不仅为了自身，还是为了所有未来的后代。殖民地人民相信人类世界并非支离破碎，每个国家都不可能单独存在。所有的人皆兄弟，彼此相联系。所有的民族皆兄弟，每一个国家都为统一的人性做出贡献。有关政府的新原则不可能在这个半球被确立，而不影响另一个半球。从对人类种族统一性的承认出发，每个民族的进步都与人类历史相连。从社会形成之际开始，分散的地球居民之间即存在商业往来。人类热切地希望从探险者那里实现与更广阔的地域的联系，并扩大世界的和文明的边界。③

关于个人与整体的历史相联系的进步观念正源于对人类统一性的认可，持续的历史进程的进步趋向向人类昭示着希望之光，"人类能够不断完善自身，人类会不断地进步……我们是过去的孩子，过去和未来都与我们息息相关……正因为过去的时代与当今的现实密切相关，历史才具有感人的力量……它使生命之河生生不息，源远流长"。④ 在班氏看来，在18世纪下半叶，欧洲大国希望的只有和平和安宁。每个国家都有足够的疆域和财富满足自身和下一代的生活，每个国家看起来都停歇了脚步，

---

① George Bancroft, *History of the United States of America from the Discovery of the Continent*, Abridged by Russel B. Nye, University of Chicago Press, 1966, p. 242.
② George Bancroft, *Oration Pronounced in Union Square*, April 25, 1865, at the Funeral Obsequies of Abraham Lincoln in the City of New York.
③ George Bancroft, *History of the United States of America from the Discovery of the Continent*, The Author's Last Revision, Vol. Ⅱ, New York: D. Appleton and Company, 1890, p. 321.
④ George Bancroft, *History of the United States of America from the Discovery of the Continent*, The Author's Last Revision, Vol. Ⅱ, New York: D. Appleton and Company, 1890, p. 323.

但是，革命是不可遏止的。

二 世界精神与民族有机体——民族主义历史观

理性主义提出，自然界万事万物的运行均受到一般法则的支配，人类各民族的发展亦遵循一般法则，具有相似的路径和相同的走向。班氏所展现的历史观念，即美国历史是世界历史的一部分，人类历史是一个整体，不断向前进步，这一世界主义的观念传承自启蒙运动。同时，班氏的历史观受到浪漫主义思潮的直接影响。浪漫主义关注民族文化的多样性和不同民族精神的独特性，班氏在其著作中亦强调了美利坚民族的内在精神和独特使命。下文即具体分析班氏历史观中的世界主义与民族主义的辩证关系，这亦体现出理性主义历史观与浪漫主义历史观既有融合又彼此有别的特征。进而论述在浪漫主义思潮影响之下，德国民族史学与美国民族史学的不同走向。

早期的浪漫主义强调民族的内在精神决定了其自身特质，以赫尔德为代表的浪漫主义的民族观肯定民族之间的价值平等。基于个体与整体关系的原则，浪漫主义认为，具有个性的民族是人类文明整体的有机组成部分，人类文明亦通过每个民族呈现其多样性。这样，浪漫主义既关注每个民族的独特性，同时也宣扬包含在民族主义中的普遍的人类价值。这个时期的民族主义与世界主义并行不悖，是强调价值平等和人类文明多样性的文化民族主义。

在浪漫主义时期，历史学家关注历史上的英雄人物，并把他们看作国家理想的化身和民族的代表，英雄人物以人民的名义行动，人民通过其代表来宣称时代的原则。这些人不仅代表其国家，在与反进步力量的斗争中，他们代表进步原则，代表理想的价值观和伟大的道德原则。[①]所以，浪漫主义时期彰显的不尽是民族主义的，其对道德原则的信奉推衍出的世界主义原则，或具有更广泛的价值。

19世纪初，世界精神与民族主义的关系发生了变化。这就要从德国的历史观从文化民族主义转向民族国家的取径说起。德意志历史上漫长

---

① David Levin, *History as Romantic Art: Bancroft, Prescott, Motley and Parkman*, Stanford, California: Stanford University Press, 1959, pp. 50–51.

的分裂状态,英、法等统一的民族国家获得成功和繁荣的激励,使民族主义思潮在德意志表现得尤为突出。德国的民族主义最初是与世界精神相辅相成的,即人类社会是以理性精神为基础的整体,前一个时代为后一个时代做了准备和铺垫。这样,人类历史呈现出不断前进的趋势,而个体和民族的历史作为人类历史的组成部分也不断向前推进。针对德意志贵族对于法国文化的刻意模仿,在18世纪七八十年代的狂飙突进运动中,一批具有民族意识的德国知识分子开始探索德意志独特的民族文化以及民族精神。这场运动的精神领袖赫尔德进一步完善了他的老师J. G. 哈曼(J. G. Hamann)的理论,提出了文化民族主义。

赫尔德还有洪堡、温克尔曼等一批德国思想家都认为,所有人存在一种萌芽形式的共同人性、高贵和尊严。这一观点是对启蒙运动关于人性论的继承。如果启蒙运动强调人及其理性的共同特点的话,那么"人道理想"则强调人的多样性以及人的个性、理性与非理性的相互联系,由此成为一个和谐的整体。对歌德和洪堡来说,个人构成了人类的首要单位;对赫尔德来说,民族比个人拥有更大程度的个性特点。① 一切文化或文明其根源必然产生于本国,每个民族即具有共同语言的群体都有自己的态度、精神与风气,一种健康的文明必须表现出一种民族性,而民族性都是本民族所独有的,所有的民族都按照本民族的方式发展它们的特质。② 这种以"人道理想"为基调的民族主义把各个民族联系在一起,而不是将它们分离。因此,赫尔德的民族主义在精神上是世界主义的。

赫尔德认为历史是一个循序渐进的过程,不是简单地由黑暗到光明的挣脱、飞跃的过程。每个时代都有独立的价值,是前一个时代的继续、后一个时代的准备。③ "每一个时代都必须通过当时的价值来考察,历史中没有进步或衰落,有的只是价值的多样性。"④ 赫尔德4卷本的《人类历史哲学观念》确立了如下的模式:理性和正义为人类相信自身能够经

---

① 〔美〕格奥尔格·G. 伊格尔斯:《德国的历史观》,彭刚、顾杭译,南京:凤凰出版传媒集团、译林出版社,2006年,第44—45页。
② Geor G. Leggers: *The German Conception of History: The National Tradition of Historical Thought from Herder to the Present*, Middletown: Wesleyan University Press, 1983, p. 35.
③ 郭小凌:《西方史学史》,北京:北京师范大学出版社,2003年,第256—257页。
④ Robert M. Burns & Hugh Rayment-Pickard eds., *Philosophies of History from Enlightenment to Post-modernity*, Beijing: Peking University Press & Blackwell Publishers Ltd., p. 57.

由文明的不同阶段不断进步提供了基础。① 在赫尔德这里，各个时代有不同的特点和独到的价值、基调和色彩，不同时代各民族有各民族的精神，以区别于其他时代和其他民族。诗歌等所有艺术形式都是民族的结晶，伟大的诗歌是"民族精神"（national spirit）的表达。赫尔德提出，每一个民族都为人类生活的丰富多彩做出了贡献。

在1813年德意志解放战争之前，德意志的民族主义思想与国家学说基本上是相脱离的。康德、赫尔德的民族主义思想和国家学说都是站在世界主义的角度上来阐述的，主张民族平等和世界和平。赫尔德把德意志看作一个文化民族，而不是政治民族，主张民族文化的人文价值或人道价值。费希特前期也只是宣扬卢梭的国家学说，提出适应德意志分裂状态的国家学说，并没有看到民族与国家之间的联系。反对拿破仑军队入侵则激起了德意志人的爱国主义热情，同时伴随着浪漫主义思潮对于民族精神独特性的关注。费希特在《对德意志民族的演讲》中论述了德意志民族的历史及其在政治、宗教和文艺领域取得的成就，并指出拯救德意志民族的角色是国家。洪堡在1809年时也不再把德意志民族作为重要的文化共同体来认识了，而是作为一个政治权力来考察。他提出，只有强大的国家，才是自由、法律的体现；要发展德意志文化，政治权力是一个先决条件。黑格尔则进一步指出，国家的独立和主权是一个国家的根本，"国家在历史上最初出现的权力就是这种独立状态本身"。②

最初的历史主义打破了启蒙运动中普遍适用的道德与政治价值的信仰，当历史主义在法国大革命后继续向前发展时，"人道理想"的观点被引入了国家的观念。赫尔德把德意志看作一个文化民族，而不是政治民族。但是，当审美的和文化导向的研究民族性的取径逐渐让位于民族国家的理想时，国家在民族和社会中占据了首要性。德意志的另一位哲学家卡罗·安托尼强调，不存在单一形式的历史主义，而是有各种历史主义，它们之间的深刻不同是与它们所属的不同民族传统相一致的，而且也与它们试图实现的不同政治抱负相一致。这样，民族主义就不再是

---

① 〔美〕唐纳德·R.凯利：《多面的历史：从希罗多德到赫尔德的历史探寻》，陈恒、宋立宏译，北京：生活·读书·新知三联书店，2003年，第461页。

② 〔德〕黑格尔：《法哲学原理》，范扬、张企泰译，北京：商务印书馆，1961年，第239页。

统一的，而是分裂的。① 文化的民族主义让位于政治的民族主义。

强烈的民族主义倾向使德意志的知识界开始探寻本民族在语言、立法和文化上的传统，同时掀起了整理民族历史档案和编写民族历史的热潮。艾希霍恩——班氏在哥廷根大学的老师，在其著作《日耳曼立法及其制度的历史》中追溯了条顿立法传统在其民族精神中的根源。萨维尼（Friedrich Karl von Savigny）以相似的方式分析了罗马法。斯泰因（Heinrich Friedrich Karl Stein）召集了一个小组收集和整理中世纪时期德意志历史的资料，在1819年出版了《德意志历史记录》。②

19世纪德意志四分五裂，无数个小主权国家林立，当时的德意志在探寻一种民族性（nationality）和独特的民族文化传统。同时期的美国与之情况相似，美国在为具有不同特点的州和由来自四方的移民组成的新国家寻找一种认同。因此，德意志历史编纂学的民族主义倾向不仅在欧洲散播开来，也极大地影响了美国。

在德意志接受的教育以及德意志的浪漫主义和民族主义思潮直接影响了班克罗夫特和莫特利，并间接使斯巴克斯、普里斯科特、帕克曼和希尔德雷斯受到这种思潮的影响。到19世纪30年代，美国最好的历史学家大多都认为民族特征的存在是种族特性的前提。很快，这种观念渗透到教科书中，并成为普遍被接受的思潮。③ 1818年到1822年，班克罗夫特在哥廷根大学学习，后来又到柏林参加兰克、黑格尔等人的讲座。哥廷根大学是德意志历史研究的重镇，班克罗夫特在历史观念上也受到了很深的影响。班氏的《美国史》也淋漓尽致地体现了这种民族主义观照：

> 虽然真理的普遍性为人类种族的统一提供了确证，人类种族最终会在不断进步和上升的过程中趋于一致，但是，在这个过程中，民族的使命却是不同的，这也决定了每个民族不同的发展道路和前景。上帝在人类进步的计划中赋予每个民族一种使命，但是他选择

---

① 〔美〕格奥尔格·G. 伊格尔斯：《德国的历史观》，彭刚、顾杭译，南京：凤凰出版传媒集团、译林出版社，2006年，第39页。
② Harry Elmer Barnes, *A History of Historical Writing*, New York: Dover Publications, 1963, pp. 209-210.
③ George H. Callcott, *History in the United States, 1800-1860: Its Practice and Purpose*, Baltimore and London: The Johns Hopkins Press, 1970, p. 167.

了一个民族作为自由的使徒。真理的旗帜从一个民族传给另一个民族，只有日耳曼人始终令其不断向前，七年战争时期即已经决定了谁（日耳曼人还是诺曼人）携带着美国自由的种子。欧洲北部的条顿部落把个人独立和自由的精神从丛林中传入撒克逊英格兰，清教徒又把它移植到美洲大陆，华盛顿则收获了自由的果实。①

美国人继条顿民族之后成为自由的使者。"美洲大陆的大部分家庭不是诺曼底的上层人士，而是地位卑微的撒克逊人。在新英格兰是如此，南方亦是如此。他们是来自丛林的盎格鲁-撒克逊人，他们带来了17世纪盎格鲁-撒克逊人所具有的精神和文化。"② 这种精神在宗教改革之前就已经存在，并独立于宗教改革而存在。其他民族的精神由宗教改革解放，盎格鲁-撒克逊人的精神则一直是自由的，他们把这种自由的精神带到了美洲：

> 弗吉尼亚人承担起丛林中的盎格鲁-撒克逊人的职责，不仅显示了与其祖先的一致性，他们又一次发挥了其祖先的影响：促进自由制度的发展，尽管这是在一个世纪之后成熟的，但主要是在其自己的时代完成的。③

由于自由原则是一般法则的一部分，信仰自由的美国，其发展越符合这个原则，美利坚的民族意识便越趋向于一致性和普遍性，在这个原则下运行的美国社会一定会向更高的阶段前进，美利坚独特的精神也因此在国家内部趋于一致性，在世界上具有普适性，美国也由此成为文明世界的范例。人类历史是一个整体，民族的统一和制度的进步不断构成

---

① George Bancroft, *History of the United States of America from the Discovery of the Continent*, Boston: Little, Brown and Company, Vol. Ⅶ, 1858, p. 295; Vol. Ⅱ, 1854, p. 454; Vol. Ⅳ, 1856, pp. 7-8.

② George Bancroft, *History of the United States from the Discovery of the American Continent*, Vol. Ⅰ, 1885, p. 603.

③ George Bancroft, *Literary and Historical Miscellanies*, New York: Harper & Brothers, 1951, p. 508. George Bancroft, *History of the United States of America from the Discovery of the Continent*, The Author's Last Revision, New York: D. Appleton and Company, Vol. Ⅰ, 1885, pp. 101-102, p. 285; Vol. Ⅱ, 1890, pp. 320-321; Vol. Ⅳ, 1890, p. 426.

更高层次的世界的统一。美国走向独立和统一的过程正是世界历史统一的重要步骤，也由于美利坚的自由精神最好地体现了道德法则，美国成为肩负传播自由使命的特殊的民族国家。因此，班氏的世界精神最后的落脚点是民族使命的差异性，而美利坚成为传播自由这一使命的特殊民族。

18世纪末期，德意志的历史观是以人道为基础的、把历史的多样性和统一性纳入一体的历史主义。19世纪初期，当把民族与国家的观念联系起来以后，强调文化独特性的民族主义让位于以民族国家为本位的民族主义，民族主义不再是多样的、平等的，而是角力的、竞争的，这样就必须确立一个标准来衡量国家冲突中占据真理和正义的一方。在这里，世界历史成为世界法庭，而从国家的命运和行动的辩证法中产生了一种普遍精神，承认国家的行为与一种更高的道德相一致，这也成为历史主义者普遍接受的图式，即冲突中的胜利者通常代表了一个在道德上更加优越的民族。洪堡相信每一个个体及其观念是独特的，其以一种我们无法窥测的"神秘的"方式直接构成了神圣计划的一部分。"世界历史，如果没有一个宇宙性的计划主宰它，将是不能想象的。"① 兰克也从国家既是实在又是精神的统一体出发，认为国家在遵照一个统治世界的更高命令行动，即道德法则。

由国家精神衍生出来的普遍原则，即道德法则成为衡量国家和民族优越性的标准。19世纪德国日益强烈的民族主义使其相信国家是具有理性的存在，这样就产生了国家权力和伦理道德相一致的乐观态度。② 费希特将民族主义与赫尔德的进步理论相结合，宣称条顿民族是未来的希望，谢林也非常赞同这种主张。

班克罗夫特则认为历史学家的最高职责就是在历史事件中发现世界历史的整体性的证据，他的"普遍史"的前提是一切道德真理被整合在上帝无限的精神中（the infinite mind）。他在其著作中宣称，人类种族的统一是普遍真理的一部分，他期望人类终有一天会意识到其种族的统一

---

① 〔美〕格奥尔格·G.伊格尔斯：《德国的历史观》，彭刚、顾杭译，南京：凤凰出版传媒集团、译林出版社，2006年，第47页。
② 〔德〕弗里德里希·迈内克：《德国的浩劫》，何兆武译，北京：商务印书馆，2013年，xvi。

性，从而挣脱其民族的纽带而融入世界精神之中。① 人类也是伴随着这样的过程在精神上不断成长。班氏认为，一个种族意识上的统一是整体中的片段，是朝向更高级的统一的一个步骤。民族完整是实现所有民族统一的一个阶段。在这里，民族的历史是世界历史的组成部分，民族构成了人类整体的基础，世界精神才是历史的终极目标，美国的历史事件也被融入更加广阔的世界范围内，并被赋予了更加宏伟和普遍的意义。关于独立战争的准备阶段，班氏向他的读者说，随着波士顿通讯委员会范围的扩大，其影响超出了乡村的界限，该会会员认为自己不再仅是市政内的公民，而是整个人类的代表。② 美国革命的目标尤其被提升为一种普遍原则："美洲殖民地人民并非为了一个省或美洲的自由，而是为自由本身而战。他们被上帝的思想支配，意欲攀上人性的顶峰。"③ 13个殖民地对《独立宣言》的接受是上帝对美国历史的伟大设计，是人类种族进步计划的重要部分。为独立奋斗的人们是人类最大多数的代表，人类的福祉是他们的最终目标，他们不仅为自己也为未来所有的人而战。独立战争及其体现的原则的意义并不仅仅局限于美国自身，美国宣布独立并不是最重要的，更重要的是它为人类开启了新的纪元。④《独立宣言》根植于永恒正义的原则，代表人类的最高创造力，宣称了整个人类世界的权利。⑤ 民族历史构成了世界历史的整体，人类历史具有连续性和统一性，美国历史是人类历史链条中的一环，美国革命凸显了自由精神和一般法则，成为人类历史发展的最高阶段。这是班氏对美国历史的基本观点。在班氏这里，世界精神正是不同民族展示自身特性的广阔舞台，凸显了不同民族的使命尤其是美利坚民族使命的特殊性及其世界性的意

---

① George Bancroft, *History of the United States of America from the Discovery of the Continent*, The Author's Last Revision, Vol. II, New York: D. Appleton and Company, 1890, p. 11, p. 7; *Literary and Historical Miscellanies*, New York: Harper & Brothers, 1951, pp. 411-413.

② George Bancroft, *History of the United States of America from the Discovery of the Continent*, Abridged by Russel B. Nye, University of Chicago Press, 1966, p. 147.

③ George Bancroft, *History of the United States of America from the Discovery of the Continent*, Abridged by Russel B. Nye, University of Chicago Press, 1966, p. 146.

④ George Bancroft, *History of the United States of America from the Discovery of the Continent*, Abridged by Russel B. Nye, University of Chicago Press, 1966, p. 205.

⑤ George Bancroft, *History of the United States of America from the Discovery of the Continent*, Abridged by Russel B. Nye, University of Chicago Press, 1966, p. 188.

义。美国革命的目标与普遍原则的一致性赋予了美国立国的合理性。

从以上比较可以看出，德美两国历史观的取径不尽相同。19世纪中期，德意志的民族观念已经初步成型，但如何凸显其民族的力量，在与欧洲大陆上其他国家的较量中占据优势，成为一个急切的问题，这就需要借助于国家权力。这样，国家与民族主义结合起来，德意志的历史观实现了从文化取径向政治取径的转变。同时，德国的历史学家把国家认同于道德观念的体现。这样，更加强有力的民族国家就代表着在道德上更加优越的民族。在对条顿民族历史的发掘中，德国历史学家宣称德意志文化作为高于其他西方文化的巅峰而在历史上具有优越性。

班克罗夫特融合了德意志"普遍史"中世界精神的观念与民族主义的思潮，他的《美国史》的重要观点之一即美利坚人继条顿民族之后传承了自由的精神，这正是美国的民族精神的核心，而自由精神与一般法则的一致性为美国的立国找到了坚实的依据。二者不同的是，在德意志历史观中，民族的利益与普鲁士国家的权力政治结合在一起，国家在民族和社会中具有首要性，德意志的历史学也走上了历史和政治结盟的道路。美国的民族史学则借鉴了德意志的"普遍史"中自由精神的观念，追溯了其种族起源，并把其民族精神的核心与"普世"的人类价值联系起来，确证了其民族国家建立的合理性，同时发掘了美利坚人精神认同的根源，而美国传播自由的特殊使命则是其民族个性的体现。由此可以看出，在民族主义思潮的影响之下，不同的文化传统和意识形态带动了历史观念的不同走向。

无论是赫尔德的文化民族主义中体现的世界主义，还是班氏的民族史学中指出的一般法则均传承自启蒙运动中人类的整体性和一致性的原则，因此，19世纪初期德国的历史观和美国的历史观既体现了理性主义对共性的强调，同时又融合了浪漫主义对个性的关注。美国的民族史学在追寻美利坚民族独特的内在精神的过程中，仍然保留了世界主义的精神，并把美利坚民族的独特性与世界精神的一致性相结合，从而指出美国自由精神的普遍性。19世纪中期的德意志在与欧洲各国的竞争中，尤其是在法国不断强大所带来的压力之下，抛弃了启蒙运动的世界主义精神，而不断强调日耳曼民族的独特性，并通过国家的权力来彰显其民族的力量和优越性，把民族主义推向极端。

三 "自然神论"——神意的指引

在班克罗夫特的《美国史》中，最初的几卷字里行间贯穿着"自然神"（Nature's God）的观念。《美国史》的第一卷就是这样开篇的：

> 这部书的目的就是要解释在我们这片土地上，在这样的环境下，历史是如何变迁的。一个民族的命运不是被盲目的命运女神决定的，而是跟随上帝的脚步，他的召唤使我们的制度得以成型，他的支持使我们拥有了今天的幸福和荣耀。①

在《美国史》前三卷中，班氏不惜笔墨来展示上帝在美国历史发展中的力量。在美国历史的发展中，人们能很清楚地发现这个国家从一片荒野之地成长为一个强大和统一的国家，"上帝之手，这种神秘的影响力控制着国家的命运，否决了君主的决定和政治家的考量，却从最不起眼的事业中发现最伟大之处"。为了支持这个论断，班氏不断以新英格兰的清教徒为例证。新英格兰的清教徒"像犹太人一样逃到荒野，像犹太人一样，他们企望上帝引导他们；像犹太人一样，他们把异教徒当作敌人"。班克罗夫特把最初美洲的移民视为《圣经》中逃离埃及法老压迫的犹太人一样，在上帝的指引之下，来到美洲大陆，建立其崭新的家园。这不仅是他们的选择，而且是上帝赋予其的命定之数。② 班氏写到这里时贯穿了这样的观念：信仰上帝的所有人具有平等的地位。清教是为全体人进行的宗教斗争，反对专制和迷信。清教徒是上帝意志的阐释者。③

班氏也在不断寻找上帝之手在殖民地中发挥作用的事例——英国与易洛魁人联盟而非法国与其联盟；"五月花号"的非凡航行；朝圣者在殖民地生存下来，这些都是上帝的指引。《美国史》前三卷带有宗教式的

---

① George Bancroft, *History of the United States of America from the Discovery of the Continent*, The Original Edition, Vol. I, 1834, Introduction.
② George Bancroft, *History of the United States of America from the Discovery of the Continent*, The Author's Last Revision, Vol. I, 1885, pp. 101-102.
③ George Bancroft, *History of the United States of America from the Discovery of the Continent*, The Author's Last Revision, Vol. I, 1885, p. 317.

定论，是受到公众欢迎的。"班氏的《美国史》仿佛上帝的天国历史"，①却是读者喜闻乐见的。

在后来的版本中，随着班氏对其行文中的冗余和赘述的修剪，有关上帝的论述也不断地减少。在"最后修订版"中，班氏虽然大大减少了上帝出现的次数，削弱了上帝在历史中的支配力量。但是，在叙述到美国革命即将爆发的时刻，与前几章相比，上帝出现的频率又大大提高，班氏又开始了其宏论要旨的阐发。他宣称，美国革命是为了全人类的福祉，以及人类所有的后代。因为"所有的民族皆兄弟"，"信仰基督教的人们……拥有同一种神圣的天性，遵从同一种道德法则"。"以自然法赋予的自然权利和上帝赋予的权威来反对印花税法案。"② 这里的道德法则即上帝为人间设立的一般法则，是人类获得幸福的证明，是衡量人类事务的终极标准。

人类遵循道德法则不断进步，而美国革命正是人类的心智不断成熟的标志。③

>美国与新的美德和伟大联系起来：忠实于大众原则，尊重民族的自由意志。一个没有联盟、没有财富、没有政府的共同体，依靠民兵的力量却打败了大不列颠帝国……没有哪个国家比美国得到上帝更多的仁慈和关爱。④

美国遵循了上帝的法则，代表了人类前进的方向，因此能够打败大不列颠帝国；从另一个角度讲，美利坚是得到神佑的民族，美国革命是符合一般法则的，而且是代表终极真理的上帝赋予了其合理性和必然性，

---

① James T. Andrews, "History and the Lower Criticism", *Atlantic Monthly*, CXXXII (1923), p. 310.
② George Bancroft, *History of the United States of America from the Discovery of the Continent*, The Author's Last Revision, Vol. Ⅲ, New York: D. Appleton and Company, 1890, p. 163.
③ George Bancroft, *History of the United States of America from the Discovery of the Continent*, The Author's Last Revision, Vol. Ⅱ, New York: D. Appleton and Company, 1890, pp. 321, 322, 325.
④ George Bancroft, *History of the United States of America from the Discovery of the Continent*, The Author's Last Revision, Vol. Ⅱ, New York: D. Appleton and Company, 1890, pp. 321, 322, 327.

正所谓美利坚是"得道者多助",而大英帝国则是"失道者寡助"。

这种对美国革命合理性的终极诉求也是与当时的历史形势息息相关的。美国作为一个移民国家,没有统一的民族起源,没有建立起共同的历史传统,在美国刚刚独立时,整个国家还在一片蛮荒之地上零落分散、国势衰弱,其推翻在世界上最具有权威的国家的举动,需要充分而必要的依据,来向世界证明其立国的合理性。在启蒙运动和浪漫主义思潮的共同作用下,一些思想家和政治家们借助"自然权利"的学说,提出不言自明的真理来为美国革命的正当性提供理论依据,这种不言自明的真理即来自上帝的终极真理。汉密尔顿、杰斐逊和约翰·亚当斯等依据自然法和先验演绎的推理方法为独立战争提出根据。约翰·亚当斯认为《独立宣言》的精神来自上帝,"上帝的意志使这两个国家分离"。① 杰斐逊也曾宣称,"自然神"赋予美国从英国分离出去的权威。② 在《美国史》中,班氏运用这种不言自明的真理——"自然神"及其道德法则为美国独立战争提供了终极解释。

同理可证,美国宪法的制定也具有终极的合理性。班克罗夫特描述了美国在走向联邦的过程中制定宪法的伟大历程,并总结道:"宪法是上帝计划的体现,也是上帝智慧和仁爱的最高体现,是上帝在人间创建完美共和国的最后实现。"③

四 浪漫主义的"直觉理性"——人民大众的力量

班克罗夫特成长于美国文化发源地之一的马萨诸塞,青少年时期曾在精英云集的哈佛大学求学,从德意志留学回来后,他先后担任美国的海军部长和驻欧洲几国的公使等重要职务,可以说,他不仅是19世纪中期美国的文化精英,也是政治舞台上的精英。但是,在《美国史》中班氏时常强调人民大众对历史的重要推动作用。这种大众史观是以"直觉理性"(intuitional reason)这个概念为基础提出来的。班氏在《人民的

---

① George Bancroft, *History of the United States of America from the Discovery of the Continent*, The Author's Last Revision, Vol. Ⅳ, New York: D. Appleton and Company, 1890, p. 452.
② Russel B. Nye, *The Cultural Life of the New Nation, 1776–1830*, New York: Harper & Row Publishers, 1960, p. 27.
③ George Bancroft, *History of the United States of America from the Discovery of the Continent*, The Author's Last Revision, Vol. Ⅵ, New York: D. Appleton and Company, 1890, p. 293.

职责》的演讲中提出,"理性"是人类全部种族具有的内在禀赋,这种精神把人引向真理。① 这里的"理性"已经不同于启蒙时代所推崇的"理性"。在18世纪末期人们对于普遍理性开始产生怀疑,美国的思想家们发现理性主义和科学不能为研究人和人性带来令人满意的答案,并且认识到人具有除理性以外的其他重要禀赋,他们把注意力转向了理性以外的领域。从德意志传来的浪漫主义思潮使人们认识到情感、直觉等理性以外的其他禀赋也能够把人引向真理。1836年9月19日,新英格兰的一些思想家在波士顿成立了超验主义俱乐部,班克罗夫特也成为其中的一员。这个俱乐部定期组织学术讨论,并出版了一个批评性杂志《日晷》(The Dial)。他们强调在经验之外存在着一种超感觉的实在:精神或心灵。观念就是最基本的、首要的实在。他们推崇理智,用想象的创造力取代分析性的推理判断。这样,人具有一种被称为"直觉"的特殊能力,这种能力使人能够超越物理感官的领域,而获得关于那个超感觉的实在的知识。他们认为每个有思维能力的人都能够获得普遍真理,因为正如洞察自然界的秘密就能显示上帝的本性一样,每个人通过对自己的内在意识的反思就能获得关于自我的真正知识。每个人的心灵就是宇宙的缩影,对自己的心灵的反思是获得普遍真理的可靠途径。知识不是通过观察、经验等手段一点一滴积累而成,而是通过"直觉"从人的心灵中直接涌出。真理不是可望而不可即的,而是清楚地、直接地摆在心灵面前。②

乔治·班克罗夫特把理智定义为"一种内部感知,这种感知并不是从经验推导出结论的能力,而是从人类自身意识的无尽宝藏中创造真理的更高级的禀赋,并经由直觉来证实"。③ 这种不言自明的真理来源于"直觉",不必经过经验的证明而具有其合理性和必然性,"直觉理性"对于人类自身的意识是不言自明的。班氏宣称,这种"直觉理性是人人都具有的,这是上天赐给人类的礼物,而非仅限于少数特权者……人的

---

① George Bancroft, *Literary and Historical Miscellanies*, New York: Harper & Brothers, 1951, p. 409.
② 涂纪亮:《美国哲学史》(第一卷),北京:社会科学文献出版社,2006年,第211—212页。
③ George Bancroft, *Literary and Historical Miscellanies*, New York: Harper & Brothers, 1951, p. 409.

内部感知把人和智识世界与上帝的信条联系起来"，① 人人可以通过自己的心灵感知上帝，而非只能通过教会的神职人员才能感知神意。上帝被世俗化了，每个人都具有一种天然的禀赋可以直接感知上帝的意旨。

　　班氏相信，人类的本性即包含善、仁慈和理性，这些禀赋不是教育的果实，而是与生俱来的自然的"直觉"，它使人能够感受到和辨别美德，因此，农民和手工业者同样可以成为道德的教育者。由于人类自身具有感知真理的天然禀赋，人类社会一定会不断进步。② 同时，班氏还强调"不要惧怕人民的无知"，普遍教育可以使道德原则渗透到大众心中，人民会成为真理的真正接受者和传播者。③ 由于个人构成了群体，每个人的智慧都会贡献于普遍智慧。因此，大多数会比少数明智，大众比哲学家明智，人类种族的整体要比个体更明智，后一代会比前一代更明智，因为少数人的智慧也不过是集体智慧的一部分。④

　　班氏相信人民大众是推动社会向更好的方向变革和前进的重要力量。基于人类自我完善的禀赋，以及普遍教育使大众通晓伟大原则，人民大众有助于社会改革的实现。每种社会改革或革命的哲学都是公共思想的体现，人民大众的意愿反映着时代的精神，美国革命的爆发即是时代的脉搏。在《美国史》中，当班氏叙述到美国革命即将爆发的前夜，他又一次重申了他的理论：

　　　　美国革命是从人民的灵魂中成长起来的，是对自由的期盼的不可避免的结果，就像心脏通过身体的系统传递热和能量一样的和谐。那些乡村的英雄们遵从最简单、最高级和最确定的直觉，这种潜在的原则存在于他们心中。革命的必然性推动他们走向独立和自我引导。美国独立揭示了这种不断成长的意志促使这个国家向一个核心

---

① George Bancroft, *Literary and Historical Miscellanies*, New York: Harper & Brothers, 1951, p. 409.
② George Bancroft, *Literary and Historical Miscellanies*, New York: Harper & Brothers, 1951, pp. 411-412, 483-484.
③ George Bancroft, *Literary and Historical Miscellanies*, New York: Harper & Brothers, 1951, pp. 430-431, 528.
④ George Bancroft, *Literary and Historical Miscellanies*, New York: Harper & Brothers, 1951, pp. 484-485, 425.

不断聚拢，以其固有的禀赋来创立其自己的宪法。①

"联盟还未形成，独立也未被宣布，战争也没有开始。"大众高涨的热情和战斗的决心却在空气中弥漫。"在康科德河的农民和技师们号召人们行动起来。如果他们犹豫，那么他们一定绝望了。普通人已经做好准备，革命之势如箭在弦、一触即发。但是，就在1774年10月，富兰克林说：'我从未听到任何人表达过分离的愿望。'杰斐逊表示：'在1775年4月19日以前，我从来没有听到任何独立的声音。'约翰·亚当斯也认为，独立是对殖民地的诽谤。"正当政治家们还需要时间谨慎思索的时候，康科德的民兵团却行动起来了，上帝与他们在一起。班氏分析道："智慧的哲学会使思想家们犹疑而丧失开创新纪元的机会。"②"美国革命源于人民"，③革命和独立是人民水到渠成的自发的行动，在其背后没有高深的哲学的指引，却有上帝之手的引导，对上帝精神的领会存在于普通人的"直觉"中。从人人具有感知神意的天然禀赋出发，班氏乐观地认为每个人都可以不断地完善自己，而人类整体也会不断地进步。因为，人民大众的普遍决定即最接近真理，普遍精神被证明是至高无上的判断。④历史学家必须要了解事件是否标志着普通人的进步，才能确定事件本身是否具有进步的意义。班氏认为，"文明进步的标准就是人民的进步，大众的智慧会超越富有的人和无理性的力量。历史学家会在事实中发现文明进步的确切尺度"。⑤真正的历史学家应该以人民大众为主要书写对象，故其《美国史》也呈现出人民推动历史不断进步的壮阔图景。

综观班克罗夫特关于历史的思想和观点，可以归纳如下：人类历史

---

① George Bancroft, *History of the United States of America from the Discovery of the Continent*, The Author's Last Revision, Vol. IV, New York: D. Appleton and Company, 1890, p. 160.
② George Bancroft, *History of the United States of America from the Discovery of the Continent*, The Author's Last Revision, Vol. IV, New York: D. Appleton and Company, 1890, p. 160.
③ George Bancroft, *History of the United States of America from the Discovery of the Continent*, The Author's Last Revision, Vol. IV, New York: D. Appleton and Company, 1890, p. 185.
④ George Bancroft, *Literary and Historical Miscellanies*, New York: Harper & Brothers, 1951, pp. 415-417.
⑤ George Bancroft, *Literary and Historical Miscellanies*, New York: Harper & Brothers, 1951, p. 425.

是以精神为基础的，历史的发展是人类精神不断进步和成长的过程，而这种精神的内核就是自由的精神。自由的精神代代相传，这是个不会停止的过程。"直觉理性"是每个人天然具有的内在禀赋，也是人人平等之观念的基础，对人类自身会不断完善的信念使历史成为由普通人推动的不断进步的过程。大众推动历史的足迹体现了道德法则对人类的引领，每个历史事件都是上帝的普遍法则的反映，在这个意义上，世界历史是统一的。民族和种族的统一也都是向世界历史的统一迈进的中间过程。最具自由精神的美利坚民族的统一具有广泛的世界意义，在世界历史统一性的原则下，美利坚民族成为传播自由精神的典范。

第三节 怀疑主义的方法论与因果关系的历史阐释

一 历史主义

历史主义是18世纪欧洲思想潮流的产物，在德意志获得了充分的发展，而且成为德意志历史编纂和史学思想的主要传统，它在威廉·冯·洪堡和兰克时期直至20世纪初期一直主导着德意志的历史写作、文化科学和政治理论。这里的历史主义并不等同于历史决定论或相对主义，在于强调用个体主义的观察视角取代关于人类历史发展的普遍主义的观念。正如弗里德里希·迈内克（Friedrich Meinecke）所宣称的，历史主义取代了任何试图寻找人类生活的一般法则和一般类型的企图。历史主义虽然没有否认"人类本性之永恒的基础的存在"，但它的确反对那种"人类本性具有稳定性的信念"，它坚持历史"总是不断地以崭新的和个体化的形式"出现，这意味着"个人的本质……只能在发展的过程中逐渐显现"，而这种发展也不仅仅是"完美性"或"进步性"，必须承认它的"自发性、可塑性、易变性和不可预期性"。[①] 这样，历史主义把西方思想从自然法理论中解放出来，与理性秩序相一致的绝对正确真理观，被代之以对人类历史经历的丰富和多样性的理解。

[①] Robert M. Burns & Hugh Rayment-Pickard eds., *Philosophies of History From Enlightenment to Postmodernity*, Beijing: Peking University Press & Blackwell Publishers Ltd., 2004, p. 57.

历史主义观念的核心是假设在自然现象和历史现象之间存在根本差异，"自然是不断再现的事物活动的舞台，在那里各种现象本身缺乏有意识的目的；历史则由具有意志力和目的的、独特的、不可重复的人类行为所组成。人的世界处于不断变化的状态中……因此历史成为理解人类事物的唯一指南。每个人的特点是通过自身的发展才显现出来的。因此，自然科学的抽象和分类方法对于人类世界的研究来说是不适用的。历史学家所面对的具体的人和集团曾经是鲜活的，而且拥有需要历史学家直观理解的独特个性。历史学方法必须考虑到历史学家研究对象的主体性。而且，历史学家本身也处于时代潮流之中，他借以寻求客观知识的方法和逻辑也是受时间限制的"。[1] 由此社会和文化科学需要一种与自然科学完全不同的研究方法。而系统的历史研究方法与语言学或者说文献学有密切的联系，这一点可以从乔治·班克罗夫特在德国求学的经历来分析。

二 对原始资料的收集

由于父亲的影响和哈佛大学对班克罗夫特的期望，班氏最初立志要成为一名牧师或从事《圣经》和神学方面的研究，因此他在哥廷根大学苦学古希腊语、希伯来语、古叙利亚语、拉丁文等古代语言，以期将来能够从语言学的角度批判地研究神学。[2] 在班氏于1819年8月1日的信中，他向爱德华·埃弗里特征询建议："您觉得把历史纳入到我的学习计划中来如何？我对此十分感兴趣，并且正适合我所研习的语言学。既然神学研究包括教会史，我想，历史研究会对我有所裨益。"[3] 班氏对历史的兴趣并不是突然产生的，或者说，从当时德意志大学学术的发展状况来讲，语言学与历史研究是有着必然联系的。"语言学，即文献学（Philology）并不仅仅停留在对古代西方经典文本的解释和研读上，而是通过对词语进行语源学上历史演化的分析，对古典文本作出历史的解释，以

---

[1] 〔美〕格奥尔格·G. 伊格尔斯：《德国的历史观》，彭刚、顾杭译，南京：凤凰出版传媒集团、译林出版社，2006年，第3页。

[2] M. A. DeWolfe Howe, *The Life and Letters of George Bancroft*, Vol. I, Port Washington: Kennikat Press, 1908, pp. 49-54, 79.

[3] M. A. DeWolfe Howe, *The Life and Letters of George Bancroft*, Vol. I, Port Washington: Kennikat Press, 1908, p. 65.

促进现代文化创造性的发展。"① 在语言学上的成就也使哥廷根大学成为主要的、几乎是唯一从事历史研究的地方。② 哥廷根大学的学者们对于古物发掘研究和古文献整理的热情也大大影响了班克罗夫特对于历史的兴趣。

> 当你看到每一份收集到的手稿,每一种著作,无论是沉闷或是有趣,无论是富有天才或是缺乏创见,经过悉心审阅之后,它们都是有价值的时候;当你发现无论多么渺小的硬币和徽章、艺术的残迹和大自然的废墟都承载着可供研究的题目时,你的内心不免油然而生欣喜之情。③

班克罗夫特曾经师从布鲁门巴赫(Johann Friedrich Blumenbach)、迪辛(Ludolph Dissen)、艾希霍恩、沃尔夫等人,这些学者对于古文献都有很精深的研究。班氏曾在日记中称赞沃尔夫为"德意志最伟大的学者"。沃尔夫主张古希腊语言学应为一切古代希腊文化的总和,而且,人们要想懂得古希腊语言学,就必须通晓希腊生活的一切方面——气候,地理,政治、经济和社会制度,宗教,艺术和文学。他设计的研究班方法在柏林大学首先被兰克在历史文献研究和批判上加以运用,成为历史研究发展的一个划时代的事件。④ 语言学研究推动了经典研究的复兴,它对于古典文献进行历史演化的分析,成为研究文化精神的途径,其最终目的是促进现代文化创造性的发展。这样,语言学就推动了历史主义的产生,即强调人类文明的多样性,反对普遍性。这种思潮强调每种文化的自足性,即要理解一种特殊的文化形式,就要进入其精神之中,理解其起源,

---

① Carl Diehl, *Americans and German Scholarship 1770–1870*, New Haven and London: Yale University Press, 1978, p.72.
② 〔美〕J.W. 汤普森:《历史著作史》(下卷),第三分册,孙秉莹等译,北京:商务印书馆,1996年,第163页。
③ Harvey Wish, *The American Historian: A Social-intellectual History of the Writing of the American Past*, New York: Oxford University Press, 1960, p.72.
④ 〔美〕J.W. 汤普森:《历史著作史》(下卷),第三分册,孙秉莹等译,北京:商务印书馆,1996年,第162—163页。关于沃尔夫在语言学方法论上的贡献,卡尔·迪赫(Carl Diehl)在其著作《美国人与德国学术 1770—1870》(*Americans and German Scholarship 1770–1870*)第二章也有比较深入的讨论。

发现其对人类文化的独特贡献。"在语言学的研读过程中，通过吟诵的韵律节奏来辨别经典文本的真伪，从而实现对经典文本的批判分析。"① 可以说，历史学专业方法论的诞生就是建立在对古代文献的批判性研读的基础上。哥廷根大学古文献学者都强调要进行一手资料和二手资料的区分，对原始资料同样要进行精细的调查研究。班克罗夫特对德国老师们对资料耐心审阅的热情和严谨批判的精神赞叹不已。当他准备撰写《美国史》的时候，他决定要贯彻这种怀疑主义的态度和批判的方法。

在1834年出版的《美国史》第一卷的序言中，班氏陈述了自己撰写美国史要以纠正错误、澄清事实为宗旨。"美国历史写作中存在着很多错误，这常常是由不确实的证据和资料造成的……或者是作者的推断代替了真正的事实。"② 他决定使其叙述建立在有关事件亲历者描述的记录上。班氏不满于"（美国）早期的历史经常是草率而就，建立在道听途说和模糊不清的回忆的基础上，因而经常是以荒唐地歪曲事实来满足既成的偏见"。他决定要改变以前的作者没有掌握资料，而是以他们的推论代替事实真相的状况。③ "这些早期的历史写作者在美国的编年史中获得了约定俗成的地位，他们的历史著作经常被当作权威来引用，即使很细心的作者也会没有一点怀疑地重复引用他们的错误之处。"④

那个时代，很少有历史学家像班克罗夫特一样费力寻找原始资料、事件目击者的叙述，以及确证资料来源的可靠性。他曾经说过，"如果没有参考过原始文献"，他不会做任何重要的陈述。关于英国殖民地的行政政策，班氏获得许可利用了大不列颠国家文献室（State Paper Office of Great Britain）的资料。约翰·拉塞尔勋爵（Lord John Russell）的帮助使班氏能够获得英国财政部（British Treasury）的记录。大不列颠博物馆

---

① Carl Diehl, *Americans and German Scholarship 1770-1870*, New Haven and London: Yale University Press, 1978, p.72.
② George Bancroft, *History of the Untied States of America from the Discovery of the Continent*, Vol. I, Boston: Little, Brown, and Company, 1855, Preface, vii. 这一版的序言即1834年版序言的转录。
③ George Bancroft, *History of the Untied States of America from the Discovery of the Continent*, Vol. I, Boston: Little, Brown, and Company, 1855, Preface, vi.
④ George Bancroft, *History of the Untied States of America from the Discovery of the Continent*, Vol. I, Boston: Little, Brown, and Company, 1855, Preface, vi.

（British Museum）向他开放了有关美洲的文献；在伦敦学院（London Institution），班氏查阅了军事方面的文本。他还利用外交官的身份，获得了很多欧洲国家重要的文件作为其历史素材。他的抄写员得到伦敦的格兰维尔公爵（Duke Granville）的特别许可，使班氏得到了1782年以后英国的外交通信集。这些珍贵资料第一次被呈现给美国学者。

  班克罗夫特不遗余力地在践行他在立志写作《美国史》时所秉承的原则，在1838年5月1日，《美国史》第一卷第三版的序言中，班氏说他对第一版做了一些修改。他吸收了一些反面意见，但仍不会改变公正无偏私的态度。① 他在从事外交工作期间，阅读并复制了其他历史学家无法看到的资料，如查塔姆（Chatham）、谢尔本（Shelburne）、达特茅斯伯爵（Earl of Dartmouth）、格拉夫顿公爵（Duke of Grafton）的个人文件。爱德华·埃弗里特在任美国驻伦敦公使期间，说服了夏洛特·林赛（Charlotte Lindsay）女士向班氏提供其父亲诺斯勋爵（Lord North）与乔治三世关于美国事务的通信。班氏的朋友法国历史学家弗朗索瓦·基佐为他争取到了使用法国国家档案（French National Archives）的许可。班氏发现并复制了有关法国在美洲殖民地秘密机构的所有报告。他还得到许可阅读了法国航海部和军事部内与美国有关的所有资料，在基佐的帮助下，班氏成为第一个获得从1782年到1790年法国派驻美国的外交官的全部记录的历史学家。荷兰历史学家 J. A. 德兹瓦安（J. A. deZwaan）为班氏搜寻了荷兰皇家档案（Royal Archives of Holland）。另外，在从事外交工作期间，班氏还从俄国、奥地利、普鲁士、黑森-卡塞尔（Hesse-Cassel）和不伦瑞克（Brunswick）等地获得了难得的文献和资料。他还使用了9个驻英格兰的美洲殖民地的代理人的通信和报告，以及几个皇家殖民地总督的通信。他还是第一个使用完整的塞缪尔·亚当斯文稿的历史学家，他还亲自访问了13个殖民地的每个历史文献收藏地。② 班氏自己的图书馆是美国最好的个人收藏之一，他甚至骄傲地说："我的丰富收藏可以使我所描写的每个场景中的演员使用当时自身的语言，并从他

---

① George Bancroft, *History of the Untied States of America from the Discovery of the Continent*, Vol. I, Boston: Little, Brown, and Company, 1855, Preface.

② George Bancroft, *History of the Untied States of America from the Discovery of the Continent*, Vol. X, Boston: Little, Brown, and Company, 1875, Preface.

们自己的立场和观点在历史舞台上表达自己。"①

在撰写美国宪法形成的历史时，班氏仍然秉承其写作的初衷，即坚持批判的原则：

> 我将诚恳地从值得信赖的文献和证据中搜寻事实。我将带给这部史书以真实性。我坚持历史怀疑主义的原则，让我自己不倦于比较证据、参考法律条文。我的叙述将会最大限度地体现原创性，因为我所使用的资料来自当时目击者的描述记载。我也会留意在同一场景中不同民族和不同党派的作用和意义，我已经查阅了相关的报告。②

班氏的《美国宪法形成史》运用了大量现存的资料和建国之父们的档案材料。他很早即开始收集有关13个殖民地宪法的资料和具有不可估量的历史价值的未曾出版的手稿。他利用其作为政治官员的身份，在几个秘书的帮助下，从国会图书馆抄写了大量的档案，比如彼得·福斯的手稿，这是普通人在当时不能看到的。他还获得了曾参加立宪会议的代表的家属的许可，抄写了大量的重要信件和记录。到执笔《美国宪法形成史》前的40年，他在美国已经收集了大量资料，有很多个人收藏是普通历史学家难以接近的。其中包括兰登-埃尔温（Langdon-Elwyn）的信件，约翰·沙利文（John Sullivan）的文稿，托马斯·罗德尼（Thomas Rodney）和塞缪尔·亚当斯（Samuel Adams）的文稿，罗杰·谢尔曼（Roger Sherman）的通信集，大法官埃尔斯沃思（Ellsworth）的手稿，罗伯特·R. 利文斯顿（Robert R. Livingston）的文稿，约翰·杰伊（John Jay）、戈温纳·莫里斯（Gouverneur Morris）、乔治·克林顿（George Clinton）、威廉·帕特森（William Patterson）、乔治·梅森（George Mason）和塞缪尔·蔡斯（Samuel Chase）的文稿，鲁弗斯·金（Rufus King）和奥利

---

① George Bancroft, *History of the Untied States of America from the Discovery of the Continent*, Vol. X, Boston: Little, Brown, and Company, 1875, Preface.
② George Bancroft, *History of the Untied States of America from the Discovery of the Continent*, Vol. I, Boston: Little, Brown, and Company, 1855, Preface.

弗·埃尔斯沃思（Oliver Ellsworth）的会议记录。①

　　班氏还发现了哈特福德（Hartford）制宪会议的连续记录（proceedings）；威廉·埃瓦茨（William Evarts）将美国国务院的记录向班氏开放。班氏是第一个从美国宪法签署者那里得到一手资料的历史学家，1836年4月1日，在詹姆斯·麦迪逊（James Madison）去世的几周前，班氏亲自访问了这位美国宪法之父，并复制了麦迪逊私人保存的很多制宪会议笔记。②

三　写作方法及资料的运用

　　班氏写作历史时进行的调查研究尽量全面。在《美国史》前三卷的写作中，他自己做了全部的笔记。后来，他雇用了秘书为他阅读和抄写资料，但每一卷的内容都是由他亲自下笔或口授。他在作为驻英格兰和普鲁士的公使期间，美国向欧洲各国派遣的公使都在他的管辖之下，他委托别人帮助他发现和复制了很多资料。随着他声名鹊起，他的交往圈子不断扩大，他经常能获得其他历史学家无法看到的文献和资料。

　　从《美国史》第四卷开始，助手的帮助逐渐增加。1872年，班氏写信给一位朋友说，他在调查资料上已经花费了75000美元，在他出版"世纪版本"和"最后修订版"之前，恐怕还要为此支出更多。威廉·M.斯隆（William M. Sloane）和奥斯汀·斯科特在班氏的晚年曾做过他的助手。后来他们都成为出色的学者——前者在哥伦比亚大学任职，后者在罗格斯大学（Rutgers University）任职。虽然班氏使用助手，但是即使在他的晚年，他仍然坚持由自己阅读资料，做笔记，以其强大的记忆力储存信息。"有一次，斯科特质疑班氏在《美国史》早期出版的卷本中的一段叙述，班氏带他来到国会图书馆，借出他在30年前曾用过的半打书籍，并告诉斯科特他参考了其中的哪些章节。"③

　　班氏用一个很大的笔记本来记载历史上一年发生的事情，并用一页

---

① George Bancroft, *History of the Untied States of America from the Discovery of the Continent*, Vol. I, Boston: Little, Brown, and Company, 1855, Preface.
② Russel B. Nye, *George Bancroft*, New York: Washington Square Press, 1964, p.168.
③ Russel B. Nye, *George Bancroft*, New York: Washington Square Press, 1964, p.175.

来记录这一年中每一天发生的事情。他写作历史时，在大量阅读后，毫无遗漏地记录下历史上一天发生的事情。他把一张白纸分为四个部分，在上面分别记下这一天发生的事件、这些事件的出处、对历史事件的评价以及自己的想法，甚至月亮的状态也被他记录下来。这种一丝不苟的做法使他对历史事件的时间次序了如指掌，也使他能够很有条理地使用史料。① 在另一本被他称为"主题笔记"的本子上，他把相应的史料记录在不同的题目下，比如"华盛顿""弗吉尼亚""民主"等。如果班氏计划关于1784年夏季的国家财政写5页的篇幅，那么他就会利用在其编年记录上相对应的时间段的记录，以及"主题笔记"上的信息索引。这样，他就利用了比较全面的资料。②

四 对史料的批判态度

19世纪的德国文献学家和民俗学研究者宣扬一种从内部和外部对文献进行批判性考证的方法论，这种方法很快被历史学家接受。班氏在德国受到检验文献和资料的训练，所以，他懂得赫伦著名的一手资料与二手资料区别的理论。赫伦声称只使用经过历史怀疑主义方法检验过的可信的文献。班氏在哥廷根受到的教育也令他使用了这种方法。他在《美国史》中提出，历史学家应该检验互相矛盾的证据，拒绝民间传说和不可靠的回忆录。历史学家着眼于过去，对过去的记录进行解释。既然不同的国家和党派都参与了同一历史事件，他决定检查其各自的报告并比较其证据。在《美国史》的后几卷，班氏不断地强调，"历史学家如哲学家和博物学家一样，应该追求自由、无偏私的思想。其应该像科学家一样，即使是最微小的细节，也要经过最严格的检验"。真实和准确性是历史学家下笔时依据的原则，因为"篡改事实是亵渎神祇、伪造自然和否定神意"。他在《美国史》第三卷中写道：

> 通过文献之间的比较，对事实的分析，以及每一事实与其阐释的人类思想法则的关联，通过形式上混合在一起的事实分离出其背

---

① M. A. DeWolfe Howe, *The Life and Letters of George Bancroft*, Vol. II, New York: Charles Scribner's Sons, 1908, pp. 104-105.

② Russel B. Nye, *George Bancroft*, New York: Washington Square Press, 1964, p. 176.

后隐藏的思想，通过把历史事件置于人类的伟大运动中，对事实的寻求使历史成为一门科学。统辖人类事务的原则世代相传，成为上帝旨意的最高体现。①

班克罗夫特对史料坚持科学可信的宗旨在其漫长的历史写作生涯中一直没有改变，而且精益求精。其《美国史》各卷不断地再版，班氏也在不停地修订错误和不实之处。在1854年出版的《美国史》第六卷的序言中，他回应一些评论者对其的批判，他附上了1700—1775年这段时期参考资料的列表。在1876年"世纪版"中，班氏写道："此书主要的目标是获得准确性，如果可能的话，每一个带有偏见的地方都会被修正。"在最初的版本中，班氏有很多偏离主题、随兴而发的议论，1875年《北美评论》认为，班克罗夫特对相对于主题不那么重要的事情的长篇描述有可能会误导读者。在修订版中，他删减了大量的赘述。"最后修订版"于1886年由阿普尔顿（Appleton）出版社出版了最后一卷，班氏做了进一步的修改。班氏宣称，秉承其写作历史一贯的宗旨：

> 无论是在细节还是风格上，要一贯保持事实的准确性。另一个目标是保持叙述的流畅，以便读者能够把握公共事务的变化……在表达上，要保持严格的准确性……把事件本身展现在历史舞台上，而留待读者自己为历史做出褒贬评判。②

班氏删减了1876年版本中感情用事的散文式的段落，加上《美国宪法形成史》一共6卷。在最后的版本中，班氏在方法和风格上做出了很大的改变。他调和了早期版本中强烈的爱国主义感情，殖民地时期部分删除了很多关于奴隶制的材料，把有关上帝力量的叙述减少了一半以上，展现出更少受上帝支配的公众。在《美国史》第六卷里，页下注释出现的频率远远高于以前的版本和"最后修订版"的前几卷，班氏不仅标注

---

① George Bancroft, *History of the Untied States of America from the Discovery of the Continent*, Vol. I, Boston: Little, Brown, and Company, 1856, p. 398.

② George Bancroft, *History of the United States of America from the Discovery of the Continent*, The Author's Last Revision, Vol. I, 1885, Preface.

了引用文献的出处，还对同一种档案做出了区分。比如，行文中在讨论西部问题的大会上来自马萨诸塞的代表鲁弗斯·金废除奴隶制的动议就出自保留在旧国会文档的金的手稿；而在另一条注释里，班氏做了进一步说明，这条动议还有查尔斯·汤姆森（Charles Thomson）的签名附议；在接下来的一条注释里，班氏说明，这条动议的印刷复制本，也保留在旧国会文档里。① 班氏不仅为引用文献的出处做出了比较细致的考证和说明，还对某些名词或现象做出了一些适当和必要的解释，以澄清其来源，进一步体现了其科学态度。比如，班氏在注释中解释了"Yohogany"山谷是英国人根据印第安人的命名并按照其英式发音方法而得来的名称，而法国人也是从印第安人那里听说山谷和河流的名字，但他们把这个单词的前两个音节去掉，而只取后面的音节作为其法语名称。②

班克罗夫特还利用统计数字来说明美国独立前夜各殖民地的发展状况。在页下注释里，班氏列出了从国王委员会得来的数据，以说明1754年南部各殖民地的人口总数，其中还包括白人人口数和黑人人口数的统计。然后，他又列举了商业委员会以及各州政府的统计数据，他认为这些数据都不准确。查阅并比较了很多不同来源的数据和统计后，班氏得出了自认为最接近准确数据的人口数，反映了从1750年到1790年美洲人口数量的增长情况。他还列出了1714年商业委员会所预估的1727年乔治一世时期、1754年乔治二世时期白人人口数、黑人人口数和人口总数。在这个基础上，班氏得出结论："英属北美殖民地人口到1754年时是加拿大人口的14倍。"③ 这里班氏没有轻易采用一种数据，而是通过对不同来源的数据进行比较和鉴别，最后得出比较接近真实的数据。这种对统计数据的利用以及对其来源的调查、对数据的甄别，体现了班氏在历史研究中严谨的风范和对资料批判的态度，而对统计数据的运用体

---

① George Bancroft, *History of the United States of America from the Discovery of the Continent*, The Author's Last Revision, Vol. Ⅵ, New York: D. Appleton and Company, 1890, p. 133, Footnotes.

② George Bancroft, *History of the United States of America from the Discovery of the Continent*, The Author's Last Revision, Vol. Ⅵ, New York: D. Appleton and Company, 1890, p. 125, Footnote.

③ George Bancroft, *History of the United States of America from the Discovery of the Continent*, The Author's Last Revision, Vol. Ⅱ, New York: D. Appleton and Company, 1890, pp. 390-391.

现了比较现代的社会学方法。

五 历史的连续性与探寻因果关系

受到康德哲学的启发，吹响浪漫主义运动号角的赫尔德把地球上的一切生物设想为一个整体，这个整体沿着一个有机链条不断演进，人类是这个有机链条的最高一级。人类经验的总和，经历着同样的演进。历史是一个循序渐进的过程，不是简单地由黑暗到光明的挣脱、飞跃的过程。每个时代都有独立的价值，是前一个时代的继续、后一个时代的准备。① 1810年柏林大学建立后，德意志学术开始复兴，近代史学也同时建立。德意志的历史学家已经不再满足于博学学派式的研究，而是设法确定历史事件的意义和连续性，认识并理解人类历史的发展。德意志的法学家和历史学家继承了历史连续性的原则，他们相信历史权利而不是"自然"权利；事实先于理论。②

萨维尼在《中世纪罗马法》中强调罗马法律史的连续性，而这种连续性正是基于法律是国民生活的一部分，应当和一个民族的历史联系起来的观点。对于历史连续性的承认使"历史的因果关系……成了社会科学中任何问题必须考虑的一个因素"。③ 1821年，洪堡在柏林科学院做了"论历史学家的任务"的演讲。他说，历史学家的任务就是"对已发生的事物进行描述"。但是，零散的事实并不能为我们和盘托出全部的真相。历史学家必须把那些孤立的事实组成一个有逻辑的统一体，必须写出一个活生生的整体。更重要的是，历史学家必须有主导思想和批判精神，必须认识历史中作为因果关系基础的那些力量。历史学家的目的是以思想作为方法完全理解过去发生的事物的真相。历史学家的任务有三：一是应当搜集资料；二是批判地调查实况；三是应当以思想为方法把已确认为真实的东西写得活生生。④

---

① 郭小凌：《西方史学史》，北京：北京师范大学出版社，2003年，第256—257页。
② 〔美〕J. W. 汤普森：《历史著作史》（下卷），第三分册，孙秉莹等译，北京：商务印书馆，1996年，第217页。
③ 〔美〕J. W. 汤普森：《历史著作史》（下卷），第三分册，孙秉莹等译，北京：商务印书馆，1996年，第218页。
④ 〔美〕J. W. 汤普森：《历史著作史》（下卷），第三分册，孙秉莹等译，北京：商务印书馆，1996年，第222—223页。

浪漫主义者认为，人类依照螺旋式的进步图景不断上升，道德的观念为人类种族进步提供了衡量标准，并与进步原则互相倚重及内在联系。浪漫主义史学家并不注重历史事件的内在联系和因果关系，他们认为，历史发展是已经预设了的，事件只是这种内在动力的表现。他们把历史前进归于不可抗拒的进步趋势，道德是历史发展的动力。历史的重要目的是道德的提升，最普遍也是唯一的前提是道德法则的存在。① 因此，浪漫主义史学家认为每个历史事件都与普遍法则直接关联，他们把历史事件置于普遍原则中来进行解释，事实则成为一般法则的释例。到19世纪后半期，对历史发展原因的分析才成为历史学家的主要任务。历史学家理查德·C.维泽姆认为，班克罗夫特的《美国史》虽然不时地提到上帝统辖人类历史的观点，但开始利用因果关系来解释事件之间的联系，阐述天意对人间的帮助。② 班氏曾说过，历史学家的职责之一就是要"通过显示事件的恰当的互动来阐释过去的连续性，通过原因联系起来的事件，就像一条磨光的链条上的环节，真理的力量沿着这个链条从一代传给另一代"。③ 在分析独立战争的起因时，他以大陆会议为叙述中心，逐月分析每个殖民地在革命前发生的事件，并阐发其对后来事件的影响。在阐发独立战争的影响时，班氏认为，在18世纪时还不甚明确的因素很有可能是19世纪国家主权的起源。独立的行为虽然并未立刻诞生一个国家，但却孕育着一个统一的国家的想法，在这个意义上，独立战争是建立一个统一国家的思想上的前奏，而《邦联条例》是朝向国家统一的第一步。④

在《美国史》前四卷和第五卷的一部分，班氏讲述了殖民地怎样一步步地走向独立。班氏不仅分析了美洲自身的内部因素，即殖民地从最初建立起体现民主的代表制度，这使本来即秉承自由精神的盎格鲁-撒克

---

① George H. Callcott, *History in the United States, 1800-1860: Its Practice and Purpose*, Baltimore and London: The Johns Hopkins Press, 1970, pp. 155-157.
② Richard C. Vitzthum, "Theme and Method in Bancroft's History of the United States", *The New England Quarterly*, Vol. 41, No. 3 (Sep., 1968), pp. 362-380.
③ George Bancroft, *History of the United States of America from the Discovery of the Continent*, The Author's Last Revision, Vol. II, New York: D. Appleton and Company, 1890, p. 268.
④ George Bancroft, *History of the United States of America from the Discovery of the Continent*, The Author's Last Revision, Vol. V, New York: D. Appleton and Company, 1890, pp. 208, 581.

逊移民能够在美洲慢慢形成自身的政治共同体;同时,班氏还分析了在不同时期英国国内形势变化和对殖民地政策的变化对美洲的影响和在美洲引起的反应。在《美国史》第一卷的第二部分"殖民地取得地理上的统一"中,班氏首先以两章的篇幅叙述了英国斯图亚特王朝的崩溃和复辟,以及《航海条例》的制定,然后叙述了在查理二世治下的康涅狄格、罗得岛和马萨诸塞等各殖民地的情况。班氏分析到,《航海条例》使英国得益,殖民地利益受损。①"这种建立在不公正基础上的商业和航海制度必定会寿终正寝,只有推翻殖民体系强有力的束缚,才能解放商业和殖民地。"② 班氏意识到,这种不公正的商业体制已成为殖民地发展的束缚,也是殖民地爆发革命的强大诱因。

  班氏还注意到事件和形势在不同历史时期发生的变化,而正是这些变化促成了历史的发展。比如,英国国内的变化引起母国与殖民地关系的变化。在英国制定《航海条例》、向殖民地增加税收等阻碍美洲自身发展的政策的过程中,殖民地与母国的关系也越来越疏远;1688年英国"光荣革命"对殖民地产生的影响。③ 英国不断地牺牲殖民地的利益,对殖民地统治的专制程度不断加深,而在这个过程中,美洲人民的自由精神不断觉醒,其自治的代表制不断成熟起来,使美洲最终走向了独立。班氏还分析了在这个过程中欧洲其他国家对美国革命的影响。"美国革命在很大程度上来自欧洲大国的影响,这使我们必须研究这些国家介入的方式。"④ 接下来,班氏交代了俄国对刚刚独立的美国的态度。

  班氏注意到了在不同空间发生的历史事件的联系以及相互关系,并分析了历史条件和形势的变化对事件发展的影响,由此带来主体事件发生变化或产生一定的结果,这已经体现出历史解释的专业模式,这种阐释历史事件的因果关系的方法无疑突破了业余史学家或仅仅对

---

① George Bancroft, *History of the United States of America from the Discovery of the Continent*, The Author's Last Revision, 1885, p. 354.

② George Bancroft, *History of the United States of America from the Discovery of the Continent*, The Author's Last Revision, Vol. II, New York: D. Appleton and Company, 1890, p. 87.

③ George Bancroft, *History of the United States of America from the Discovery of the Continent*, The Author's Last Revision, Vol. II, New York: D. Appleton and Company, 1890, pp. 328-329.

④ George Bancroft, *History of the United States of America from the Discovery of the Continent*, The Author's Last Revision, Vol. V, New York: D. Appleton and Company, 1890, pp. 336, 342-343.

史料进行编修，而并无主题的散漫做法；或仍然按照理性主义时期仅以一般法则作为历史事件解释框架的陈旧方法，在当时的美国史学中是比较先进和成熟的，具有表率作用，从而推动了美国历史学方法论向专业化迈进。

但是，班氏预期的目标并没有很好地、完全地实现，因为有些事实缺乏准确性，有些宏大的叙述建立在不充分的基础上，还有他对待引用的方式也使他有失于其定下的标准。他在《美国史》最初的版本中几乎很少使用注释，让人无法了解他到底引用了哪些资料，并在何处引用了文献。即使在"最后的修订版"，班氏也只是在第六卷增加了注释，虽然这些注释所注明的出处明确，有些甚至还有详尽的解释和说明。但有时，班氏对某一事件的论述会直接得出结论，而显得缺乏科学精神。比如，在论述母国由于与殖民地距离遥远，对殖民地的利益日益忽视时，班氏武断地说道："我个人的长期调查显示，英国驻美洲的代表疏于管理美洲的事务。"① 而班氏并未说明他的根据源于何处，他是如何调查得出结论的。

由于当时还没有形成注释的规范，班克罗夫特的很多引用并未注明出处。他在引用中会出现这样的情形：不加说明地改变时态和语态，改变引用的一部分，修饰引文的语言，用不同来源的资料组成一个引用，简化或缩略引文，对原文的臆断也不时出现。正如普里斯科特抱怨的，班氏并不能充分地提供其证据的出处，所以，人们无法很好地了解其文献的利用程度和方式。其早期卷本的参考文献经常是模糊不清的或者不确定的。在10卷本的第六卷以后，他干脆放弃了注明文献的出处，在第九卷又重拾注释，但并不全面。这种学术工具的缺乏并不意味着他的著作缺少证据或证据的准确性，而是因为他写得太快了，在10年中出版了5卷，他发现利用读者的信任接受其历史叙述，而省略注释对于其提高写作的效率是很有帮助的。

在19世纪中期，当历史学家以一般法则来解释历史事件时，班氏已经开始注意到历史事件的联系和影响，并利用因果关系进行阐释，这无

---

① George Bancroft, *History of the United States of America from the Discovery of the Continent*, The Author's Last Revision, Vol. II, New York: D. Appleton and Company, 1890, p. 330.

疑是对浪漫主义史学的突破。由于当时美国的很多地方的档案和资料还有待发掘，相当一部分还没有经过整理，历史学家很少具有资料甄别和比较的概念，很多历史写作基于道听途说，更没有形成引文使用的规范。另外，历史学仍然被视为文学的分支，浪漫主义史学家更加强调辞藻的运用、描述的生动和场面的恢宏，并提倡以想象等主观情感和直觉与过去相通，以此再现历史的精神和氛围。班克罗夫特在历史写作中也希望达到公众期望的高尚的和令人振奋的文风：戏剧性的手法、引用经典资料、说教性的道德感以及装饰性的华丽辞藻。[1] 但是，班氏注意到了一手资料和二手资料的区别，并以怀疑主义的态度看待历史文献和档案，与其同时代的其他美国历史学家很少能够做到。

无论如何，班克罗夫特毕竟在对史料的鉴别上迈出了一步，他对待史料的态度和方法在美国史学上具有开创性。他利用其政治家和外交公使的身份整理并发现了很多普通历史学家无法接触到的档案，为后来的美国历史研究奠定了雄厚的基础。

第四节 神意与人民大众的力量
——班克罗夫特的双重历史观及对其矛盾之处的解释

历史学家理查德·C.维泽姆批评班克罗夫特抛弃了19世纪的怀疑主义，显示出一种更加落后的历史观。班氏眼中的历史是由神意支配的戏剧，班氏的著作建立在本体论（存在论）和目的论的假设之上，而这些被基督教史学家坚持了1000多年，在18世纪就被伏尔泰、休谟和吉本抛弃。他还进一步认为，班氏的历史哲学与乔纳森·爱德华兹的神学如出一辙：（1）上帝是人类幸福、自由和完满的根源，人类的进步是由上帝预先决定的；（2）某些人物会完成上帝的计划，充满英雄主义的色彩；（3）他认为撰写历史就是一种崇拜行为。[2] 历史学家梅里尔·刘易斯认为，班氏眼中的历史是美国逐渐回归伊甸园的过程，是奴役与自由

---

[1] George H. Callcott, *History in the United States, 1800-1860: Its Practice and Purpose*, Baltimore and London: The Johns Hopkins Press, 1970, pp. 141-146.

[2] Richard C. Vitzthum, "Theme and Method in Bancroft's History of the United States", *The New England Quarterly*, Vol. 41, No. 3 (Sep., 1968), pp. 362-380.

的斗争，但是这一过程是复杂的。他正视的不是人类从奴役中走出的不可抗拒和不可逆转的过程，而是一种重生的过程，在对旧世界的罪恶和堕落的批判中发现新世界，新世界就是回归到无罪的伊甸园。① 刘易斯总结到，班克罗夫特的历史充满了浓重的宗教和神学的气息。那么，班氏的《美国史》是否仍然如清教史学家的著述一般，翻开封面，仿佛就听到了上帝的声音呢？这要从18世纪末19世纪上半期美国的各种思潮和美国的社会现实说起。

一 班克罗夫特历史观的思想语境：理性主义与浪漫主义的交汇

18世纪末到19世纪初是理性主义的历史思维占统治地位的时期，人的理性成为历史进步的根本动因，人类历史过程被看成人类理性的完善过程，于是人类历史被理解为愈来愈合乎理性和愈来愈自由，最后将达到充满智慧和美德的合理的进程。② 在这个时期，科学和哲学并未严格分开，历史学又从属于哲学，观察事物并认识事物内在规律的科学方法也被应用到历史研究中。历史编纂也出现了新的取向，即用理性的方法整理历史文献，最后"从经验达到普遍的观点"，即"观察事物并认识事物的内在规律"。③ 普遍理性为历史发展提供了一般规律，历史被置于以理性为基础的一般法则的解释框架下。

启蒙运动所宣扬的理性主义在美国产生了广泛影响，并在思想意识上推动了美国革命的发生。美国受到了英国思想家洛克、牛顿和法国启蒙思想家孟德斯鸠、卢梭等人的影响，信仰自由、强调民主与平等、宣扬天赋人权、反对宗教蒙昧主义构成了美国的理性主义思潮的主要内容。牛顿在物理世界发现了自然法则，使人们开始重新认识和研究自然的属性，并借助自然法则来理解社会和人，提出重视人的"自然权利"。美国的一些政治家和思想家利用自然权利学说来进行革命动员，号召理性的人类应具有捍卫自身自由的权利和行动力。而自然的架构和秩序则源于上帝的法则，根据法国哲学家沃尔尼（Volney）的说法，自然就是由

---

① Merill Lewis, Organic Metaphor and Edenic Myth in George Bancroft's History of the United States, *Journal of the History of Ideas*, Vol. 26, No. 4 (Oct.-Dec., 1965).
② 朱本源：《历史学理论与方法》，北京：人民出版社，2007年，第369页。
③ 朱本源：《历史学理论与方法》，北京：人民出版社，2007年，第306页。

上帝为宇宙规定的秩序组成的，上帝的智慧赋予了人类理性和理智。"人作为这种一般法则之下具有行动力的个体，没有种族的差异，都会走向完满和幸福。"① 上帝的自然法则成为人们衡量事物的标准。人作为具有理性的生命体，能够遵循自然法则，并在思想和行动上与自然以及一般法则保持和谐。② 同时，理性主义使人们反对基督教会所宣扬的具有人格的上帝及其对自然规律和社会生活的干预，而把上帝看作一种作为"世界理性"的、非人格的存在物，这就是在美国的启蒙运动时期流行的自然神论。③ 从理性主义思想出发，自然神论者认为上帝是有理性的，上帝所规定的种种法规是与人的理性相一致的。他们反对那种只强调宗教感情而忽视理性作用的宗教，认为这种宗教使人忽视社会生活和个人的社会责任。④ 在殖民地时期，人们对上帝的绝对权威是深信不疑的，而在革命时期，人们虽然承认上帝是宇宙的创造者，但强调上帝是按照理性的法则创造宇宙的，上帝不能干预或改变自然的法则。人们可以通过自己的努力改变现状，获得现实的幸福，并借助理性的力量研究自然界、了解上帝，而不需要求助于《圣经》或教士的布道。这样，启蒙运动所宣扬的理性主义在思想意识上引领了美国革命的发生。

随着知识的进步和科学的发展，人们认识到了更多面和更加丰富广阔的世界，也不再满足于启蒙运动时期认识世界的统一的、不变的法则。以对理性主义的批判为标志的浪漫主义思潮从德国袭来。德国的思想家们认为，不是理性，而是经验、直觉和主观思维过程才具有普遍和永久的价值。⑤ 浪漫主义抛弃了启蒙运动盛行的僵化的机械论，代之以回归自然、抒发感伤等情绪的作品，并强调人与自然的融合，即内在情感与外部世界的结合。人们发现自然不是静态的和稳定如一的，而是有机的和变化的，并开始怀疑自然的完美和全能。

---

① Russel B. Nye, *The Cultural Life of the New Nation, 1776—1830*, New York: Harper & Row Publishers, 1960, p. 10.
② Russel B. Nye, *The Cultural Life of the New Nation, 1776—1830*, New York: Harper & Row Publishers, 1960, p. 17.
③ 涂纪亮：《美国哲学史》（第一卷），北京：社会科学文献出版社，2006年，第122页。
④ 涂纪亮：《美国哲学史》（第一卷），北京：社会科学文献出版社，2006年，第77—78页。
⑤ 〔美〕J. W. 汤普森：《历史著作史》（下卷），第三分册，孙秉莹等译，北京：商务印书馆，1996年，第139—140页。

在德国的浪漫主义思潮的影响下，从18世纪末期开始，当美国的思想家们认识到人具有除理性以外的其他重要禀赋，而理性主义和科学不能为研究人和人性带来令人满意的答案时，他们把注意力转向了理性以外的领域，出现了很多调和科学和神学的理论来解答理性不能回答的问题。当时的哲学家向人们传递这样一种理论，即人拥有上帝植入其内心的一种道德感。本杰明·拉什（Benjamin Rush）提出人类具有三种天然禀赋：理智让人确定事实，道德能力让人明辨善恶，良知使人把理智和道德付诸行动。杰斐逊也认为，理智可能受到无知的蒙蔽，但道德感（moral sense），即辨别对错的能力，与人的视觉、听觉和感觉一样与生俱来。① 而且，他们发现，神学、道德、社会和政治等方面的事实的发现有时是自然科学的方法所力不能及的，尤其像独立战争这样的大事件更需要证明和确立其必然性和合理性。

洛克的经验主义的方法受到了挑战，汉密尔顿、杰斐逊和亚当斯等依据自然法和先验演绎的推理方法为独立战争找出根据。托马斯·潘恩界定了人的"自然权利"，并由此权利推导出人应该具有的彼权利（a right founded in right）。自然法赋予人类的理性和道德感与良知使殖民地人认识到推翻英国的统治是正义的事业，并借此能够获得政治上的独立地位和国家自由发展的权利。塞缪尔·迪肯森（Samuel Dickinson）在1797年7月4日的演讲中向其听众证明了"人类不可剥夺的权利"。② 詹姆斯·威尔逊（James Wilson）宣称，人们可以凭借理性，通过经验和科学的证明来获得关于物质世界的知识，但是道德、精神和伦理方面的知识只能来自我们的道德禀赋（moral faculty）。"我们的天性和禀赋让我们相信不言自明的、也无法证明的真理（self-evident, unprovable truths）。"乔尔·巴洛（Joel Barlow）也提出存在三种不同的真理，即理性的、科学的和不证自明的。③

浪漫主义是在理性主义内部产生的一种思潮，这两种思潮在时间上

---

① Russel B. Nye, *The Cultural Life of the New Nation, 1776–1830*, New York: Harper & Row Publishers, 1960, p. 22.

② Russel B. Nye, *The Cultural Life of the New Nation, 1776–1830*, New York: Harper & Row Publishers, 1960, p. 25.

③ Russel B. Nye, *The Cultural Life of the New Nation, 1776–1830*, New York: Harper & Row Publishers, 1960, p. 26.

的衔接比较紧密，尤其是在德国，其启蒙运动本身就带有与在法国产生并达到顶峰的理性主义相对立的特点，这也正是浪漫主义思潮在德意志尤其具有其特性，并发展得如火如荼的原因。18世纪到19世纪初期在欧洲诞生的理性主义和浪漫主义相继传入美国，理性主义的余温还没有退却，浪漫主义思潮紧接着从德意志席卷而来，所以，19世纪上半期的美国社会体现着这两种思潮的共同作用。

二 班克罗夫特的双重历史观与19世纪中期美国的社会思潮

上帝的自然法则成为独立战争终极合理性的根源，与此同时，在"自然神"面前人是具有自主性和能动性的，这是班克罗夫特的《美国史》表达的另一个重要的观念。人类在遵循自然法则时具有的判断力和行动力来自除理性之外的另一种天然禀赋，即"直觉理性"。班氏既关注"神意"又强调人民大众力量的这种双重历史观看似矛盾，却与当时的社会思潮密切相关。

班克罗夫特在《美国史》中体现的上述观念是理性主义与浪漫主义两种思潮在美国的土壤上发酵后孕育的结果。而且，其历史观与19世纪中期美国的社会现实相呼应，由此可以透视当时美国的社会思潮与时代精神。启蒙运动时期，法国人在解释人类生活之时抛弃了上帝，而美国的理性主义思潮却是与宗教思想紧密结合在一起的。

19世纪上半期的美国仍然沉浸在独立战争带来的乐观自信的氛围中。对未来的美好憧憬和对千禧年的预期并未被法国大革命后期走向极端所带来的失落情绪打破，宗教在当时美国人的生活中仍然占有重要的地位。这个时期发生的第二次大觉醒运动①，实质上是一次宗教的世俗化运动。其间，清教的美德复兴并得到了强化。复兴后的清教教义主旨上更加崇尚直觉、个人的内在价值以及对社会和人类的责任。"千年福音"的观念强调净化人的灵魂并改善罪恶的世界，通过个体努力来拯救

---

① 第二次大觉醒运动是对第一次大觉醒运动后呈衰颓之势的新教的复兴运动。这次运动使新教的理论和实践都与18世纪有所不同。第二次大觉醒运动质疑了《圣经》的权威，强调对上帝和来世的信仰，呼唤一种基于普遍人性基础上的宗教，因而打破了宗派限制和教堂的控制，它的主力军是来自西部边疆和南部的未受过多少教育的人。在第二次大觉醒运动中，宗教被世俗化并迎合大众的需要。而且，对于人性充满信心的宗教信仰推动了19世纪各种各样的社会运动的兴起。

自身并达到完善的境界。

与此同时，浪漫主义思潮重视人的潜在完美性和人权平等的观念，使沉睡了 200 多年的清教伦理复苏，反对加尔文教对人性的贬低，打破了新英格兰长期以来严格的神学制度规训下的精神禁锢。这个时期的美国提倡一种自由主义宗教，它主张给信教者更多的宗教自由，用一个仁慈的上帝代替过去那个愤怒的上帝。[①] 所以，我们看到，在班氏著作中的上帝更多地具有一种象征意义，人类的自主性开始具有越来越重要的地位。可以说，"天国的归天国，尘世的归尘世"的社会发展的二元特点越来越显著。

这样，美国人既保留了启蒙运动中自然法则对人类历史进程的支配理论，同时遵循了浪漫主义所倡导之不言自明的真理。这种真理不必通过理性来推导和证明，上帝赋予人类的除理性以外的道德禀赋能够自然感知其存在和发挥作用，而这种真理即来自上帝的意旨。这里，一方面，上帝为人类世界提出了衡量事件的准绳；另一方面，人类自身是具有自主性的，其天然的禀赋使其能够感知这种真理，并辨别善恶、正确行事。这种理论也正是 19 世纪上半期在新英格兰兴起的超验主义思潮的先声。因此，上帝仍然在美国人的社会生活中具有重要地位，第二次大觉醒运动也进一步推动了宗教的复兴。与此同时，在肯定人具有除理性以外的直觉感受等与生俱来的禀赋基础上，其也强调了在"自然神"面前人具有自主性和能动性。这时，上帝在历史中更多地具有象征的意义。

班克罗夫特的这种历史观一方面从德意志的唯心主义思潮中汲取了灵感，另一方面结合美国自身的社会现实，与清教世俗运动互相作用而发展出来。如前文所述，班氏以精神运动作为人类历史发展的主线。人作为具有"直觉理性"的主体，能够直接感知上帝的意旨，这也是班氏的超验主义思想的体现。

班氏在其《美国史》中也表达了这样的观念：上帝与我们的心灵之间存在着直接的联系，我们完全可以依靠自己的直觉来认识上帝，而不需要借助于经验。上帝与人的联系不需要通过《圣经》、教会或传教士等媒介，而且可以超越感觉、经验的渠道。每个人都具有一种把握普遍

---

① 涂纪亮：《美国哲学史》（第一卷），北京：社会科学文献出版社，2006 年，第 213 页。

真理的直觉能力，从而能够获得一种超感觉、超自然的知识。比如，班氏称赞新英格兰的加尔文教徒具有反抗专制的决心和行动力——这是走向独立的前奏：

> 上帝是最终的权威……个体意志都服从于上帝的原则，并参与到永恒的原则中……虽然新英格兰的精神由上帝的唯一权威的伟大思想所激励，但人们并未在泛神的宿命论中失去个性和人类的自由……新英格兰的加尔文教徒，希求道德的善，其最大的目标即以道德努力取得美好和公正的意志。从这样的意志中产生的行为是新英格兰的理想。它拒绝单方面的精神主义，反对禁欲主义和贫困，不赞成不抵抗的想法。在正义事业中，人民随时准备拿起武器，进行战斗，上帝与其知行同在的信念鼓舞着他们。①

这里，虽然上帝制定了道德的善的准则，但作者更加突出的是人的理性智识使其具有自身的判断力，新英格兰人在追求自由精神的引导下，具有自主性和行动的能力。

班氏赞同乔纳森·爱德华兹关于在上帝的一般法则的统辖之下人类历史成为一个统一的整体的观点。他曾在《美国史》第二卷中引用了爱德华兹的话："上帝是幸福的源泉。上帝是造物的主要目标……整个人类种族，在其存在的全部过程中，具有统一性和一致性，并构成了复合的人，一个道德的整体。上帝的光辉照耀着人类的救赎。""上帝本身是一种普遍的存在，自然是上帝的表达，每个事物内部都有神圣的光辉……"②班克罗夫特对于爱德华兹的神学思想的借鉴主要是后者对于信仰中"心灵"力量的强调。在爱德华兹看来，对上帝的信仰这种超自然的感觉激励了人的"心灵"，仅凭理性的作用，仅靠关于教义和神学的知识，是不会产生对上帝的信仰的，真正的虔敬之心来自情感。③班克罗夫特的

---

① George Bancroft, *History of the United States of America from the Discovery of the Continent*, The Author's Last Revision, Vol. Ⅱ, New York: D. Appleton and Company, 1890, p.407.
② George Bancroft, *History of the United States of America from the Discovery of the Continent*, The Author's Last Revision, Vol. Ⅱ, New York: D. Appleton and Company, 1890, p.405.
③ 涂纪亮：《美国哲学史》（第一卷），北京：社会科学文献出版社，2006年，第56页。

超验主义思想中对于理性之外的"直觉"的强调与此具有异曲同工之处。对于心灵和直觉等先验的官能的关注,体现了班氏突破了在新英格兰一直占据重要地位的加尔文教的僵硬的理性主义的禁锢,从而发掘了人人平等的先验的根源。这也正如帕灵顿把19世纪上半叶美国发生的浪漫主义与宗教复兴结合的运动称为"新英格兰的文艺复兴"①,它是借用200年前的清教思想来反对加尔文教条主义的精神运动。

虽然二者同样认为"上帝的光辉是道德的善的最终目的",但对比一下爱德华兹与班氏的宗教观念,便会分辨出二者的不同。爱德华兹强调人具有原罪,只有通过耶稣基督的救赎,才能从上帝那里获得全部的善,因为上帝是善的第一原因,也是唯一原因。"无限的存在即普遍的存在,上帝的存在包含了宇宙的存在。没有什么是卓然不群的和独立存在的。上帝既是它自身,也是全部。"② 而班克罗夫特的神学观则以人具有感知真理的天然禀赋和不断完善自身的能力为出发点。而且,他称赞基督教本身即体现着人类的理性特征,"我像从前一样信仰基督教是理性的宗教。因此,我真诚地同意它从世纪之初即存在,并且它就是永恒理性本身"。③ 爱德华兹也提出"不要去压制思索的质疑"。"没有必要向人类掩藏严格的哲学真理,人们越充分地和清楚地了解宇宙真正的体系,就越有好处。外部的权威无法统治精神,上帝的启示来自无尽的知识源泉,具有确定性和现实性。这启示与理性和常识相一致……"④ 他强调的是"人类心中的真理仅是与上帝的一致性的体现,人类的知识仅仅是上帝关于它自身的知识的映象",这就反映了人类对上帝的依赖,这种依赖是绝对的、直接的和全面的,因为人类要获得拯救必须依赖上帝,要获得真理也必须依赖上帝。⑤ 这样就忽视了人在遵循道德法则下具有的独立的判断力和主体性,而这正是浪漫主义思潮影响下的班克罗夫特所强调的。

---

① 〔美〕沃浓·路易·帕灵顿:《美国思想史 1620—1920》,陈永国等译,长春:吉林人民出版社,2002 年,第 579—581 页。

② George Bancroft, *History of the United States of America from the Discovery of the Continent*, The Author's Last Revision, Vol. Ⅱ, New York: D. Appleton and Company, 1890, p. 405.

③ M. A. DeWolf Howe, *The Lift and Letters of George Bancroft*, Vol. Ⅱ, New York: Charles Scribner's Sons, 1908, p. 262.

④ George Bancroft, *History of the United States of America from the Discovery of the Continent*, The Author's Last Revision, Vol. Ⅱ, New York: D. Appleton and Company, 1890, pp. 405-406.

⑤ 涂纪亮:《美国哲学史》(第一卷),北京:社会科学文献出版社,2006 年,第 57 页。

爱德华兹的神学思想体现了理性主义在北美兴起之前的清教史观,班克罗夫特的哲学和宗教观念虽然复苏了其中对心灵和情感的关注的形而上学的部分,但不是如瓦特·斯图尔特所认为的,是对"全知的上帝统治人间一切事务"的清教史观的简单重复。① 所以,这里对大众群体的判断的信任与对上帝在历史中支配力量的强调并不矛盾,因为大众的普遍决定最终走向真理,而上帝就是真理的标准……如果所有的人都具有理性的禀赋,如果上帝的计划令人类不断前进,那么历史就必须从大多数人进步的角度来阐释和书写。因此,班氏认为,真正的史学家要以普通人的视野看待历史。

历史学家大卫·莱文认为,浪漫主义史学家的宗教和政治传统使其很难理解对于宗教的彻底献身和完全的宗教信念。不论是自然神论者,还是唯一神派,他们不需要神学,而是依靠道德主义。浪漫主义史学家还把矛头指向正统的加尔文教,指责唯一神派的顽固以及加尔文的正统所宣扬的盲目信仰导致了轻信和迷信。班氏信仰自然法,他相信每个个体都能够感知和遵从自然法。"信仰本身即是正当理由",这对于班氏来说意味着精神和理性的自由。在这一点上,班氏与其他三位浪漫主义历史学家②是一致的,他同样不赞同"虚伪的"(artificial)宗教③,也不愿意屈服于神学家的信条。包括班克罗夫特在内的浪漫主义史学家认为,天主教神职人员对《圣经》的解释和雄辩的言辞并不能解除人们心中的疑惑,道德感才是热爱上帝、宗教虔诚的世俗途径。道德腐败的神职人员只能使人们陷入更深的道德迷雾中,因此宗教的仪式和实践仅是一些华而不实的装饰,只有内心的基督精神才能使人们具有真正的虔敬之心。浪漫主义史学家瓦解了天主教神职人员作为上帝代言人的地位,向人们指出神职人员的中介只会导致蛊惑人心和政治专权,这种说法为普通人

---

① Watt Stewart, "George Bancroft Historian of the American Republic", *The Mississippi Valley Historical Review*, Vol. 19, No. 1 (Jun., 1932), p. 77.
② 笔者所指为19世纪上半叶美国著名的浪漫主义历史学家普里斯科特、莫特利和帕克曼。
③ 这里指的是天主教,尤其是相对于新世界美国的旧世界欧洲所信仰的天主教。班氏讨论了天主教违背了自然法,压制人的自然权利,而且与19世纪初盛行的浪漫主义思潮对自然属性的重新认识和张扬的信条是背道而驰的,因而天主教被看作"非自然的""虚伪的"。

信仰上帝指出了尊崇道德和内心信仰的世俗之路。①

  19世纪的一些历史学著作会更加直接地支持上帝对人类事务的干预，他们会显示出"现实的善对于恶的胜利"，"阐释神圣的智慧"，"上帝之手对所有事务的指引"。② 班氏则强调了上帝的间接作用，他认为应在过去的宏大视野中承认上帝的力量，而不是在对具体事务的干预中显示上帝的支配作用。上帝之手对事事介入有违常识和历史。人们倾向于认同上帝赋予了他们令人满意的政府设计。除了教导人们上帝在人间行事的方式，谨慎的历史学家更倾向于在历史著作中仅仅表示对上帝的崇敬。③ 基于上述，虽然班氏在历史叙述中对爱德华兹赞赏有加，二者却不可同日而语。爱德华兹代表的是传统的清教史观，班氏的历史观则体现了对加尔文教贬抑人性的宗教观的反动，对个人价值和平等观念的赞颂。班氏的历史观既带有理性主义自然神论的痕迹，又体现了浪漫主义史学对时代精神的反映，再加上19世纪德意志历史观的影响，它是当时美国的社会运动和思想潮流互相发酵的产物。

  班克罗夫特除了展现上帝在重大事件上对人类的指引，对历史的因果关系的世俗解释是其历史观的另一个重要的方面。班氏认识到了美国历史的发展是一个不断变化的过程，不仅由于美国自身内部的成长壮大，对独立的要求日益增强，还有母国的政策和欧洲形势不断变化也在促使殖民地的精神和目标发生转变。这样就体现了历史的一个连续的过程，并且时间序列上较后面的事件是以先前的事件作为其铺垫和起因的。而且，班氏也注意到了偶然因素在历史发展中的作用。班氏在追溯宗教改革的起因时这样写道：

  谁会敢于探究遥远的起源来衡量行为的结果呢？那种把国家的命运，对君主决定的颠覆和政治家的深谋远虑紧密联系起来的力量，经常会带领我们从最不起眼的因素推演出最伟大的事件。一个热那

---

① David Levin, *History as Romantic Art: Bancroft, Prescott, Motley and Parkman*, Stanford, California: Stanford University Press, 1959, p. 94.
② George H. Callcott, *History in the United States, 1800–1860: Its Practice and Purpose*, Baltimore and London: The Johns Hopkins Press, 1970, p. 185.
③ George H. Callcott, *History in the United States, 1800–1860: Its Practice and Purpose*, Baltimore and London: The Johns Hopkins Press, 1970, pp. 185–186.

亚的探险家，发现了美洲，改变了世界的商业图景；一个不知姓甚名谁的德国人，发明了印刷机，使不断增长的知识在全球传播成为可能；一个奥古斯都学派的僧人，否定了自我沉浸，领导了基督教内部的分裂，改变了欧洲政治的基础；一个年轻的法国难民，精通神学和民法，凭借宗教辩论中的辩证法，进入了日内瓦共和国，并把教会原则与共和国的质朴结合起来，建立了另一个教派，英国人成为其成员，而新英格兰成为其持异议者的避难所。①

这里无疑强调了历史中个人的作用和难以用一般法则所确证的因素。在这一点上，班氏的历史观体现了德意志历史主义的影响：历史主义的目标便是将西方思想从普遍性和非时间性的预设真理上转移。②

班氏对历史的撰写并非完全出于对上帝的崇敬，也没有像清教史学家一样为读者呈现出完全由上帝主宰的人类历史。这里体现出浪漫主义时期科学与神学相结合的对世界的一种解释模式，"上帝"成为人们用理性和科学无法解释的事件的终极标准，并在更大程度上与世俗世界的事务分开。在班氏的笔下，有时候支持上帝的存在意味着对上帝对历史发展干预的承认，所以，在历史中揭示上帝伟大设计的结果在某些情况下导致了并不是天国的归天国，尘世的归尘世，上帝引导人们的行动，却最后形成世俗的结果，并落在历史现实当中。上帝轻声告诉哥伦布世界是圆的，那么哥伦布航行的目的就不仅是开辟通往未知的岛屿和大陆的新航线，而是把地球的各个末端联系起来，使所有的民族在商业和精神上联结为一个整体。③ 这样，上帝精神的唯心论的出发点在班氏那里最后投射为近代世界的现实。班氏历史中的"上帝"已经不再是启蒙运动之前掌控人间万事的上帝，而是独立战争和美国立国合理性的终极依据，还成为当时美国社会盛行的超验主义和浪漫主义的有力凭借。但是，

---

① George Bancroft, *History of the United States of America from the Discovery of the Continent*, The Author's Last Revision, Vol. I, 1885, p. 177.

② Robert M. Burns & Hugh Rayment-Pickard eds., *Philosophies of History From Enlightenment to Postmodernity*, Beijing: Peking University Press & Blackwell Publishers Ltd., 2004, p. 57.

③ George Bancroft, *History of the United States of America from the Discovery of the Continent*, Vol. IV, Boston: Little, Brown and Company, 1856, p. 8.

把上帝作为人类历史的终极真理毕竟体现的不是现代意义上的科学的观念。而且，以上帝的道德法则来作为历史的一般法则，为历史解释引入了一种哲学观。虽然为了证明这样的哲学观，班氏不遗余力地发现历史事实并辨别历史资料的真伪，但同时，班氏在历史叙述中有时难免会由于迁就这种道德哲学，而扭曲或粉饰具体的事实，使历史失去他所一贯强调的"精确的真实"。

上述的比较之后，我们发现，班氏的历史观与爱德华兹的神学观大为不同。在班氏的历史中，对大众群体判断力的信任与对上帝为人类历史的合理性提供终极标准的强调是两条并行的线索，也是19世纪中期美国社会思潮的反映。正是对于心灵和直觉等先验的官能的关注，班氏突破了在新英格兰一直占据重要地位的加尔文教中僵硬的理性主义的禁锢，而发掘了人人平等的先验的根源。如果说理性主义与美国刚刚立国时对于稳定和秩序的首要需求促使了"天然贵族"①观念的产生，那么浪漫主义与第二次大觉醒运动则推动了美国社会形成对于人民大众的信念以及人人平等的民主观念。

班克罗夫特的历史观扎根于19世纪中期的美国社会，与时代思潮息息相关。从对班氏历史观的分析中，我们可以看出，美国社会在同一时期并存着两种表面上互为对立的思潮：启蒙运动倡导人的理性，浪漫主义则强调除理性以外的直觉和道德感，具有象征意义的"上帝"是这二者存在的终极准绳。这样，人类精神上的特质才具有其终极合理性，也才具有稳固的思想根源而不可辩驳，也为美利坚的立国提供了终极价值标准。这正是美国的实用主义价值观的生动例证，即只要适合自身发展

---

① 18世纪末19世纪初，亚历山大·汉密尔顿、约翰·亚当斯等知识精英出于建立伊始的美利坚国家的安全和秩序考虑，在一定程度上接受了"天然贵族"的理论。"天然贵族"的理论源自西方古代历史和政治理论。一些思想家在反思了古希腊和罗马的民主模式后，认为共和制度只能在人口较少并且属于同一民族的国家中实行。像美国这样一个幅员辽阔、人口众多、族裔多样的国家，政府必须由少数精英组成，这些被认为有资质进行国家管理的人被称为"天然贵族"。其与古代的贵族不同的是，他们并非拥有显赫的家世或巨大的财富，而是凭借自身的美德当选。这就意味着，没有直接参与国家管理的公民让渡出了自身的一部分权利。政府为了对公民牺牲个人利益的行为给予补偿，则必须保障每一位公民在社会中拥有平等的机会。虽然这种政治理论宣扬美国人拥有平等的公民权利，但由于政府管理的权力仅局限于小部分人，建国初期的美国并未实现广泛的民主。广泛的且包含平等的民主是随着后来美国历史中的各种社会运动和政治改革而渐进实现的。

的就"拿来"为己所用,但这种"拿来"中体现出理性选择的态度,所以原来在欧洲先后产生作用的两种思潮,能够在几乎同一时期与美国的社会现实互相融合。正是在对这两种互相碰撞、冲突的思潮的借鉴中,19世纪美国的思想家和政治家们更加全面地挖掘了人在精神层面的禀赋和特质,以美国的建国历史为此进行注解的典型代表就是班克罗夫特。同时,这两种思潮,尤其是浪漫主义思潮为人人平等找到了先验的根源,使美国的民主生活从19世纪中期开始融入了平等的新内容。

基于上述,班氏一方面从自然神论和德国的浪漫主义中汲取了灵感,另一方面结合了19世纪中期美国的社会思潮,并与清教的世俗运动互相呼应发展出其具有双重性的历史观。从对班克罗夫特历史观的分析中,透视出了19世纪中期美国社会在各种思潮冲击融汇下呈现的丰富的面貌和活跃的社会生活图景,这也正蕴含了19世纪下半叶美国能够迅速发展的精神动力。

综上,班克罗夫特的历史观中体现出上帝的道德法则与对个人力量强调的世俗动因两条并行的线索。在孟德斯鸠预言了美洲将要独立之后,班氏称美洲代表了人类完善的方向,"在美洲,事件的影响是由理性、情感和自然的创造性力量所塑造的,以上几种力量均衡地体现在美国的政治结构中,人性呈现出一种新的面貌"。[①] 这其实强调了人的力量与上帝的力量结合起来在历史中发挥作用。班氏对美国宪法制定过程的叙述也是这种双重历史观生动的体现。班氏宣扬了美国宪法是上帝计划的实现,符合终极真理的标准。同时,班氏用一贯热情的散文体写道:"这是人民的杰作,在诚恳、有毅力和充满公众精神的政治家的领导下,在代议制政府具有普遍性的经验的指引下,在对古代制度的传承下,在大众的支持下,以及在人们共同的期盼中形成了现在的框架。"班氏历史观和方法论中的混合性,也可以说带有矛盾的特点,这也正说明,班氏的历史代表了一种从业余史学向专业史学过渡的形式,在这个过程中,推动了人们以历史的眼光来看待美国发展历程,使美国的历史写作以历史的方法进行,推动了历史研究在美国成为一个独立学科的进程。

[①] George Bancroft, *History of the United States of America from the Discovery of the Continent*, The Author's Last Revision, Vol. II, New York: D. Appleton and Company, 1890, p. 320.

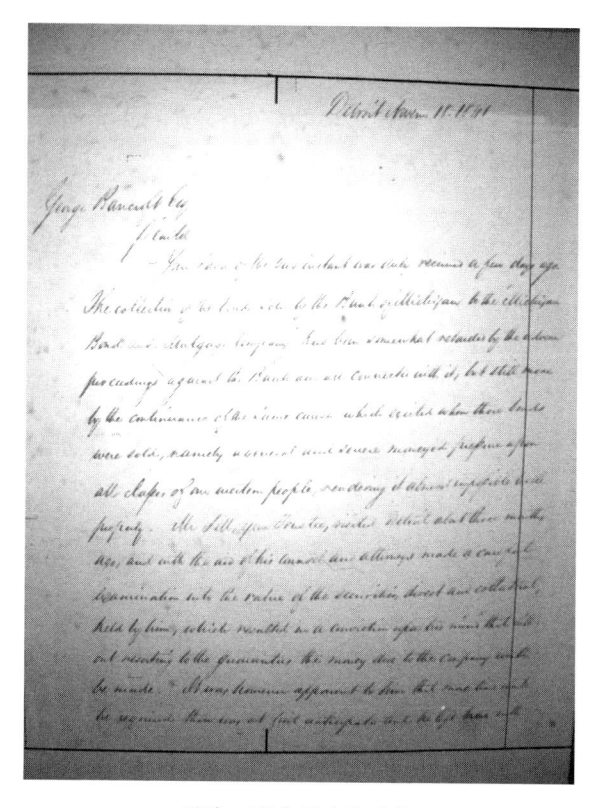

乔治·班克罗夫特手稿

资料来源：作者拍摄。*Papers of George Bancroft*, *1811—1901*, Microfilm of Originals in the Cornell University Library, Ithaca/NY, 1967。

第三章 《美国史》的主题：自由、民主、统一

从1832年班克罗夫特开始《美国史》第一卷的写作，到1882年《美国宪法形成史》出齐，每一卷大约14.1万字，12卷总共170万字。① 这样一部庞大浩繁的著作，历经近50年时间完成，可想而知需要查阅的资料的巨大数量，需要相关知识的充分广博，以及体系的完备和构思的精当，难怪班氏最初也对自己要把握如此庞杂内容和恢宏体系的大胆想法心存疑虑。通读全书之后，我们尽可能地梳理出这部卷帙浩繁的历史著作中班氏想要展现的主题思想，其中也包含着班氏在半个世纪的著述过程中，对于美国历史的认识和解释的理论。

第一节 自由精神的起源和传统

浪漫主义史学认为，每个民族都拥有其内在的"民族精神"。历史学家应探寻每个特定的民族精神是怎样形成的，怎样的环境和特点构成了怎样的独特社会文化。因此，过去被当作一个整体来研究，而不是过程中的片段。② 19世纪美国的历史学家认为，制度和思想常常是从原始形态成长起来的，或者来源于强有力的新民族的灵感，他们强调民族精神是历史发展的创造性动力。浪漫主义史学对民族特质和进步原则的强调，使历史学家倾向于研究某个民族或国家的历史的发展进程，并乐于探究其"民族特征"的起源和国家制度的最初形态，以及其在国家生活中的显示。所以，班克罗夫特撰写美国历史的一个目的即"追溯美国如何在一个空旷的大陆上从最初的弱小状态成长为后来自由、正义和和平

---

① John Spencer Bassett, *The Middle Group of American Historians*, Massachusetts: Norwood Press, 1917, p.183.
② Russel B. Nye, *George Bancroft*, New York: Washington Square Press, 1964, p.137.

的国家，并在致力于保护人类权利的实践中，为世界上那些具有美德却不幸受压迫的人们提供避难所"。因此，"现在这个工作的目的就是要解释在这片土地上这种变化是如何实现的；一个民族的命运并非由盲目的命运来掌控，而是跟随着支持我们的上帝，使我们的国家达到今天的幸福和辉煌状态"。① 班克罗夫特认为，"国家（民族）的成熟是它的年轻时代的继续"，他决定要用心研究美国的最初阶段，因为他认为一个民族的文化、制度和传统是从这里起源的。

一 自由精神的源起——条顿生源论

"当这部书的一部分将要付诸出版时，我自己也强烈感到这个主题的宏伟和巨大，我甚至要责怪自己竟然如此大胆地做此尝试。"在《美国史》的前言，班氏解释道，自由是贯穿其中的重要原则和主题，因为"殖民地从最初即有追求自由的精神"。② 在谈到"自由是美国历史行动的伟大原则"时，班氏在北美殖民地最初的历史中发现了深深影响殖民地人思想习惯和行为的自由原则，班氏指出，这种原则是源自殖民地自身的，而且是殖民地人民所特有的。"构成我们国家的因素，就如今天存在的，在1688年英国革命时就已经存在了。这种构成民族的因素从17世纪传下来，持续形成了公民自由和宗教自由，并促进了美国公民共同体的形成。美洲大陆没有专制、封建贵族、教士阶层和欧洲商业世界的市政公司，除了一个自由的民族，没有什么来自欧洲。"③

班克罗夫特等浪漫主义史学家倾向于在简单、原始的民族中寻找自由的源头。普里斯科特在其关于西班牙历史的书中写道，哥特民族的入侵和定居带来了其与生俱来的自由传统，并在欧洲北部的森林中获得更多的活力。在自然的环境中，他们去除了所有"矫揉造作的特性"（artificial distinctions），回归了最初的平等状态。这样的经历使哥特民族的道

---

① George Bancroft, *History of the United States of America from the Discovery of the Continent*, The Original Edition, Vol. Ⅰ, 1834, Introduction.

② George Bancroft, *History of the United States of America from the Discovery of the Continent*, The Original Edition, Vol. Ⅰ, 1834, Preface.

③ George Bancroft, *History of the United States of America from the Discovery of the Continent*, The Author's Last Revision, Vol. Ⅰ, 1885, p.603.

德能力得到更新，而长期的繁荣状态则会使道德腐朽堕落。① 班克罗夫特在其著作中向读者展示了条顿的自由精神是美利坚追求自由的特性之源头的观念。他认为，自由的观念就是从日耳曼的森林中进入到现代世界的，盎格鲁-撒克逊人把日耳曼人自由传统的"生源"带到了5世纪的英国，确立了英国的国会体系，后来英国的清教徒又把它传到了北美，在英国的殖民地重获生命力，并在美国的宪法中达到了它的顶点。自由精神在詹姆斯敦和普利茅斯是非常显著的。②

1874年出版的《美国史》第十卷中，班氏用两章的篇幅描述了德国与美洲殖民地的关系。他认为，二者首先具有在种族传承和信奉原则上的关联。其次，德国在道义和外交上支持了美国革命。早在1837年，班氏就开始注意二者的关系，并且强调路德是新教的奠基人，他决心在以后的著述中不断地表明德国对美国的直接贡献。尽管盎格鲁-撒克逊人为美国奠定了基础，但是在欧洲大陆的条顿人也为美国的建国做出了实质性的贡献。

种族的精神在德国生生不息。精神统治着世界，路德的信条认为：德国在美洲并没有领地，却为新尼德兰和新英格兰提供了法理原则。新英格兰人和德国人属于同一个种族，同样被宗教改革的原则所激励，他们之间是没有书面协议的联盟，在危机时刻显示了他们在信念上的一致。危机就是指欧洲三十年战争、七年战争和美国革命。在前两场战争中，普鲁士与英国都是盟友，而对手却是信奉天主教的欧洲专制国家，表现了新教联盟的自由精神。班氏利用为新教自由而战的三十年战争中的偶发行动来使这种联盟具有象征意义。班氏认为，在三十年战争中，尽管新英格兰还很弱小，没有在实质上援助它在欧洲的兄弟，但是，马萨诸塞人民从灵魂深处为它们祈祷的诚恳和热切是确实存在的。这场战争中种族的结盟再次显示了条顿人热爱自由的民族天性。③ 帕克曼也认为在七年战争期间，德意志为美洲的命运转折做出了贡献。

---

① David Levin, *History as Romantic Art: Bancroft, Prescott, Motley and Parkman*, Stanford, California: Stanford University Press, 1959, p.76.

② George Bancroft, *History of the United States of America from the Discovery of the Continent*, Vol. I, Boston: Little, Brown and Company, 1834, vii.

③ George Bancroft, *History of the United States of America from the Discovery of the Continent*, The Author's Last Revision, Vol. I, 1890, p.321.

班氏相信，英国人认识到他们与日耳曼人的亲缘关系，英格兰、普鲁士和刚刚成立的美国——彼得、弗里德里克和华盛顿，在为了自由而战的事业中同仇敌忾。班克罗夫特认为，日耳曼的自由精神自从发源于古代的森林中，便一直流传下来，在人类历史中的影响也经久不衰。欧洲世界的所有民族中，北美殖民地移民主要来自日耳曼，这是热爱个人独立的民族。德意志与美国在为了独立而奋斗的共同事业中培养了同胞之谊。德意志知识阶层最好的和真正的代表赞成美国是共和国的创立者，德意志王室中的优秀人士支持美国的独立事业。① 因此，自由精神在近代历史中继续生长，并促成了伟大事件的发生。

二 盎格鲁-撒克逊人的自由传统

自由的传统延续下来，经由日耳曼丛林传递给了盎格鲁-撒克逊人，而正是这些反抗宗教专权的英国清教徒把自由的精神带到美洲大陆。在《美国史》的前言中，班克罗夫特即开宗明义地阐明了美国精神源自殖民地时期的人民对于自由的热爱和追求。② 这种自由原则有着悠久的历史渊源，并且始终伴随着那些辗转漂泊来到美洲的人们。

> 踏上美洲大陆的移民主要是热爱独立的日耳曼人。在新英格兰和南方绝大部分的美国家庭不是诺曼底的上层人士，而是一些普通的甚至是出身贫寒的人，是来自英格兰的撒克逊人，弗吉尼亚更是由来自丛林中的盎格鲁-撒克逊人组成的，他们带来了17世纪盎格鲁-撒克逊人所具有的精神和文化。③

北美洲移民所体现出的是"他们都热爱个人独立和精神自由，未被狂热盲从扭曲，未被迷信控制，未受到宗教迫害的摧残，美利坚从一开始就对个人自由、财产安全和立法权力具有敏锐意识"。"正是由于这些

---

① George Bancroft, *History of the United States of America from the Discovery of the Continent*, The Author's Last Revision, Vol. V, New York: D. Appleton and Company, 1890, p.233.
② George Bancroft, *History of the United State of America from the Discovery of the American Continent*, Vol. I, Boston: Little, Brown and Company, 1855, preface, vii.
③ George Bancroft, *History of the United States of America from the Discovery of the Continent*, The Author's Last Revision, Vol. I, 1885, p.603.

坚定的个性，弗吉尼亚人欢迎代议制政府，来取代不受欢迎的执政者；推翻了君主专制政府，建立了最自由的政府；推翻了斯图亚特王朝和保皇主义者，迎来了普选时代。"①

条顿式的自由原则由移民带到了美洲，并确立了保障自由的政治制度。马萨诸塞立法确立了自由的原则，这包括共同体的自由、市政自由、人身自由和宗教自由，马萨诸塞人民的自由政体展示了独立的原则和生命的活力。新英格兰的公共生活也在共同体的原则中成长起来，并制定了基于自由原则的法律。接着，班氏追溯了新英格兰村镇自治制度的起源：

> 条顿自由的重要原则在于所有有资格的公民拥有对公共事务进行投票表决的平等权利。这种自古就有的重要原则在瑞士的一些州仍然存在，并保持了其远古的纯洁性，对条顿种族的地方自治的传统具有影响。在英格兰，它是议会和县下分区建制的基础。在很多英国的村镇，通过与统治者的特殊协定，这种制度在教区也被保留了下来。当英国人踏上美洲大陆，这种英式自由原则的种子也在这里扎下根来。弗吉尼亚乡镇、镇下区和种植园都采用了以英国教区制度为原型的法令。在新英格兰，英国式的自治制度获得了最好的土壤，并很快发展起来。②

早期殖民者大部分是盎格鲁-撒克逊人，基督徒，尤其是新教徒，他们使美洲殖民地避免了封建主义、专制制度、国家对教会的控制和欧洲的极权主义——"除了一个自由的民族外，没有什么来自欧洲"。虽然早期的美洲殖民者几乎全部来自欧洲，但是班氏认为来到美洲土地的人们有所不同，他们的血液中流动着追求政治自由、宗教自由和平等权利的精神传统，他们已经完全摒弃了欧洲封建贵族和专制主义的腐朽主流思潮。因此，后来的美利坚从根本上就是一个干净利落地斩断了与旧大陆落后思想的联系而焕发着自由光辉的崭新民族。班氏眼中之美国自由

---

① George Bancroft, *History of the United States of America from the Discovery of the Continent*, The Author's Last Revision, Vol. I, 1885, pp. 603-604.
② George Bancroft, *History of the United States of America from the Discovery of the Continent*, The Author's Last Revision, Vol. I, 1885, pp. 285-286.

传统的渊源，跨过了他认为已被旧制度摧残得千疮百孔的专制主义的欧洲，直接追溯到盎格鲁-撒克逊人和日耳曼人对自由热爱的传统。他甚至认为：如果说欧洲大陆对美国的自由原则有任何给养的话，那么也是其压抑的集权和迫害的土壤催生了反抗专制、追求自由的种子。班克罗夫特赞颂殖民地人民为争取自身的自由而奋起反抗英国统治者的斗争精神，特别是当"马萨诸塞放弃了英王许诺的恩惠，绝不向皇权屈服，而是要争取宪章所允诺的自由"时，他表示"如果自由遭到了致命打击，那么这种来自外部的非正义和暴力对自由的毁灭总是比因为自身的屈服而失去自由更能令人接受"。①

这种对美洲移民继承了盎格鲁-撒克逊人自由传统的论述在《美国史》后面的章节中也不时地出现。在讲述13个殖民地接受《独立宣言》之后，班氏笔锋调转继续道，虽然美国宣布脱离英国，成为一个独立的国家，但是美国人对母国并无仇恨，仍旧怀有热爱之情，因为英国被冠以"自由之邦"的荣光，它的自由传统同样哺育了殖民地人民，这种精神自由和公民自由为政府赋予了永久的活力，因此英国永远是人类种族的重要成员。美国从英国继承了陪审团制、保障个人自由的政治制度以及代议制政府和三权分立的实践。美国虽然成为一个独立存在的共同体，但是其政治制度中的自由传统是以英国为范本的，所以独立后的美国并非与过去猛然断裂。② 这里的"过去"指的是与英国共同享有的自由的源泉，强调美国与盎格鲁-撒克逊人的同源性。

在叙述英国的形势和政策时，班氏几次提到英国是具有自由精神的国家。"他们（英国人）以其政府形式为荣，因为他们比世界上其他民族享有更完美的自由。自由和工业构成了其国民性和伟大之处。"③ "不列颠人相比于法国的优越性在于自由。"④ 殖民地人民从最初即带有追求自由的

---

① George Bancroft, *History of the Battle of Lake Erie and Miscellaneous Papers*, New York: Robert Bonner's Sons, 1891, p. 67.
② George Bancroft, *History of the United States of America from the Discovery of the Continent*, Abridged by Russel B. Nye, University of Chicago Press, 1966, pp. 222-223.
③ George Bancroft, *History of the United States of America from the Discovery of the Continent*, The Author's Last Revision, Vol. Ⅲ, New York: D. Appleton and Company, 1890, pp. 16-17.
④ George Bancroft, *History of the United States of America from the Discovery of the Continent*, The Author's Last Revision, Vol. Ⅱ, New York: D. Appleton and Company, 1890, p. 560.

精神。"13个殖民地被统称为英国的美洲,英国的精神在这里传播开来。英语是美洲人的母语,是其传统的源泉,是其法律的依据,是其感情的纽带……"来自不同国家的移民"可以宣称在美洲的英国式的权利"。① 这种英格兰的自由传统还在美洲发扬光大,体现在其政治实践中。

> 美国的法律以英国宪法为蓝本,维护自由,保障公民社会的权利,而且,大众在美国享受到了在母国所没有的权利,选举权被更广泛传播,不再有腐败的自治镇,或没有代表权的市镇,代表权在公民中被更普遍的应用,在超过一半的居民中,立法大会每年由选举产生,并由固定的基本法来召集立法会议,每年都要经过审查。美国确保了市政自由,地方自治也更加广泛,殖民地废除了教会法庭,土地所有者具有人身自由。这些权利在人类历史上是从未被确保的。②

班氏还以饱满的激情宣称:"讲英语的种族具有个人主义和自由的倾向,将在世界上占据越来越重要的位置。为了传播自由的语言而欢呼。"③ 因此,在班氏的眼中,美国人与英国人的自由传统是一脉相承的,并非英国人民而是英国的君主和腐朽的贵族以专制制度剥夺了殖民地人民应有的权利,并不断制定有碍于美洲发展的各种政策。正是在英国专制统治的高压之下,美洲人民才奋起反抗,而推动殖民地人民走向独立的精神动力正是来自英国的自由传统。这样,班氏一方面追溯了美国自由精神的历史起源,另一方面也为美国革命找到了合理且充分的根据。

三 清教传统——自由精神的另一个来源

宗教从政治分离、解放出来,带来了平等、自由的思想和气氛,宗教自由带来了人的意识自由。班氏很强调宗教自由,认为这是最重要的自由,也是其他自由的基础。

---

① George Bancroft, *History of the United States of America from the Discovery of the Continent*, The Author's Last Revision, Vol. II, New York: D. Appleton and Company, 1890, pp. 327-328.
② George Bancroft, *History of the United States of America from the Discovery of the Continent*, The Author's Last Revision, Vol. II, New York: D. Appleton and Company, 1890, p. 328.
③ George Bancroft, *History of the United States of America from the Discovery of the Continent*, The Author's Last Revision, Vol. II, New York: D. Appleton and Company, 1890, pp. 563-564.

在班克罗夫特的著作中，自由精神的另一个重要来源是清教的教义和清教徒自身的特性，清教平民宗教的特点从宗教观念上塑造了美国的自由精神。在1857年的信仰复兴（Revival）运动中，班克罗夫特曾写信给乔治·里普利（George Ripley）阐明了自然法的原则："真正的信仰者是使自己的意志与上帝的意志相和谐，通过对上帝的法则的信仰而达到完善的自由（perfectly free）。自由是必然性（necessity）之女。"①

在这里，班氏还把清教和罗马天主教进行了对比。班氏认为，在宗教原则的坚定性上，清教徒并不逊于天主教徒。

> 如果上帝是正义的准绳，那么究竟谁是上帝意志的阐释者呢？在罗马天主教堂，这个职责是由据称诚实可靠的主教来执行的，他们自称保护受压迫者，拥有废立君王、废除法律和颠覆王朝的权力。但这样的原则滋生了天主教神职人员的野心，结出了堕落的果实。清教徒却从未把这些权力授予他们所谓的精神引领者，即神职人员；在清教徒那里，多数人的意志对宗教事务具有裁决权，每个教堂独立于教区监督会；每个人拥有平等的权利，在每次宗教集会上选举本堂牧师，这不啻一场道德革命……②

"宗教与人民同在，而非凌驾于人民之上"，而且清教本身赞赏教士等神职人员以外的世俗阶层，认为每个个体，只要有投入信仰的热情，就会感受到因为得到上帝支持而带来的狂喜，每个教徒也会因此成为一个神圣的人，做出美好的事迹。班氏归结为"这种宗教的哲学观念唤醒了人们内心对于自身使命的意识，由此实现了与外部世界的和谐一致。这种神圣性与人性的结合在我们国家广泛地延伸，成为孕育自由的摇篮"。③

---

① Letter to George Ripley, September 12, 1857, *Bancroft Papers*, MHS. *History*, IX, pp. 499-501; Perry Miller, "Jonathan Edwards to Emerson," *New England Quarterly*, XIII (1940), pp. 589-617. 转引自 David Levin, *History as Romantic Art: Bancroft, Prescott, Motley and Parkman*, Stanford University Press, 1959, p. 94。

② George Bancroft, *History of the United States of America from the Discovery of the Continent*, Abridged by Russel B. Nye, University of Chicago Press, 1966, p. 48.

③ George Bancroft, *History of the United States of America from the Discovery of the Continent*, Vol. I, 1885, p. 604.

所以清教徒而非天主教徒自然而然成为上帝意志真正的解释者和代表人,清教的美国相对于天主教的南部欧洲在信仰上的优越性也不言自明。这种优越性在现实中的体现就是宗教自由和精神自由的传统推动了新教国家的发展。新教徒占总人口的 90%德意志,以及荷兰和瑞士取得了商业和思想上的巨大进步,而信奉天主教的法国仍然处在分裂和无休止的争斗之中。①

在天主教的欧洲,教权与皇权的联合以及由此带来的专制现象十分严重和普遍,而"政教联盟只会带来谬误而非真理,专制而非自由"。②与之相对应的是,新教殖民地人民传播着为争取自由而英勇反抗的精神。那些笃信"清教是为人民斗争的宗教,发动反对专制暴君和迷信的战争"的清教徒始终视自己的"职责是坚守大众力量并拥护建立起来的新制度,而不是建立维护封建贵族特权和对大众奴役基础上的在欧洲普遍存在的旧制度"。在宣扬北美大陆清教徒自由独立、抗击王权的精神的时候,班克罗夫特并没有引用和阐释源于欧洲的有关自由的各种深奥晦涩的哲学观念和社会学说,而是直截了当地把自由和上帝归于专制和王权的对立面,他认为,自由的原则是被包括在上帝显示给人类的真理之中的,王室滥用权力和对人民自由的剥夺违背了上帝的意志。正是对上帝的深沉信仰使这些清教徒汲取了无穷的力量来对抗忠诚于王权的强大势力。在班氏眼中,上帝是自由的化身,而王室则代表着专制与暴政。上帝的意志是他们反抗王权最强有力的根据,因为英国王室的享乐主义和腐朽堕落与上帝的信条是背道而驰的。因此,班克罗夫特眼中的欧洲,是一个具有贵族传统、由专制制度统治的衰落的旧世界,而美国却是一个没有任何历史包袱,具有光明前景、遵照自然法和自由原则不断上升的新世界。

在 1865 年 4 月 25 日的一次演讲中,班氏把旧世界的寡头政治与美国社会的自由平等,旧世界的政教合一与美国的宗教自由进行对照,赞扬美国制度的先进性。③ 他以马萨诸塞立法为例,赞扬在 1641 年根据公

---

① George Bancroft, *History of the United States of America from the Discovery of the Continent*, Vol. X, Little, Brown and Company, 1874, pp. 79, 81-82.

② George Bancroft, *History of the United States of America from the Discovery of the Continent*, Abridged by Russel B. Nye, University of Chicago Press, 1966, p. 237.

③ George Bancroft, *Oration Pronounced in Union Square*, April 25, 1865, at the Funeral Obsequies of Abraham Lincoln in the City of New York.

理会教义建立起来的马萨诸塞自由立法,包括国家自由、市政自由、人身自由和教会自由,这个模式展现了美利坚民族的原则、性格和意愿的真实画面,是美利坚民族的自治原则和生命活力的最好证据。① 美洲人民要反抗的是压迫者——天主教神职人员。美国人民进行独立战争,重要的目标是对自由的诉求,而首要的不是废除世袭的王权和贵族权力,也不是争取普选权,而是谦卑的清教徒两个世纪以来一直渴望的对上帝自由地进行膜拜的权利。13 个殖民地的大多数居民是新教徒,他们一直在呼唤宗教与国家政权的分离、市政权力无权干涉宗教事务。所有人都有天然的、不可剥夺的权利,即以自己的意识和理性来崇拜上帝。经过 100 多年的争取,殖民地人民不是通过革命性和毁灭性的手段,而是在延续与过去的联系下,获得了精神的独立。对上帝的崇拜终于被承认是一种个人行为,脱离了公共权限,保留给个人意识。② 这里,宗教自由即意味着个体精神自由,也是美国革命争取的首要目标。另外,在宗教自由传统的传承下,也强调了美国历史的连续性。

美国革命不仅使美国取得了政治上的独立,更重要的是宗教与政治的分离和信仰的自由。

> 宗教不再是政治的仆从,公共信仰仍然在继续,教堂也维持着其整体性,却没有了神职人员的管理,宗教归于个人意识,从未有像美国这样具有宗教感的国家。尽管其成员来自不同国家,普遍的意识自由和宗教自由以及运用公共理性,构成了其国民性(nationality)。③

这种看似简单却有着强大信仰支撑的论证,在宗教观念仍有巨大社会影响力的 19 世纪中期的美国,无疑具有一种震撼的力量并很快深入人心,这也是《美国史》能够备受关注与欢迎的一个重要原因。

基于清教对个体价值的强调,班氏的著作更重视人类固有的禀赋,

---

① George Bancroft, *History of the United States of America from the Discovery of the Continent*, Abridged by Russel B. Nye, University of Chicago Press, 1966, p. 45.
② George Bancroft, *History of the United States of America from the Discovery of the Continent*, Abridged by Russel B. Nye, University of Chicago Press, 1966, p. 233.
③ George Bancroft, *History of the United States of America from the Discovery of the Continent*, Abridged by Russel B. Nye, University of Chicago Press, 1966, p. 235.

他强调个体的良知高于教会的权威，认为神性统一于人类的心灵内部。①他相信真理是建立在对上帝信条的感知或信仰上而不是建立在理智上，人类自身所具有的内部感知把人和智识世界与上帝的信条联系起来。在天主教中，普通信徒的声音只有通过教士阶层的媒介才能传达到上帝那里，而上帝的意志也要经由教士阶层散播到大众那里。

这样，天主教的发展无疑是教士阶层权力不断增长而淹没了一般信徒真正声音的过程。而清教的教义，尤其是在第二次大觉醒运动之后，主旨更加崇尚直觉、个人的内在价值以及对社会和人类的责任。赋予大众权利的基督教是民主理论的天然结盟者，它的信条是"促进改革，却不激进；宣称人类的绝对平等，却不会立刻废除不平等的社会制度；保障彻底的自由的同时也激发人们的责任感"。② 这种对人的内部直觉和理性的强调反映了在第二次大觉醒运动影响下的美国的主流社会思潮。在第二次大觉醒运动中，人们相信可以通过个体努力来拯救自身并达到完善的境界。自由思想家可能会对宽容心满意足，但宗教笃信者却只接受平等。③ 所以，清教对人自身能力的信任其实为社会奠定了平等的基调。班氏坚信，尊重人的尊严，为人们提供平等机会的社会一定会不断发展。所以，以清教为主要宗教信仰的美国历史就是不断向更高的阶段前进，最后达到完善的过程。当时的美国拥有广阔的尚待开发的土地，各方面的实力都有待提升，这种基于普遍人性基础上的宗教观念正适应了当时跃跃欲试，大展拳脚建设新国家的美国人，同时也增强了美国人对于自己的国家能够发展繁荣起来的信心。这种对人类自身能力的信任和"千年福音"的宗教观念贯穿了班克罗夫特的《美国史》，这也正是《美国史》在19世纪中期的美国社会引起了广泛而强烈的共鸣的一个原因。

四 美国革命——争取自由的抗争

在追溯了美国热爱自由的源头，论述了美国自由的传统之后，争取

---

① Russel B. Nye, *George Bancroft*, New York: Washington Square Press, 1964, p.106.
② Lilian Handlin, *George Bancroft*, *The Intellectual as Democrat*, New York: Harper & Row Publishers, 1984, p.152.
③ George Bancroft, *History of the United States of America from the Discovery of the Continent*, Abridged by Russel B. Nye, University of Chicago Press, 1966, p.237.

自由的行动即美国革命。在班氏 10 卷本的《美国史》中,从发现美洲大陆到美国独立战争前 200 多年的历史与美国革命、立国和宪法的制定这些美国历史的重要篇章相比仅占了很小的篇幅,且大部分是对美国革命的准备、过程以及对其影响和意义的分析和论述。比如,第七卷(1858年)和第八卷(1860年)覆盖了从 1774 年 5 月到 1775 年 7 月 4 日这段时期。它构成《美国史》的第三部分"美洲宣布独立"。独立战争是美国命运之戏剧的高潮,班氏为此铺垫很多。他以大陆会议为其叙述的中心,逐月分析每个殖民地在革命前发生的事件。"他们被强有力地激励着朝向独立和自我引导,这样这个国家就具有了向心力,并依靠固有的力量来制订宪法。"第九卷(1866年)和第十卷(1874年)则记述了独立战争的过程,以及作为一个独立国家的美利坚共和国的建立。在书中,班氏以华丽的语言展现了殖民地脱离英国殖民压迫的勇敢精神。

从起因上看,班氏强调了殖民地对自由渴望的历时性和重要性。他认为,这种对自由的渴望在 1607 年詹姆斯敦建立的时候已经出现,并在 18 世纪 60 年代和 70 年代时——即起草《独立宣言》和独立战争的过程中得到了表达。美国革命并非一时冲动,而是成长于美洲殖民地人民灵魂中的目标的付诸现实,即对自由热切期望的必然结果。[①] 班克罗夫特认为,美国革命是美国精神成长的必然结果,即美国人对宗教自由的向往和对民主社会的期望使其反抗大英帝国的殖民统治,"战争的原因是不可摧毁的自由的要求不断地扩张和成长",[②] 因此,"以理性、情感和自然的创造性力量诞生新的政治体制是美国的使命"。"与英国的斗争并不是突发的想法,它来自美国人民灵魂深处对自由的渴望,这是生命对自由的热爱所不可避免的结果。这种驱动力就像心脏的跳动向身体传递温暖一样和谐。这些淳朴的英雄们遵循最简单、最高尚和最确定的直觉,发展的原则就孕育于这些庄稼人的心中。"[③]

在自由精神的成熟过程中,在民主制度的建设中,美国从分散的、

[①] George Bancroft, *History of the United States of America from the Discovery of the Continent*, The Author's Last Revision, Vol. Ⅳ, New York: D. Appleton and Company, 1890, p.160.

[②] George Bancroft, *History of the United States of America from the Discovery of the Continent*, Abridged by Russel B. Nye, University of Chicago Press, 1966, p.136.

[③] George Bancroft, *History of the United States of America from the Discovery of the Continent*, The Author's Last Revision, Vol. Ⅳ, New York: D. Appleton and Company, 1890, p.160.

各不相同的殖民地走向了统一,最后形成了一个具有一致信条的国家。这种一致性,或者说对共同的民族身份的认同,一方面源于共同的精神追求,另一方面在独立战争中,共同的敌人和共同的行动使这种一致的精神定格在历史和现实中,并促进了美利坚成为一个统一的共和国。因此,班氏不遗余力地对独立战争的前因后果及其过程进行非常具体的描述,独立战争相对于从美洲大陆发现以来这段历史来讲,所占时间的比例很小,却在《美国史》中占据了最多的篇幅。这首先是因为,独立战争契合并突出了班氏想要表达的主题,即美国人在共同的精神和行动中塑造的共同性,美利坚共和国具有的一致性和统一性。这种对于自身经历的认同也使年轻的国家具有了一种历史传统,反过来又增强了这个新生的、多样性的国家的凝聚力。美国学者詹姆斯·罗伯逊(James Robertson)曾这样评价革命经历在形成美国国家认同中的作用:"革命缔造了美国。革命团结了分属不同殖民地的人民,使他们变成了美国人。美国革命肯定了他们在新世界的经验的共同性,为他们提供了共同的背景和共同的历史,创立了一个'政治共同体'(body politic)。"[1]

美洲的成长使源自英国却受到束缚的自由精神在新大陆破茧而出,获得了新生。在美国即将走向革命的时候,班氏介绍了欧洲的形势,欧洲很多帝国已经被其旧制度腐蚀得破败不堪,"大英帝国在对殖民地绝对权力的幻影的诱惑下,在向人类的自由开战"。但是,"这种自由的旧形式的腐败是其获得新生的前兆"。[2] 班氏还引用了理查德·普赖斯宣传革命的小册子《自由》中的话来说明美利坚诞生了一种新式的自由:"自由就是通过公众决议,并依据立法来建立政府……"班氏进一步论述道:"这种有关自由的原则为美国革命提供了依据,自由距离英语民族最近,自由的原则进一步地把英式自由的观念转换成美利坚人自己的自由观。"[3] 英国专制统治者背弃了自由的原则,殖民地人民继承了英式的自由传统,并发扬成为美利坚的新式的自由原则,这种原则成为美国革命的依据。

---

[1] James Oliver Robertson, *American Myth, American Reality*, New York: Hill & Wang, 1980, p. 55.

[2] George Bancroft, *History of the United States of America from the Discovery of the Continent*, The Author's Last Revision, Vol. III, New York: D. Appleton and Company, 1890, p. 482.

[3] George Bancroft, *History of the United States of America from the Discovery of the Continent*, The Author's Last Revision, Vol. IV, New York: D. Appleton and Company, 1890, p. 342.

美洲人民在与大英帝国的专制统治的对抗中形成了共同的利益和目标，在争取自身权利的过程中获得了内在信条上的一致性，也铸就了美利坚自身不同于英国和欧洲的特性。这样，原来分散的殖民地在对自身自由的捍卫中走向联合和独立之路。

美国革命争取的自由并不仅限于美国人本身，而是体现了一种普遍原则："美洲殖民地人并非为了一个省或美洲的自由，而是为自由本身而战。他们被上帝的思想支配，意欲攀上人性的顶峰。"[1] 美国革命代表了文明人类的自由精神，是上帝的伟大设计的实现，一种宇宙的计划在这些伟大事件中找到了表达的途径。在《美国史》第七卷的结尾，班氏宣称，美利坚的独立和建国是天意使然，任何力量都不能阻止这个进程。而且，它引领人类进入一个新的阶段。

后来的美国政治和知识精英也正是试图通过强调共同的革命经历以强化美国的国家认同，革命经历成为这个国家集体记忆中重要的部分，也是美国政治传统的源泉。在美国的政治话语中，革命前的岁月更多地被掩映在"史前"传说中，其重要性远不如建国以后美国人"共同"的历史，殖民地时代的历史更多是为说明和解释后来的革命的起源服务的。詹姆斯·罗伯逊在1980年写道："在所有标准的历史教科书中，1776年前的一个多世纪的岁月和几代人的经历都被视为美国革命及以后岁月的前奏。尽管从1492年至1776年那段时间比从1776年至今这段时间还要长几十年，美国人和美国历史的撰写者们对前者所倾注的时间、篇幅和精力比对1776年以后的历史少得多。"[2] 厄内斯特·勒南曾言："国家（nation）的本质在于组成国家的所有人都具有许多共同点，也同时遗忘了许多事。"[3] 班氏对于独立战争的叙述和对其意义的强调和宣扬也无疑为美国的历史写作奠定了一个传统，对美国精神和民族特性的挖掘成为以后历史编纂的一个重要主题。革命经历不仅是美国历史上，也是美国史学史上色彩最浓重的篇章。

---

[1] George Bancroft, *History of the United States of America from the Discovery of the Continent*, Abridged by Russel B. Nye, University of Chicago Press, 1966, p. 146.

[2] James Oliver Robertson, *American Myth, American Reality*, New York: Hill & Wang, 1980, p. 54.

[3] Ernest Renan, "What is a Nation?", Homi K. Bhabha ed., *Nation and Narration*, London and New York: Routledge, 1990, p. 11.

五 自由的悖论：班氏对奴隶制的态度

哈维·威什认为班氏在谈到奴隶制时，断然强调奴隶制是不道德的，与公民自由的目标相悖，仅此而已。① 其实，班克罗夫特对待奴隶制的态度呈现出一种道义和现实中的双重性和模糊性。从人道的精神上来讲，班克罗夫特是反对奴隶制的。班氏认为，奴隶制反对人的天然权利，违背人的本性，阻碍人类的发展。② 班氏曾借特拉华一个名叫约翰·伍尔曼（John Woolman）的裁缝之口说道："人们拥有权力，但经常会滥用之。我们把黑人贩为奴隶，土耳其人把基督徒当作奴隶。其实，自由是所有人的自然权利。奴隶制对我来说，就像一块巨石，压在我们自己也压在黑人身上，它迟早会变得越来越沉重。"③

奴隶制把人作为商品买卖，剥夺了人类最基本的权利，这无疑是与自由精神相悖的，也是民主制度最大的污点。班氏认为奴隶制并不发源于美洲，而是英国人首先把奴隶输入美洲，为了其卑鄙的商业目的，使奴隶贸易在美洲泛滥。在《美国史》第一卷里，班氏用一章的篇幅来叙述奴隶制和奴隶贸易的历史。他说，约翰·霍金斯（John Hawkins）爵士非常可恶地把第一个奴隶带到美洲出卖。乔治三世政府为了英国的商业利益，在美洲人民不情愿的情况下，在美洲维持奴隶贸易。在英国的高压统治下，奴隶制繁荣起来，成为殖民地经济的毒瘤。

班氏把奴隶制的根源归于英国人商业利益的说法迎合了当时社会现实和政治现实的需要。19世纪30年代初，新英格兰反奴隶制协会和美国反奴隶制协会陆续建立起来，反对奴隶制的宣传在纽约、宾夕法尼亚、俄亥俄州西部保留地、伊利诺伊和肯塔基等地不断扩展开来，奴隶制成为道德和政治领域最热门的话题。班克罗夫特与主张废除奴隶制的工人党（Workingmen Party）和反共济会党（Anti-Masonic Party）已经有所联系。但是，立即废除奴隶制的主张在当时是不能被美国社会大多数人接

---

① Harvey Wish, *The American Historian: A Social-intellectual History of the Writing of the American Past*, New York: Oxford University Press, 1960, pp. 80-81.

② George Bancroft, *History of the United States of America from the Discovery of the Continent*, Vol. I, Boston: Little, Brown and Company, 1858, p. 120.

③ George Bancroft, *The History of the United States of America from the Discovery of the Continent*, Abridged by Russel B. Nye, University of Chicago Press, 1966, pp. 76-77.

受的，班氏并不想被认为是一个激进的废奴主义者，他担心强硬的废奴立场会导致国家的分裂，而更加于事无补。在《美国史》第一卷出版以后，北安普敦郡青年协会（the Young Men of Northampton）——一个半政治、半文学性组织邀请班克罗夫特做演讲。班氏在题为"奴隶制度对罗马政治革命的影响"的发言中提出，罗马衰亡主要归咎于奴隶制。罗马帝国在蛮族越过阿尔卑斯山之前就已经衰落了，奴隶制会摧毁包容它的政治体制。奴隶制会引起政治不稳定，由此引发革命，因为它会产生不道德和腐败的社会阶层，导致经济瓦解。① 他并没有直接提到美国，不过其暗示也是很明显的。班氏把这次演讲印成小册子，并发表在《北美评论》上。班氏在其著作中对奴隶问题持不明确的态度，也是出于维护其党派利益的需要，他不想让激进的废奴立场分裂民主党。在此后的20年里，他没有在公开场合表达过有关奴隶制的观点。

尽管班氏把奴隶制归咎于英国人，在19世纪30年代，当奴隶制的废立已经成为社会的敏感问题和南北方争论的焦点时，他对奴隶制的指责还是引起南方人的反感。有些评论者甚至认为班氏在《美国史》第一卷里对奴隶制的温和的态度构成了对奴隶制的责难。1866年，当他写作第九卷"自由与统一"的时候，南方评论者仍然继续攻击班氏，指责他的著作"迎合北方佬的空虚和过度激情……历史按照人们需要的那样，用过去来服务现在"。② 19世纪30年代末，奴隶制问题已经成为各政治派别纷争的焦点。班氏反对民主党支持蓄奴的主流观点，这种立场使他在民主党内一度遭到排挤和冷落，班氏曾在民主党当政期间退出了政治领域。然而，基于对民主的信仰，他仍然称自己为民主党人。内战结束后，他又重新恢复了与民主党的联系。③

1865年，在林肯总统葬礼上的演讲中，班氏表达了对于林肯坚持奴隶自身权利说法的认可。"奴隶在国会中也是有代表权的，奴隶对国家的有效忠诚通过他的主人或者监护人来实现。"在内战中，南方奴隶主背叛

---

① George Bancroft, *Literary and Historical Miscellanies*, New York: Harper & Brothers, 1855, pp. 281–317.
② Russel B. Nye, *George Bancroft*, New York: Washington Square Press, 1964, p. 185.
③ John Spencer Bassett, *The Middle Group of American Historians*, Massachusetts: Norwood Press, 1917, pp. 194–195.

了国家,那么黑奴对主人的继续顺从就是对国家的背叛。班氏认为,林肯解放奴隶的宣言注意到了这些被奴役的人本来应该有的权利。奴隶主的叛国最终使奴隶作为一个整体得到了解放。班氏认为对奴隶的解放并不是林肯的初衷,而是对奴隶主的宣战导致了对奴隶的解放。①

班氏承认奴隶制与封建社会的农奴制不同。但是,相同的是,不管是封建领主还是奴隶主,只要其叛国,就应该剥夺他们的农奴或奴隶。在这一点上,班氏并没有从奴隶制在根本上违背普遍人性和自由的原则上来探讨问题。班氏认为,在内战中不能立刻废除已经存在很长时间的奴隶制,但是,一旦战争结束,自由州取得胜利,联邦宪法就会宣布在全国范围内解放奴隶。因为奴隶制与共和制度互相矛盾。②

班氏对林肯总统对待奴隶制和解放黑奴的途径和步骤无疑是赞同的。他在道德和普遍权利的层面,承认黑人应该与所有人一样拥有自然的权利,把黑人贩为奴隶违背道德原则,也是与美国的自由精神相悖的。但是,从现实层面来讲,在内战爆发以前,即使是反对蓄奴的很多北方自由人士也并不赞同一次性地、彻底解放奴隶,正如班氏对于林肯解放奴隶的做法的认同,这是在策略上维系联邦的存在,是一种现实的、而非激进的态度。在北方取得胜利后则应在全国范围内彻底解放奴隶,因为这时的形势已经允许立即铲除奴隶制。对奴隶制问题的论述,也体现了班克罗夫特在历史写作中对现实的考量,这种现实的观照经常会在其历史叙事中显现。

第二节　美国民主制度的优越性
——普遍决定和大众政府

一　殖民地的自治制度是民主政府的先声

在班克罗夫特看来,另一个令其引以为豪的是美国优越于其他国家

---

① George Bancroft, *Oration Pronounced in Union Square*, April 25, 1865, at the Funeral Obsequies of Abraham Lincoln in the City of New York.
② George Bancroft, *Oration Pronounced in Union Square*, April 25, 1865, at the Funeral Obsequies of Abraham Lincoln in the City of New York.

的政治制度——民主制度。"以理性、情感和自然的创造性力量诞生新的政治体制是美国的使命。"① 美国开创了近代世界依民主制度创建国家的先河，其向全世界传播民主的使命也应运而生。

对于美国政治制度的研究是班克罗夫特所感兴趣的，也是被以前的历史学家忽视的。"早期欧洲的历史学家仅仅描述了这个国家的自然状况，而附属殖民地的政治制度却被认为不值得精确调查和研究。"班氏提出，被从前的历史学家忽略的美国的民主制度在人类历史上具有开创性的意义，值得研究并宣扬。而且，他认为，美国的民主制度是从殖民地时期不断发展起来的，并非在建国后一蹴而就。班氏在叙述殖民地历史的过程中，比较关注各殖民地的建制和逐步发展和成熟起来的代议制。于是，班氏"把很大的篇幅用于最初的阶段，因为其包含着我们制度的起源"。② 在早期殖民地历史中，班氏着重讲述了各殖民地政治制度的特点和形成其特点的起源。弗吉尼亚的自治制度尤其得到了班氏的赞扬。"弗吉尼亚是世界上第一个在广阔的地域上由不同的区域或自治县组成的政治体，以纳税即拥有选举权的原则组织起代表制度……弗吉尼亚确立了大众议事机构的至高无上性，贸易自由、宗教社团的独立、免于外国税收，以及纳税即有代表权的制度。"弗吉尼亚在殖民地中第一个确立了美洲殖民地的代表大会法案，其以自由精神为基准的宪法是美洲争取独立的先声。③ 马里兰如弗吉尼亚一样在斯图亚特王朝复辟期间实现了比较全面的自由，即纳税代表权和宗教自由，并在现实中实践了人民主权。④ "热爱自由是人类的天性，自由精神为其吸引了更多的移民"，保障自由的政治制度使这两个殖民地吸引了更多优秀的移民，促进了这两个区域的繁荣。"弗吉尼亚成为移民之家，其法令全书这样写道，'全能的上帝赐予了这片殖民地不断增长的人口'。荒野中的茅草屋像鸟巢充满

---

① George Bancroft, *The History of the United States of America from the Discovery of the Continent*, Abridged by Russel B. Nye, University of Chicago Press, 1966, p. 160.
② George Bancroft, *The History of the United States of America from the Discovery of the Continent*, Vol. I, Boston: Little, Brown, and Company, 1855, Preface.
③ George Bancroft, *History of the United States of America from the Discovery of the Continent*, The Author's Last Revision, Vol. I, 1885, pp. 151-152.
④ George Bancroft, *History of the United States of America from the Discovery of the Continent*, The Author's Last Revision, Vol. I, 1885, p. 176.

树林一样越来越多。"①

在 17 世纪早期,马萨诸塞即形成了代议制政府的雏形。"在马萨诸塞,只有在选举地方行政官的时候必须召集全体自由人出席,其他事务则由各镇选出的代表负责处理,立法权和委任权成为一种委托的权力。这样,贸易公司成为代议制民主政体的实验形式。由于普选原则的优点,200 年前的代议制民主政体与今天的一样完美无缺。"② 在新英格兰,英国式的自治制度获得了最好的土壤,并很快发展起来。

> 每个定居者的公司后来都形成了一个村镇,并根据自身的需要维持了成员的权利。所有具有选举资格的人每年至少碰头一次来决定与其利益相关的事务。当遇到复杂事务,在公共大会难以决定时,年度大会会投票表决会议日程,并选择合适的人来处理这些事务。当所有自由人参加的大会变成代表制以后,每个村镇从十个人中选出一名代表组成一般法院(general court)。马萨诸塞如此,新英格兰也是如此,这种共同体成为一个具有内在联系的组织,人们从最初即是共同体的成员,并在公共生活中享有应有的权利。③

在各殖民地独立的呼声不断增强时,班氏描述了各殖民地的状况。对北卡罗来纳和南卡罗来纳的描述,侧重其自然、社会、经济状况和人们的生活方式。对于弗吉尼亚,则叙述和分析了其政治制度和宗教情况。"弗吉尼亚并不支持特权……在其居民中,对于个人自由的自豪已经削弱了王室的影响……弗吉尼亚是孕育麦迪逊和杰斐逊的地方,来自爱尔兰、苏格兰和德意志等不同国家和地区反抗王权的人们聚集到这里,没有王室特许状的指令,没有从上到下的土地分配,弗吉尼亚弥漫的自由主义

---

① George Bancroft, *History of the United States of America from the Discovery of the Continent*, The Author's Last Revision, Vol. Ⅰ, 1885, p. 152.
② George Bancroft, *History of the United States of America from the Discovery of the Continent*, The Author's Last Revision, Vol. Ⅰ, 1885, p. 247.
③ George Bancroft, *History of the United States of America from the Discovery of the Continent*, The Author's Last Revision, Vol. Ⅰ, 1885, pp. 285-286.

热情滋养了共和主义的幼苗。"① 班氏表现出对彰显自由精神和自治制度已发展得比较完备的弗吉尼亚的偏爱。

在殖民地不断发展的过程中,其带有民主色彩的政治制度也不断完善。

> 纽约依据土地特许状把土地分给个人,新英格兰的土地则由村镇分管,这种乡镇制度是其光荣和力量的所在。马萨诸塞内部分成很多小区域,各自成立政府,自我监管,并有权自我遴选官员,有较大的自主权。新罕布什尔、罗得岛、康涅狄格和缅因州都建立了类似的制度,新英格兰有组织的民主力量不断增强。这种制度在康涅狄格和马萨诸塞湾发展得十分完备。新英格兰的每个镇区实际上是独立的教区,每个区域都是宗教集合体,通过立法建立了独立的教堂,牧师由民选产生,当选后的神职人员每年要拿出一定的薪俸以获得支持。免费教育制度使新英格兰成年人中没有文盲。②

对政治制度及其运行和政治实践的叙述无疑是《美国史》的主线,而新英格兰、弗吉尼亚等的自治传统和代议制的政治体制无疑在殖民地早期就为美国的民主制度奠定了基础。

二 以平等观念为中心的杰克逊式民主

班克罗夫特自青年时期加入民主党,就成为坚定的民主思想的信仰者,他不仅在政治实践中推广民主,在《美国史》的写作中也贯穿了民主的观念,并表达了对美国民主制度,尤其是杰克逊式民主的拥护和赞颂。

19世纪中期,民族主义意识和以平等为中心的杰克逊民主思想的气氛充满了美国社会。当来自边疆、出身卑微的安德鲁·杰克逊,依靠自己超强的判断力和在戎马生涯中的显赫战功当选总统,整个美国社会受

---

① George Bancroft, *History of the United States of America from the Discovery of the Continent*, The Author's Last Revision, Vol. Ⅱ, New York: D. Appleton and Company, 1890, pp. 391-394, 395.

② George Bancroft, *History of the United States of America from the Discovery of the Continent*, The Author's Last Revision, Vol. Ⅱ, New York: D. Appleton and Company, 1890, pp. 400-401.

到了巨大的震动。因为此前的美国总统要么出身名流世家，要么拥有巨额产业，而布衣出身的杰克逊通过自身努力登上了总统宝座，对于相信美国是一个机会均等、依靠个人奋斗即能够获得成功的人来说是一个完美的例证，人们对于以平等为基础的美国共和制度也更为崇信。杰克逊式民主以杰斐逊的共和主义为基础，在这个时期，除了东北部不断发展，西部、南部也不断崛起，美国社会的流动性不断增强，对西部的拓展更加强调对手工工匠、小商人和种植者等劳动阶层力量的重视，所以，杰克逊时期的美国社会比从前更多地关注普通大众。

另外，19世纪主导美国的浪漫主义思潮在平等观念、个人奋斗精神的普及中，产生了非常重要的作用。与18世纪强调理性的启蒙运动不同，浪漫主义重新发现了人的内心世界，而非由理性占据的头脑。这个时代不仅重视除理性以外的人的其他重要特性，甚至把激情（passion）、情感（emotion）、感受（feeling）提升到超越理性的地位，认为人可以通过全体人类共有的内在直觉来领悟真理，而且强调个人的自我意识是验证真理的终极标准。浪漫主义认为，人的内在感知力是发现真理的源泉，彰显了人的内部除理性以外的直觉的感知力这种更高的禀赋。这样，柯尔里奇（Coleridge）、卡莱尔（Carlyle）、康德、库辛（Cousin）代替了洛克，杰斐逊和潘恩的世界也让位于爱默生的时代。① 浪漫主义者相信，每个人无论其家庭出身、受教育程度和社会背景如何，在其内心都存在一种共同的禀赋，即能够接受神圣的启示，从而不断完善自己。这种强调人后天的可塑性的思潮为政治上人人平等的观念奠定了基调。

班克罗夫特的哲学观同样体现了这一点，他始终认为，人类不分种族与阶层，普遍存在着一种"直觉理性"，这是人人都具有的内在禀赋，人的这种内在的感知能力不仅把人类引向真理，还把人与智识世界和上帝的信条紧紧联系起来。"理性"即"一种内心的感知，使我们与智识世界和上帝的信条联系起来"。② 浪漫主义时期，人们认为可以通过直觉感知真理，因为直觉就是上帝的声音。所以当时的社会相信终极真理和

---

① Russel B. Nye, *The Cultural Life of the New Nation, 1776-1830*, New York: Harper & Row Publishers, 1960, p. 28.
② George Bancroft, *Literary and Historical Miscellanies*, New York: Harper & Brothers, 1951, pp. 430-431. 见第二章所述。

确定的历史叙述。如班氏相信，真理是永恒之子，而非时代之女。真理并不会随时代的变迁而有所改变。①

> 如果理性是一种普遍具有的禀赋，那么普遍认同的决定就是最接近真理的准绳。大众的思想是从真理中分离谬误的筛网，能够去除公共意见的糟粕，而取其精华……大众是倾听真理的声音的，如果他们也接受了一些谬误，那是因为谬误有时和真理缠绕在一起，而大众还没有把它们及时分离开。单纯的谬误从来不会存在于大众的头脑里。这样就只有一个正确的判断。人们不可能允许谬误的存在，也不可能认同错误……②

基于人类共同具有的理性和道德观，人类建立宪法，理性的人们渐渐达成一致，真理会取得最后的胜利。班氏认为普遍的决定，也就是大众的判断才最接近真理的标准。在班氏生活的年代，成年男子的普选权成为令人兴奋的民主的新表现，杰克逊民主信条正在慢慢深入人心，所以，班氏上面的宣言也很容易有大量的听众，他们很赞同人民的声音就是上帝的声音的观点。

班氏认为，好的政治制度应该建立在对人性的了解和尊重的基础上。人性是一致的，解决政治问题应从形式回到根本的原因。旧的政治理论把国家政体分为专制、贵族和民主三种类型。现在我们应该从人的禀赋开始分析，从人类不变的原则、内在的需求来看政府的形式。人性是普遍一致的，因此，对人性的精确的综合可以作为公民政策的基础。③

人类种族的属性，即"人内部的一种精神"把个人和上帝联系起来，④使人能够从直觉上理解指引宇宙的永恒原则，这种禀赋平衡了作为一个

---

① George Bancroft, *Literary and Historical Miscellanies*, New York: Harper & Brothers, 1951, p. 404.
② George Bancroft, *Literary and Historical Miscellanies*, New York: Harper & Brothers, 1951, pp. 415-416.
③ George Bancroft, *History of the United States of America from the Discovery of the Continent*, Abridged by Russel B. Nye, University of Chicago Press, 1966, p. 179; *Literary and Historical Miscellanies*, New York: Harper & Brothers, pp. 486-492.
④ George Bancroft, *Literary and Historical Miscellanies*, New York: Harper & Brothers, 1951, p. 409.

俗世的人罪恶的和必死的特性，赐予他"分辨善恶与正误的力量"，证明了人类"前进的能力"。这样，就为以人人平等为基础的民主社会奠定了基调。人类的这种禀赋也赋予民主社会以可行性，并使选举的程序能够被社会接受。人民通过其自身能力去分辨正误，那么人民就成为最高法庭。普遍判断（common judgment）——人民关于某一议题的推理，会消除个体由激情导致的错误，而产生最接近理性的决定，因为"相对的、不公正的激情会彼此抵消，那么正义就显现了"。班氏总结说："上帝从来不会放弃人类，上帝的精神会赐予人民整体的智慧以活力。"所以，建立在大众意志基础上的美国政治制度是植根于普遍平等的理性之上的。①

在班氏的《美国史》中，很多的例子显示了集体的智慧"超越最明智的个体"。它们"汇合于一体的道德品质"产生了一种既非暴力，又没被歪曲的力量。人类趋向完美的所有社会变革都依靠大众的力量。

三 好的政府体制——以公众意愿为基础

只有人民具有永恒性，人民的思想追随永恒的法则，永远不会静止，预示着国家的命运。所以，只有人民被赋予了充分的自由来表达意见和参与政府管理，民主社会才能够形成。班氏曾在其散记中表达了人民主权的观念。他认为，这个时代就是要宣扬劳动者的权利，赢得权利的人一定是民主的朋友。班氏是杰斐逊主义的支持者，重视农民的力量，认为农民是共和国真正的基础，他们的生产劳动应该得到报偿。人民拥有国家的主权，知识分子是其顾问。在这个国家里，受过教育的人应该为国家出谋划策。② 而且，在美国这样的自由社会里，人们会自愿做有益于社会的事情，因为只有通过共同利益才能促进个体利益。这种利益取决于选举的程序，而不是自我任命的领袖的声明。"美国的责任是依靠自身来保障大众的教养和幸福。"③ 这种观点是新英格兰的辉格派也能够接受的。

---

① George Bancroft, *Literary and Historical Miscellanies*, New York: Harper & Brothers, 1951, pp. 409, 413, 424.
② Russel B. Nye, *George Bancroft: Brahmin Rebel*, New York: Alfred A. Knopf, 1944, p. 109.
③ George Bancroft, *Literary and Historical Miscellanies*, New York: Harper & Brothers, 1951, p. 423.

1826年7月4日，班氏在北安普敦的演讲中即阐明了大众政府的理论。在这篇演讲中，班氏首先回顾了世界上共和制度的发展历程，然后特别强调了美国先进的政治制度所开创的先河。他表明了支持杰斐逊大众政府的理论：

> 政府建立在公众意见，而非财产的基础上。如果拥有财产的人同时拥有权力，那么他们的立法就会有利于维护财富和权力，这样就会导致贵族制度。我们认为，最好的方式是法律支持财产的分散，使大众拥有财产，而不是让财富集中于少数人手中，造成大多数人的贫穷。我们把权力交到大多数人手中，期望最终他们能够正确地使用它以使自身受益。他们会立法以保障工业领域的行业平等，促进建立在法治和公正基础上的平等。我们并不害怕，我们欢迎公共意志的执行，也相信它会推动人性的进步。①

自由是民主社会的基石，而民主政府为保障个人自由提供了制度保障。班氏对此论述到，大众政府（popular government）就是由"国家精神"（the mind of the country）管理，人们可以自由地对其施加影响，并自由地对其进行启蒙。② 既然班克罗夫特认为大众的判断才是最终的真理，具有最终的决定性，那么作为公众意见的执行者——政府的性质和功能也是非常重要和必须明确的。"除了公众判断的审慎检验，没有什么能成为一种意见或观点的准绳。在政府管理科学中，就像在其他领域中一样，基于人民自身的幸福、需求和利益出发的论证是政治学真理的最高启示。"③ "政府是一种由人民或对人民负责任的代理人进行直接管理的民主机构……大众的声音……就是上帝的声音。"④ 因此，一个明智的

---

① George Bancroft, *An Oration Delivered on the Fourth of July*, Northampton, Mass.: Shepard and Co., 1826, pp. 20-21.
② George Bancroft, *History of the United States of America from the Discovery of the American Continent*, Vol. II, Boston: Little, Brown and Company, 1837, pp. 160, 176.
③ George Bancroft, *An Oration Delivered on the Fourth of July*, Northampton, Mass.: Shepard and Co., 1826, p. 20.
④ George Bancroft, *Literary and Historical Miscellanies*, New York: Harper & Brothers, 1951, pp. 424-427.

政府是建立在民众基础上的，而且政府不仅仅是表达公民意愿的机器，政府就是人民本身，只有这样，政府才能最好地反映和执行公民的意见和想法。所以，建立在人民意志基础上的政府才是真正代表人民的政府，而民主的政府才能保障国家的稳定发展。美国的代议制政体可以保障人民的权利和自由，免于专制政体下政府对人民权利的践踏。

当有人攻击群众会产生轻率和反复无常的行为时，班氏却认为，人民自然的辩证法比"学派的逻辑"更加安全，因为"他们（人民）不会立刻接受新思想，除非是符合他们既有的知识，否则他们不会去做什么改变"。① 班氏在《美国史》的第一卷和第二卷中都指出不必恐惧大多数人的政体。人民政府是世界上最温和也是最坚强的，因为它"抛弃了恐怖措施，勇于以道德力量来进行统治，并在心中建立其堡垒"。②

班氏认为，民主社会"必须要根除既有的陋习，并使社会制度和法律与道德权利相和谐"。大众政府的决定是"上帝的法则、良知的声音，普遍理性的神谕"，因为一个自由社会的机制消除了宗派主义、自私自利和阶级冲突。③

四 美国民主制度的优越性——传播民主的使命

虽然班克罗夫特从欧洲来追溯美利坚的民族特性——自由精神的源头，但是他同时也注意到，美利坚的民族特性植根于北美大陆的土壤，自由精神衍生的民主制度则是在北美的环境中孕育出的特性。因此，他在对美国历史的书写中融合了赫尔德的人道（humanity）观念，并把这种观念与美国的民主制度联系起来。在1825年，班氏曾发表文章评论赫尔德关于人道的界定："人道是人类天性中最优秀的禀赋：美好的情感、慷慨的天性，秉承高尚的原则……这是赫尔德最热爱的主题，他相信人

---

① George Bancroft, *Literary and Historical Miscellanies*, New York: Harper & Brothers, 1951, pp. 417, 425.
② George Bancroft, *Literary and Historical Miscellanies*, New York: Harper & Brothers, 1951, pp. 434-435.
③ George Bancroft, *Literary and Historical Miscellanies*, New York: Harper & Brothers, 1951, p. 424; George Bancroft, *History of the United States of America from the Discovery of the Continent*, The Author's Last Revision, Vol. II, New York: D. Appleton and Company, 1890, pp. 160, 176.

类会越来越符合人道的（humane）原则。"① 班氏把这种对人道的热情融入美国历史的撰写中，指出了美国民主制度实验的人道主义特征。班氏相信人民大众是推动社会向更好的方向变革和前进的重要力量。美国革命的爆发是人民大众的意愿，反映着时代的精神。② 美国自身的经历符合道德判断的标准，并处于不断上升的过程中，而这是一个不会停顿和不可逆转的过程，美国由此会成为文明世界的典范。在讲到民主制度时，美国不同于欧洲的特性即凸显出来。班氏正是在对杰克逊式民主的呼应中，挖掘了美利坚精神的独特性。到19世纪30年代，美国社会快速发展，呈现出欣欣向荣的景象，人们对民主实验有着乐观的愿景，对美利坚民族文化的自信也随之而起。

在《美国史》一书中，班克罗夫特激情澎湃地表达了对美国民主和自由的赞颂。"我们把权力交给大多数人，希望他们最终能够利用这种权力来保护自身利益。大多数人有权参与制定法律，保障工业领域的行业平等，促进以法律的安全和公正性为基础的平等。"③ 因为共和制度消除了少数人对大多数人的剥削，保障了财富的平均分配和人们社会地位的平等。世界上有两种政治制度：一种是以国家利益为核心；另一种是以道德原则为基础的新共和国。美国就是符合永恒正义原则的新型国家。④ 班氏认为，最能体现民主和自由原则的共和体制对美国自身的发展和进步的贡献最大。

美国的特殊性，由于美国人对自由与生俱来的热爱，他们首先感知了上帝的启示，实现了对自由的追求，建立了保障自由的政治制度："美国比其他任何国家更好地建立了大众代议制，尊重个人意识和权利，这是成熟的制度，并富于创造力。它是建立在人类与生俱来、不可剥夺的权利的基础上的，从普遍原则中演绎出《权利法案》，与创世纪一样悠

---

① George Bancroft, "Writings of Herder", *North American Review*, April 1833, p. 444.
② George Bancroft, *History of the United States of America from the Discovery of the Continent*, The Author's Last Revision, Vol. IV, 1890, pp. 160, 185; George Bancroft, *Literary and Historical Miscellanies*, New York: Harper & Brothers, pp. 415-417.
③ George Bancroft, *An Oration Delivered on the Fourth of July*, Northampton, Mass.: Shepard and Co., 1826, p. 21.
④ George Bancroft, *History of the United States of America from the Discovery of the Continent*, Abridged by Russel B. Nye, University of Chicago Press, 1966, p. 203.

久,与人性一样宽广,自由的思想总是向一部分明智的人们闪光,他们预见性的直觉也由于对自由的热爱而得到感应。"①

班氏认为美国的历史虽然短暂,但是美国的政治制度源远流长,包含了从古至今文明国家制度的所有优点。② 它包容并吸收了从印度到古希腊的政治智慧、古罗马的法理学、中世纪的自治区制度、条顿民族的代议制、英格兰的政治经验以及法国与荷兰对法理的合理解释,因此美国的政治制度可以说是人类先进制度的集大成者,这种制度的实践捍卫了人类的平等权利。③ 在班氏看来,美国是现代文明国家的范例,是上帝引导的共和国。美国的民主制度是上帝计划的实现,美国人在历史中拥有向世界其他地方传播民主的特殊使命。

第三节 美利坚民族的进步与统一

一 美洲殖民地的独立与联合

在《美国史》中,班氏展现了殖民地的独立意识不断觉醒的过程,也是殖民地逐渐走向联合的过程。在殖民地建立初期,它们各自为政、独立发展,当母国制定的政策限制了其与其他国家的商业贸易,从而阻碍了殖民地发展时,殖民地人民慢慢滋长出独立的想法。这种倾向从一块殖民地不断传向其他的殖民地,使殖民地渐渐拥有了脱离英国的意识。"17世纪末,殖民地已经显现出独立的倾向,这在康涅狄格和罗得岛两地尤其明显。殖民地人民认为,英国国会中没有殖民地的代表,那么英国的法律对殖民地就不再有约束力。1701年,英国的贸易大臣在一份公开文件中宣称:'殖民地对独立的渴望已经日益明显。' 1703年,海关总管加里(Quarry)不无忧感地汇报:'殖民地共同体的

---

① George Bancroft, *History of the United States of America from the Discovery of the Continent*, Abridged by Russel B. Nye, University of Chicago Press, 1966, p. 137.
② George Bancroft, *History of the United States of America from the Discovery of the Continent*, the Author's Last Revision, Vol. I, New York: D. Appleton and Company, 1885, p. 1.
③ George Bancroft, *Memorial Address on the Life and Character of Abraham Lincoln*, in the House of Representatives at Washington, on the 12th of February, 1866.

意识日益提升。'"① 1752 年，从费城发出声音，殖民地自愿形成联合体。富兰克林等人积极促成殖民地的联合。1754 年，他们筹划由各殖民地派出代表组成联邦政府，并规定政府的权力范围。② 殖民地人民日益明确殖民地将成为母国的牺牲品，他们只能从不列颠分离出去。各殖民地选出代表商讨联合反抗英国事宜。来自南加利福尼亚的加斯顿（Gadsden）发出倡议：

> 我们共同的核心权力原来是来自特许状，但现在据此行事已经不再安全了，如果我们再依照特许状行事，将会有致命的危险。我们应该站在人类更具普遍意义的自然法的基础上，同时不要忘记我们是英裔人的后代（我们有共同的起源）。在这个伟大的事业中，我们不要再按照宪章而各自行事……现在不再有英格兰人、纽约人，我们全都是美利坚人。③

正是捍卫自由的精神和渴求独立的意识成为殖民地人民共同的信条。殖民地开始筹划建立永久联盟。"联合或死亡"成为流传越来越广泛的口号。康涅狄格很多人组成大会，并达成一致，要"树立、确定以及维持联合和自由的精神"。④ "最伟大的全体一致精神在这片大陆传播开来……这在人类世界上是全新的事件。从来没有在如此辽阔的疆土上，如此众多的人被同一种精神和同一个决心联合起来。"在叙述美洲殖民地决定建立永久联盟时，班氏在行文中洋溢着激动和赞许，他把这一部分冠以"Unanimity of America"。⑤ "全体一致"显然是夸张的表达，却反映了班氏的愿望和心中期许的美利坚精神。

---

① George Bancroft, *History of the United States of America from the Discovery of the Continent*, The Author's Last Revision, Vol. II, New York: D. Appleton and Company, 1890, p. 85.

② George Bancroft, *History of the United States of America from the Discovery of the Continent*, The Author's Last Revision, Vol. II, New York: D. Appleton and Company, 1890, pp. 370, 387.

③ George Bancroft, *History of the United States of America from the Discovery of the Continent*, The Author's Last Revision, Vol. III, New York: D. Appleton and Company, 1890, p. 150.

④ George Bancroft, *History of the United States of America from the Discovery of the Continent*, The Author's Last Revision, Vol. III, New York: D. Appleton and Company, 1890, p. 163.

⑤ George Bancroft, *History of the United States of America from the Discovery of the Continent*, The Author's Last Revision, Vol. III, New York: D. Appleton and Company, 1890, p. 164.

二 自由与统一的趋同

在哲学观上,班氏相信一个种族的统一和趋向自由是同一个进程,既然美利坚是一个自始至终贯彻着自由原则的民族,那么其发展的过程也必将是不断走向统一的过程。一方面,社会进化产生了一种连续的状态,即自由的原则不断得到完善,而独裁和谬误不可避免地归于腐败和毁灭,自由和真理总是不可抗拒的趋势,历史的过程始终是由这条伟大的原则指引着的,历史因此是一个连贯的过程。另一方面,他相信道德世界是由一般法则控制的,一般法则把"分散和多变的群体置于有条理和和谐的秩序下"。[1] 自由的原则和一般法则是并行不悖的,自由的信条把美利坚民族纳入一般法则控制的道德世界里,使美国的发展越来越有秩序并趋向统一,而"种族统一和普遍性的结果就是社会组织会越来越符合自由的原则"。[2] 信仰自由的美国,其发展越符合这个规律,美利坚的民族意识便越趋于一致性和普遍性,在这个规律中运行的美国社会一定会向更高的阶段前进,美利坚独特的精神也因此在国家内部趋于统一,在世界上具有普适性,美国也由此成为文明世界的范例。"美国的历史表明了为什么我们是一个自由的民族,而将来的时代会证明我们为什么是一个统一的民族。"[3] 班氏信心十足地说道:"人类进步的论断是可以证明的。"美国的历史发展正好证明了这一点。"我们确信,我们的种族会走向更好的时代。"这种对民族的使命感和价值观念的"普世"性之确信为正在成长的美利坚提供了精神的纽带,使具有不同地域特征、不同利益要求的各个区域能够在这个统一的信条下形成一个新的民族共同体。"自由的事业不断推进……哲学正在传播自然法的知识。"统一与自由同样是遵从自然法则的结果。[4]

---

[1] George Bancroft, *The Necessity, the Reality, and the Promise of the Progress of the Human Race*, Address at the New York Historical Society, 1854.

[2] George Bancroft, *The Necessity, the Reality, and the Promise of the Progress of the Human Race*, Address at the New York Historical Society, 1854.

[3] George Bancroft, *History of the Battle of Lake Erie and Miscellaneous Papers*, New York: Robert Bonner's Sons, 1891, p. 73.

[4] George Bancroft, *History of the United States of America from the Discovery of the Continent*, The Author's Last Revision, Vol. III, New York: D. Appleton and Company, 1890, p. 229.

在独立战争前后，联合或统一成为与自由一样重要的因素，因为只有联合才能保障美国独立的地位，而美国只有自身独立和强大了，才能维持其自由精神。① 在 1866 年出版的《美国史》第九卷中，班氏记叙了从独立战争到美国与法国结盟的历史。在现实中，班氏关注内战和南部联盟政府的性质和权威等问题，这关系着国家是否统一。所以，对独立战争的叙述是与对内战的思考联系起来的。② 虽然班克罗夫特尊重州权，但他仍然认为州的联合有助于形成一个强大的国家，美国内战前后出版的《美国史》卷本表达了加强联邦权力的愿望。1856 年，在写给威廉·马西（William Marcy）的信中，他责备了南方民主党（Southern Democrats）摧毁联邦的想法，同时也表达了对拒绝执行联邦法令者的不信任。"老胡桃"杰克逊的口号"必须要维护联邦"也时常挂在班氏的嘴边。1861 年 11 月，在救济北卡罗来纳的联邦主义者的筹款大会上，班氏呼吁道："如果奴隶制与联邦是不相容的，那么听听安德鲁·杰克逊生前对我们的告诫：'无论冒什么风险，我们都要维护联邦。'如果有人宣称宪法应做出让步，那么让他首先尊重和支持宪法以增强宪法的权威！"③ 南方各州对于州权的鼓吹把个人主义推向极端，班氏担心，这会使联邦不复存在。④

班氏相信，在 18 世纪时还不甚明确的因素很有可能是 19 世纪国家主权的起源。尽管这种因素并不显著，但是独立战争仍然标志着对统一的强烈的和内在的渴望。独立的行动并未立刻诞生一个国家，但是，"形成一个统一的国家的伟大想法已经产生了，并且从过去对英国的忠诚中解放出来，号召人们迎接一个国家的诞生。这种新的指引思想必须能够代表这 12 个或 13 个州的全部思想总和"。在这个意义上，独立战争是建立一个统一国家的前奏。独立战争外化了上帝种在人们心中走向自由和统一的种子，其最初的阐释是《邦联条例》，这是朝向国家统一的第一步。班氏认为，这 13 个独立的主权州就像一个有机体的众多神经彼此联

---

① George Bancroft, *History of the United States of America from the Discovery of the Continent*, The Author's Last Revision, Vol. Ⅲ, New York: D. Appleton and Company, 1890, p. 163.
② Russel B. Nye, *George Bancroft*, New York: Washington Square Press, 1964, p. 168.
③ Russel B. Nye, *George Bancroft: Brahmin Rebel*, New York: Alfred A. Knopf, 1944, pp. 210–211.
④ Russel B. Nye, *George Bancroft: Brahmin Rebel*, New York: Alfred A. Knopf, 1944, p. 212.

系。"这个体系是不完善的,但是,尽管它有种种瑕疵,却孕育着向更加完美的联盟演进的因素……民族情感正在形成……美利坚在相反的两极力量中孕育成长。如果它要存活下来,它就必须要战胜分离主义和专制主义。"①

1882年,当班氏又一次对《美国史》进行修订的时候,附于1834年的前言之后的一段话表明了班氏笔下的美国走向统一的主题以及对实现这个主题的欣慰之情:"前述之言经过半个世纪的检验有幸保留下来,因为充满波折的岁月验证了我们的共和国会不断前行的论断。分离的种子已经死亡,普遍自由、互惠利益和值得珍视的传统最终使众多的州成为最紧密的联盟。"②

乔治·班克罗夫特在《美国史》及文稿和演讲中,论述了美洲移民从踏上新大陆之初,即秉承着由条顿人传入近代世界,并由盎格鲁-撒克逊人传承到美洲大陆的自由精神,以尊重个体价值为基础的清教传统是美利坚人对自由的追求和信仰的另一个重要来源。信仰自由的美国符合道德世界的一般法则并趋向统一,美利坚独特的精神也使国家内部趋于一致,由于自由原则与一般法则的并行,美利坚民族精神在世界上具有了"普世"性。班氏在其著作中阐释了美利坚民族的起源、美利坚的民族精神以及美利坚的民族使命等重要主题,并使公众普遍相信,秉承自由精神的美式民主制度是现代文明国家的范例,因而美利坚承载着向世界上其他民族传播民主的特殊使命。这部贯穿着宏大主题和崇高信仰的历史著作在19世纪中期的美国大受欢迎,并不断再版,下面笔者就结合19世纪中期美国的社会状况和社会思潮来分析班氏的著作受到广泛接受,并引起强烈共鸣的原因。

---

① George Bancroft, *History of the United States of America from the Discovery of the Continent*, The Author's Last Revision, Vol. Ⅳ, New York: D. Appleton and Company, 1890, p. 208.
② George Bancroft, *History of the United States of America from the Discovery of the Continent*, The Author's Last Revision, Vol. Ⅰ, 1885, Introduction.

第四章 《美国史》与 19 世纪中期美国社会思潮的互动

第一节 公共教育的兴起及大众对历史作品的期望

如果要分析乔治·班克罗夫特的《美国史》受到广泛欢迎的原因，我们首先要了解 19 世纪前半期的美国社会状况和社会思潮，以及在这种社会背景下大众对历史写作的期望和历史学的发展状况，一部历史著作受到大众的普遍接受在很大程度上与时代背景密切相关。正如卡尔·贝克尔所言，了解一个时代的学术和思潮，必须知道维持它们的舆论气候。① 思想不是无根之木、无源之水。泉水自地下而来，其汩汩流动又滋养了生发它的这片土地，使其植被繁茂、欣欣向荣。班氏的《美国史》与 19 世纪中期的美国社会的互动也恰似如此的正反合力。

一 公共教育的兴起和大众阅读状况

18 世纪古典主义大行其道，美国受到源于古希腊、古罗马的古典主义思想的影响，麦迪逊、汉密尔顿等建国精英们都强调形式的完美、普遍性原则和纯粹理性。他们认为，人生来具有理性和自私的天性，因此在一般的利益考量中应受到监督和约束。古典教育倾向于有闲阶层，是精英文化的一部分。当时的公共教育并未展开，美国上层社会一般认为，受过教育的精英比大众更具有理性，能够以公共利益为重，而非执着于一己私利。19 世纪初期的浪漫主义，其主旨在于重新发现在理性时代被忽视的情感，主张探究人类心灵的领域而非头脑。浪漫主义者认为，无论一个人的社会背景如何，其生来即被赋予一种天赋，可以得到神启，

---

① 〔美〕卡尔·贝克尔：《启蒙时代哲学家的天城》，何兆武译，南京：江苏教育出版社，2005 年，第 5 页。

人的这种无限可塑性使其在适合的环境中能够自我完善。杰斐逊在 1816 年曾说道:"尽管我并不认为人类会进化到一种不存在痛苦和罪恶的完美状态,但是,我相信,人类毫无疑问会改善自身……知识的传播是人类得以完善的最有效的途径。"① 这种重视个人价值的观念也推动了民主思想的进一步传播。浪漫主义运动的主要参加者是边疆的普通人、新工厂工人和小店主等非知识精英,浪漫主义思潮不仅仅局限在思想领域,还推动了社会改革,革除社会弊病,营造一种良好的社会氛围,利于开发人的潜能。同时,浪漫主义还推动了美国初级教育和公立学校的兴起。②

古典主义被当作民主共和思想的对立物,它所提倡的精英和贵族观念在美国越来越不被社会接受。浪漫主义思潮则推动了大众文化的兴起,经典文本被视为精英教育的蓝本而遭到摒弃,这也带动了大众教育和公民教育的发展。美国于 19 世纪 20 年代开始建立公立学校,并立法以保障其发展。③ 另外,对民族文化的呼声不断提高,民族文化的勃兴要求提倡大众教育,而大众教育是以平民为主体的。④

民族主义思潮的兴起使很多人相信通过改善本土学校能使美国的新一代摆脱国外的恶劣品味的影响。他们不再相信古典教育,因为这是有闲阶层的产物。"杰斐逊等人认识到,美国教师、教科书、出版物和国内旅行对于年轻人的教育是十分必要的。"⑤ 他们还希望以此向年轻一代灌输美德和忠诚的原则,这就推动了美国教育的本土化。19 世纪上半叶,美国社会开始关注高等教育。这一方面是由于第二次大觉醒运动对于建立神学院的要求,另一方面则适应了爱国主义热情对建立本土大学的愿望。杰斐逊意欲建立现代的、民主的大学,以避免大学的贵族阶级基础,使州立大学成为综合教育体系的一部分。华盛顿支持建立了西点军校,

---

① Russel B. Nye, *The Cultural Life of the New Nation, 1776-1830*, New York: Harper & Row Publishers, 1963, p. 19.
② Harvey Wish, *Society and Thought in early America: A Social and Intellectual History of the American People Through 1865*, New York: D. McKay Co., 1964, p. 284.
③ George H. Callcott, *History in the United States, 1800-1860: Its Practice and Purpose*, Baltimore and London: The Johns Hopkins Press, 1970, p. 55.
④ Harvey Wish, *Society and Thought in Early America: A Social and Intellectual History of the American People Through 1865*, Vol. I, New York: D. McKay Co., 1964, p. 283.
⑤ Harvey Wish, *Society and Thought in early America: a Social and Intellectual History of the American People Through 1865*, Vol. I, New York: D. McKay Co., 1964, p. 285.

杰斐逊支持建立了弗吉尼亚大学。与贵族教育相对，大众教育的目的旨在提升全社会的素质。

随着大众教育的兴起和整个社会知识水平的提高，从 19 世纪 20 年代起，大众对历史读物的兴趣不断增加，到 19 世纪 50 年代达到了顶峰。在这个时期，历史写作随着大众兴趣的增加、历史协会的建立、政府档案的整理和考古事业的复兴而兴起，大多数杰出的历史著作出现在 19 世纪 20 年代以后。历史著作的主题总是跟随着大众的意向和时代思潮。一方面这与历史学家的写作周期有关，他们开始写作时一般都很年轻，但等到其著作成书出版，他们已进入中年，而那个占据时代主流的思潮也接近尾声了。另一方面，历史写作也总是受到新时代思潮的影响。"18 世纪的理性主义、19 世纪前半期的浪漫主义、19 世纪中后期的现实主义和科学方法以及 20 世纪早期的实用主义和相对主义。历史总是跟随着文学、艺术、哲学和科学，甚至受到大众的精神品味和时代思潮的影响。"[1]

二 历史写作者对公共取向和社会思潮的关注

随着大众对历史书籍的兴趣和需求的提升，历史著作的数量不断增加。从 1800 年到 1860 年，美国 145 位主要的历史学家出版了 625 卷（册）历史书籍。[2] 这个时期，美国还没有职业的历史学家，历史写作全凭个人兴趣。历史写作的勃兴也与 19 世纪中期美国的社会价值观密切相关。浪漫主义时期，人们害怕空闲，无所事事让人们感到生命的虚度和价值的丧失。尤其是受过较高程度教育的知识阶层，他们希望通过自己的文字启迪大众的心智，提升社会道德，或者为社区服务，或为其所在的镇和州留下纪念，或者希望历史写作能够促进本国文化的发展。他们发现历史写作是履行其社会责任的最佳途径之一。他们认为，历史是能够非常有效地提升人类精神的消遣，它能够使人免于"冷漠、倦怠、无聊、没有生气、闲散无为、缺少思想和贪婪的愚蠢"。历史作品把人们从这些无益身心的情绪和娱乐中解救出来，并通过丰富人们的情感来拓宽

---

[1] George H. Callcott, "Historians in Early Nineteenth-Century America", *The New England Quarterly*, Vol. 32, No. 4 (Dec., 1959), pp. 498-501.

[2] George H. Callcott, "Historians in Early Nineteenth-Century America", *The New England Quarterly*, Vol. 32, No. 4 (Dec., 1959), p. 500.

人们的视野，深化人们的思想。一位历史学家写道，历史"要以崇高庄严和令人愉快的忧郁充实人们的精神。我们以深沉和细腻的情感倾注于历史中人的行为、遭遇和变迁。这些人的骨头就是我们的骨头，他们的血肉就是我们的血肉……历史的画卷不仅为我们带来好奇心的满足，或仅仅教给我们一些思想和观念，历史赋予我们智慧"。①

一位历史学家的话十分具有代表性——"为大众贡献自己力所能及的力量是我的荣幸"，"发挥公共效用是我写作历史最主要的目标"。19世纪的人们相信，能够促进道德发展的事业，终会对国家有所裨益。写作历史就是这样对国家发展有利的事业。新英格兰的历史学家们当然不会虚度其闲暇时光，撰写历史既是他们趣味高雅的消遣，又实现了其服务社会、提升大众的愿望。默西·奥蒂斯·沃伦（Mercy Otis Warren）说，她投身于历史写作是为了善用上帝赋予她的闲暇。②

班克罗夫特在1824年9月24日写信给斯巴克斯说："没有什么比做一个有用的公民，贡献我的微薄力量来散播正义、自由原则和学识更令我兴奋。每个人都能发现适合自己投入力量的领域。如果有人在他的领域内并未取得成果，那是因为他判断上的失误，或者把力量投入到不适合自身的领域中。"③ 班克罗夫特选择的正确的事业即编写美国历史和投身政治。他希望通过美国历史使公众了解美利坚的起源、发展和独有的特征，以此来增强人们的公民责任感和国家的凝聚力。而宣传民主制度能够引导美国公众认识到社会发展中真正正确的原则，以此来传播正义的准则。④

三 大众对历史著作的期望

19世纪早期，随着整个社会对历史作品兴趣的增长，读者对历史著

---

① George H. Callcott, *History in the United States, 1800-1860: Its Practice and Purpose*, Baltimore and London: The Johns Hopkins Press, 1970, p. 202.
② George H. Callcott, "Historians in Early Nineteenth-Century America", *The New England Quarterly*, Vol. 32, No. 4 (Dec., 1959), p. 517.
③ Bert James Loewenberg, *American history in American Thought: Christopher Columbus to Henry Adams*, New York: Simon and Schuster, 1972, pp. 243-244.
④ Bert James Loewenberg, *American History in American Thought: Christopher Columbus to Henry Adams*, New York: Simon and Schuster, 1972, pp. 243-244.

作提出了一定的期望。他们在享受其趣味性的同时，也注重真实性。"人们认为，小说家使想象的场景看起来尽量真实，而历史学家则开始于真实。所以，历史作品的脚注并不会为读者带来阅读的负担，反而令读者认为这些作品是真实可信的。"① 如果历史学家复述出关于过去的终极真理，那么他就会被认为是完美的艺术家。事实不仅和小说一样生动有趣，它为生命的永恒问题提供了有价值的洞察。"历史是朝向真正的统一性和普遍性前进的……"②

历史首先应该如卡莱尔所说的，讲述"鲜活的人的历史"，而不是"一些协议、官方文件和争论的集合"。历史不仅是哲学教诲，"而且是具有激情、品位、习俗、特征和活力的人的历史"。过去不是抽象的，而是人的过去。"由体验带来的哲学总是与直接的观察和对过去的展现互相交融，当体验显现时，哲学就退守在门口……"③ 这表明，在19世纪初期，历史学逐渐摆脱了哲学的婢女的地位，而日益获得其独立的价值。那个时代期望的历史叙述是戏剧化的。历史学家赋予过去形式和结构，发现戏剧的冲突、高潮和在特定情节下的结局。他们像剧作家一样使用引号并发表演说，"并不仅让剧中的角色自己行动，还让他们自己说话"。④ 历史是对立因素的对抗过程。这种冲突在进步的力量和反动的力量之间发生，如自由反对专权，大众政府反对专制主义，文明反对野蛮，秩序反对混乱等，无论是什么样的冲突，都是戏剧性的。历史学家要用一个主题把事件联系起来，由此赋予其内聚力和意义。过去是朝向终点的不间断的溪流，历史学家用一种普遍原则（pervading principle）赋予历史以连续性和生命力。⑤ 历史学家应该具有艺术感，以某种悦人的方式来组织材料。在18世纪和19世纪，人们常常把绘画的方法和历史写

---

① George H. Callcott, *History in the United States, 1800－1860: Its Practice and Purpose*, Baltimore and London: The Johns Hopkins Press, 1970, p. 127.
② George H. Callcott, *History in the United States, 1800－1860: Its Practice and Purpose*, Baltimore and London: The Johns Hopkins Press, 1970, p. 128.
③ David Levin, *History as Romantic Art: Bancroft, Prescott, Motley and Parkman*, Stanford, California: Stanford University Press, 1959, p. 9.
④ David Levin, *History as Romantic Art: Bancroft, Prescott, Motley and Parkman*, Stanford, California: Stanford University Press, 1959, p. 16.
⑤ George H. Callcott, *History in the United States, 1800－1860: Its Practice and Purpose*, Baltimore and London: The Johns Hopkins Press, 1970, pp. 152－153, 177－178.

作的方法相类比。历史学家经常会使用这样的词语,如"肖像"、"画布"和"素描"等。他们会非常认真地安排细节,并精心布置"场景"和"舞台造型"。① 历史学家在其著作中必须有准确的时间感、空间感,并展现他笔下的时代之精神、社会之精髓。如果历史学家做得好,那么其作品的读者也会仿佛置身其中。班氏认为,历史学家必须重构时代的精神和道德氛围,这是当代人触摸不着但又十分必要的精髓。②

美国社会对历史著作的兴趣的增长,在无形中提出了对历史作品的要求和评判标准,同时历史写作者对公众意向的关注和对时代思潮的跟随,使19世纪的美国史学成为具有目的意识的历史学。从19世纪早期开始,历史写作在公共教育事业中承担了政治和道德教育的任务。历史以激动人心的故事为人们树立道德榜样,历史承担了道德训诫的功能。③ 当时社会普遍认为,历史的主要功能是支持社会的基本原则并使社会稳定,所以写作历史要依据最终原则来选择史实。这个时期,社会对主要原则持一致意见。浪漫主义史学建立在以民族本质、道德、进步和国民特性作为历史发展动力的一般共识的基础上。19世纪下半叶之前历史发展原因是已经预设了的,事件只是这种内在动力的表现。④ 通过定义不可见的时代精神来给出原因、联系和结果。在这种社会思潮之下,浪漫主义历史学家认为,对过去的研究应与当前的思想潮流结合起来。

第二节 《美国史》与19世纪中期受欢迎的写作风格的契合

班克罗夫特、普里斯科特、帕克曼和莫特利都运用了对过去"想象式的沉思"的方式来撰写历史。这种方式使他们能够以今涌古,在内心对过去进行主体体验,令这些历史学家兴奋的是与过去的生命进行情感

---

① David Levin, *History as Romantic Art: Bancroft, Prescott, Motley and Parkman*, Stanford, California: Stanford University Press, 1959, pp. 15-20.
② Russel B. Nye, *George Bancroft*, New York: Washington Square Press, 1964, pp. 147-148.
③ George H. Callcott, *History in the United States, 1800-1860: Its Practice and Purpose*, Baltimore and London: The Johns Hopkins Press, 1970, pp. 178-181.
④ George H. Callcott, *History in the United States, 1800-1860: Its Practice and Purpose*, Baltimore and London: The Johns Hopkins Press, 1970, pp. 180, 154, 173.

上的交流。对于这样一群有着文学经历，并强调对主题的体验、与写作对象的感应的历史学家，为过去赋予生命是最重要的事情。① 而这样的写作风格不仅展现了生动的历史画卷，令读者能够饶有兴味地读下去，而且满足了美国大众日益增强的对于历史真实的好奇心，实现了他们对于心目中的历史作品的期待。

一 历史的戏剧——让过去自己说话

新英格兰的历史学家都视英国历史学家卡莱尔的话为真理，即要讲述鲜活的人的历史。班克罗夫特强调复原事物本来的面貌，他认为，这必须具有文学技巧。② 班克罗夫特在写作准备过程中和《美国史》的出版中不断强调自己搜集了大量的原始资料，并以此为依据为人们讲述历史的事实。一方面这体现了班氏的怀疑主义态度和批判地检验史料的严谨的精神，另一方面，在19世纪早期的美国，历史学还属于文学的领域，并未成为一个专门的学科，那时候的历史学家强调文学技巧、兴味和效果，不仅仅因为他们都曾经致力于诗歌、散文等文学创作，还因为他们相信对过去的重建需要想象和文学技巧。所以，班克罗夫特在写作中很注意对辞藻的锤炼、对文风的把握，力求能够把历史的场景生动地再现在人们眼前。班克罗夫特为了增强作品的可读性和增加其对于读者的吸引力，他经常会雇用代理人或托朋友为其查找档案，虽然有时是围绕众人熟知的历史事件，但他要发掘出更多不为人知的细节以增加主要人物或情节的真实性。或者班氏会以排比句来增强激动人心的效果，或者为了描绘建国之父们不吝辞藻和修辞，其作品描写的历史场景或惊心动魄或妙趣横生，人物或真实感人或令人崇敬，这是班氏所追求的目标。

在《美国史》第一卷出版后，《美国评论季刊》称班氏的历史是"明智的和准确的，他的语言是雄浑有力的和清晰的"。《北美评论》的评论家相信，"如果班氏的这种写作风格和方式能够贯彻始终"，那么，

---

① David Levin, *History as Romantic Art: Bancroft, Prescott, Motley and Parkman*, Stanford, California: Stanford University Press, 1959, p. 8.

② David Levin, *History as Romantic Art: Bancroft, Prescott, Motley and Parkman*, Stanford, California: Stanford University Press, 1959, pp. 11-12.

这部著作"毫无疑问地会成为美国，甚至是英语世界的经典之作"。① 班氏几乎用当时最受欢迎的讲坛演讲的方式来书写历史。他用了将近 20 年的时间来锤炼字句修辞，以期达到优雅、灵活、充满力量而不是单调乏味。法官斯托里（Joseph Story）在读过《美国史》的一些篇章后说："我认为你的著作是十分有趣和有用的。你的叙述活泼、勇敢、朴素、有力量。"②

班氏历史著作中的戏剧式的表现力尤其得到了赞扬。普里斯科特曾告诉班克罗夫特他很钦佩班氏"能够让历史中的角色自己行动，并且以自己的语言说话，这样就很原汁原味地，并且很有效地展现了戏剧的形式"。在四年以后，当班氏的下一卷《美国史》面世时，普里斯科特又称赞班氏"令其历史戏剧中的演员们自己表达出伟大的现实"。这种表现方式并不仅仅是为了加强一种戏剧化效果，它还传递着一个民族或时代的特殊语言。③ 普里斯科特称赞班氏留给读者空间的写作方法，令读者自行判断怎样的无理和狂热促成了塞勒姆巫术的盛行。④

班氏的叙事风格体现了很多当时时兴的文学的修辞形式：对称的句子、诗意的表达，使用现在时和不断递进的强调句式来加强戏剧效果。⑤ 有时候，他的风格是简单而尖锐的，并以克制的语言来表达其观点。关于在弗吉尼亚第一次拓殖的不幸尝试，班氏如此写道，"如果美洲没有英国人的市镇，那么它很快就会有英国人的坟墓"。他给塞巴斯蒂安·卡伯特（Sebastian Cabot）写的简洁碑文也同样出彩："他给予英格兰一片大陆，却没有人知道他被埋葬的地方。"⑥ 班克罗夫特对美国建国征程和年轻共和国的赞美常常溢于言表，其著作中很多地方充斥华丽的辞藻，而

---

① Reviewed by R. I. Kennett, reviewed works: "A History of the United States, from the Discovery of the American Continent to the Present Time", Vol. Ⅰ. *The North American Review*, Vol. 40, No. 86 (Jan., 1835), p. 99.
② Story to Bancroft, May 15, 1834. 转引自 John Spencer Bassett, *The Middle Group of American Historians*, Massachusetts: Norwood Press, 1917, p. 182。
③ Letters to Bancroft: October 17, 1854, May 1, 1858, 转引自 David Levin, *History as Romantic Art: Bancroft, Prescott, Motley and Parkman*, Stanford, California: Stanford University Press, 1959, p. 20。
④ Bancroft Papers, MHS, May 1840. 转引自 David Levin, *History as Romantic Art: Bancroft, Prescott, Motley and Parkman*, Stanford, California: Stanford University Press, 1959, p. 106。
⑤ Russel B. Nye, *George Bancroft*, New York: Washington Square Press, 1964, p. 177.
⑥ Russel B. Nye, *George Bancroft*, New York: Washington Square Press, 1964, p. 179.

令其文体显得有些臃肿。约翰·昆西·亚当斯虽然承认《美国史》一书显示了"超验主义的天赋和孜孜不倦的勤勉精神",但他认为"其内容有些分散,而且充满雄辩的颂词"。爱默生非常喜欢班氏的作品,但是,他认为班氏"不时地在其行文中加入男孩子般的欢呼"。《北美评论》上有文章认为,"其语言有时候有失准确"。①

  班氏的论述也充满着对立的冲突、矛盾的化解,互相冲突的双方进入统一的过程,如真理和自由的进步来自与专制的持续斗争,而每一次斗争都会进入一个更高的阶段,这一方面体现着黑格尔的辩证法思想,②另一方面也增强了历史场景的戏剧性效果。但是,有时候,他自己经常强调的历史的准确性,却因为对于戏剧性效果和华丽辞藻的追求而暂居其后。新英格兰一位尖锐的批评家托马斯·W. 希金森(Thomas W. Higginson)发现班氏虚构了历史,而不是像他自己宣称的那样遵循科学的标准。他责备班氏效法了贾雷德·斯巴克斯无视引用符号的尊严,仅仅为了增强戏剧性效果。一个典型的例子是,当班氏意欲戏剧化纽约殖民者反抗皇家委任状的专制行为时,"他从文献的不同地方选取了一些词语和句子,并把它们重新编排在一起。实际上,他以自己的意愿重新叙述了这段历史。修昔底德曾经为他的历史著作中的英雄们撰写过演讲词,但是,这位希腊历史学家有幸亲身参与了他所描绘的历史事件,而班氏却没有"。③

  这些虽然令保守主义者,如约翰·昆西·亚当斯等无法接受,但使班克罗夫特的《美国史》在那个时代大受欢迎。莫特利曾在园山跟随班氏学习历史,分析了班氏受欢迎的原因:"班克罗夫特的成功在于他活泼有力的想象和鲜明的、令人紧张的叙述风格,这是由一系列突然转折带来令人惊颤的精彩场景构成的。他的《美国史》与其说是凝聚着汗水的细节描述,不如说是洋溢着天才的作品。"④

---

① Published by Charles Bowen, reviewed works: George Bancroft, "A History of the United States, from the Discovery of the American Continent to the Present Time", Vol. I . *The North American Review*, Vol. 40, No. 86 (Jan., 1835), p. 115.

② Harvey Wish, *The American Historian: A Social-intellectual History of the Writing of the American Past*, New York: Oxford University Press, 1960, p. 80.

③ Harvey Wish, *The American Historian: A Social-intellectual History of the Writing of the American Past*, New York: Oxford University Press, 1960, p. 83.

④ Harvey Wish, *The American Historian: A Social-intellectual History of the Writing of the American Past*, New York: Oxford University Press, 1960, pp. 83-84.

班克罗夫特不仅注重对自然和历史场景的感同身受，还强调与其他人分享自身的体验。他试图把历史的变动性和不确定性传递给读者，并尽量描述他们体验到的历史场景中的感受。人们从班克罗夫特基于档案和文献的历史著作中得到了不同于文学作品和历史小说的另一个层次的乐趣，即在脚注所确保的真实性中得到精神上的享受，而且其中体现的高尚的信仰和道德训诫提升了人们的品位和道德感，陶冶了情操，并促进了公民教育。班氏的《美国史》第一卷出版后，当时著名的作家爱德华·埃弗里特在给班氏的信中热情洋溢地说道：

> ……（《美国史》）其中充满了学识和信息，常识和哲学；充满了品位和雄辩，充满了生活的平实和伟大的尊严。你带给我们的不是一群可怜的平面化的人们，也不是一个编年表格；你展现在我们面前的是一个满怀激情、情趣盎然和具有独特性的鲜活群像。①

班氏作品中华丽的辞藻、丰富生动的语言也为读者带来文学上的享受，细致入微的描述和戏剧感带来的张力使人们仿佛身临其境，感受到过去的精神和氛围，这是19世纪中期的读者所期望的，而班克罗夫特在《美国史》中很好地实现了，也成为其著作到19世纪中后期一直备受欢迎的重要原因。"当时的另一位历史学家理查德·希尔德雷斯所著的6卷本《美国历史》展现了美国发展历程的生动图景，但是，他对美国社会批判的论调和反文学化的方式令其仅使用印刷资料，其作品远远缺乏班克罗夫特式的戏剧性的描述和跌宕起伏的情节。所以，他所书写的历史也不会像班氏的《美国史》那样打动人心，其出版情况与班氏的著作也是无法相比的。"②

二 主题的一致性——对时代精神的反映

19世纪早期的历史学家是面向大众的，他们希望其他人也能够对历

---

① M. A. DeWolfe Howe, *Life and Letters of George Bancroft*, Vol. I, Port Washington: Kennikat Press, 1908, pp. 205–206.

② Harvey Wish, *The American Historian: A Social-intellectual History of the Writing of the American Past*, New York: Oxford University Press, 1960, p. 61.

史事件和场景感同身受。并且，他们的历史作品总是要反映一些"预期设想"，即与当时社会主流价值观一致的主题，这决定了其历史叙事是在一定的哲学框架内对事实的综合。浪漫主义史学家认为历史的功用在于其支持已经被接受的价值观，所以，历史著作的主旨应该与时代思潮相一致。

班克罗夫特的《美国史》展现了进步、道德、民族主义等深受当时美国社会认同的"正确的设想"。他描述了一个民族为了追求自由，宁愿割断与英国长期保持的联系，并在维护自由的过程中，发现了建立宪政联盟的真正基础。人类历史就是自由精神不断成长的进步过程，而美国的历史则代表了这个过程的最高阶段。班氏相信，在爱默生和杰克逊的时代，人类的心智会逐渐成熟，所以，有关人类命运的旧问题会在这样的时代里得到解决。

经过40年的写作和研究后，班氏在1876年仍然相信，"专制和谬误一定会走向消亡，尽管自由和正义要经过艰苦的斗争才会胜利，但仍是不可抗拒的趋势"。"人类的路途仍然像早晨的露珠一样清新有朝气。"[①] 班氏在美国的历史中找到了证据，在美洲从专制向自由的稳步前进中，从相异性向同源性发展的过程中，从分散的殖民地向联邦共和国的转变中，阐释了人类进步的必然性和人类种族的统一。美国的自由与民主精神是符合道德法则的，因而，美利坚成为人类民族的榜样。班氏的著作围绕美利坚民族的起源、成长和发展展开，并对其未来前景持乐观态度，其历史著作完美地表达了时代精神，也满足了当时社会的需要。

班氏对美国的赞颂充满了高涨的爱国主义情感，他对于在美利坚建国中做出卓越贡献的英雄人物给予了高度的赞扬。比如，他认为，美利坚共和国历史的形成并非凡夫俗子的成就，而是上帝的神圣权力给世界带来统一性、秩序和事件之间的关联。在这个过程中，华盛顿代替了奥古斯都。班氏展现了殖民地人民勇敢反抗压迫的行为，认为美国革命是具有美德和无私的爱国者代表人类自由的一次"圣战"。"美国的宪法诞生于一群伟大的精神巨人之中，前无古人，后无来者。"[②]

---

① George Bancroft, *History of the United States of America from the Discovery of the Continent*, The Author's Last Revision, Vol. Ⅵ, New York: D. Appleton and Company, 1890, p. 7.
② Harry Elmer Barnes, *A History of Historical Writing*, New York: Dover Publications, 1963, p. 231.

第四章 《美国史》与19世纪中期美国社会思潮的互动

班氏对美国革命及其合理性，以及美国人民争取自由的精神的强调使其著作的很大篇幅集中在独立战争上，有关殖民地阶段的叙述像全书的序文，因为在这场战争中美国人分享着共同的骄傲。他的叙述和对历史人物和事件的判断有时会由于其爱国热情而显得不那么公正，尤其是涉及争取自由的殖民地和意图压迫殖民地人民的大英政府的问题。在奴隶制的问题上，班氏把责任完全归咎于英国。他认为，英国人首先把黑人当作奴隶贩卖到美洲大陆，为美洲新大陆带来了罪恶的种子，也违背了美国的自由精神，并因此带来了美国社会内部的分歧。1852年，亨利·哈勒姆（Henry Hallam）在一封信中表达了对于《美国史》的赞赏之后说道："但是，坦白地讲，无论是在内容上还是在基调上，我并不同意你对英国政治家和英国的苛刻评价。您作为一个历史学家写作，但您必须考虑到我们是作为英格兰人来阅读你的作品。英国的确犯了错误，但是责任并不仅仅在英国一方。在所有的事情上，一个更加平和公正的论调会更有说服力。历史学家应该保持公正的立场。"①

很多美国人也注意到班氏的《美国史》中的民族主义情绪，并希望他在后续的卷本中会有所控制。普里斯科特——班氏私交最好的历史学家以及弗朗西斯·鲍恩（Francis Bowen）在《北美评论》上发表文章，把班氏归为"那个时代最伟大的历史写作者"，尽管鲍恩也发现"其爱国主义情感过于高涨，会削弱其识别力"。②

班克罗夫特自己本身就是一个坚定的民主党人士，所以，他在著作中对美国政治制度的赞颂更是不遗余力，并反映了杰克逊时代平民民主的论调。比如，在美国革命即将爆发的时刻，班氏称赞了工匠、农民等人民大众的果决，而政治家和思想家还在犹豫是否要与大英帝国展开战斗。这一章即以"人民要求宣布独立"作为标题：

美洲殖民地的全体人民都准备宣布独立。多数总是比少数更有

---

① M. A. DeWolfe Howe, *The Life and Letters of George Bancroft*, Vol. II, New York: Charles Scribner's Sons, pp. 106-107.

② Reviewed by Charles Bowen, "A History of the United States, from the Discovery of the American Continent to the Present Time", Vol. I, *The North American Review*, Vol. 40, No. 86 (Jan., 1835), pp. 99-122.

远见、更无私、更具有勇气。语言是人民的创造，道德伦理学也源于人民的良知，法律也是根据人类的天性制订出来的，诗人也表达了人民的预言，哲学家从人民中吸收了思想。人民的精神高于国会，他们已经厌倦了不合时宜的制度。除了对王权还怀有迷信般的敬意，他们渴望一种直接建立在永恒的权利法则基础上的体制。①

班氏认为，美利坚人对自由与生俱来的热爱，使他们首先感知了上帝的启示，使其实现了对自由的追求，建立了保障自由的政治制度。这种对美国民主制度的描绘和赞扬成为其著作的一个重要主题。有些读者认为班氏杰克逊主义的政治立场过于鲜明而影响了其公正的立场。J. 富兰克林·詹姆森博士（Dr. J. Franklin Jameson）形象地指出：从《美国史》第一卷的介绍到最后一卷的结论，"班氏都在不断地为杰克逊投票"。②

这种杰克逊式民主的论调引起了新英格兰的辉格党人的不满。班氏的妹夫——约翰·戴维斯（John Davis），当时是马萨诸塞州辉格党的主席，在《美国史》的第一卷出版后对班氏提出了忠告："请你不要让任何党派偏见渗入你的作品里，也不要让任何当代的情感影响你的笔触。"③ 虽然戴维斯自己也带有党派偏见，但他的警告还是在一定程度上反映了《美国史》中洋溢的民主理想和热情。然而，班氏后来写作的某些段落仍然显得不那么理性，民主的热情还是占了上风。有时，他会把与民主无关的事务也贴上民主的标签。最普遍的批评就是有些读者认为其杰克逊民主的政治立场过于鲜明。哈佛大学的乔治·蒂克纳甚至确信班氏有政治野心，所以其著作也倾向于表达其政治立场，"你的写作并非出自你自身的禀赋或情感、你的气质或追求，你将不是领袖，就是蛊惑民心的政治工具"。④《南方评论》认为班氏"一生都是一个党派政治家"，并指责他

---

① George Bancroft, *History of the United States of America from the Discovery of the Continent*, The Author's Last Revision, Vol. IV, 1890, p. 312.
② J. Franklin Jameson, *The History of Historical Writing in America*, New York: Greenwood Press Publishers, 1891, p. 107.
③ M. A. DeWolfe Howe, *The Life and Letters of George Bancroft*, Vol. I, Port Washington: Kennikat Press, 1908, p. 211.
④ Russel B. Nye, *George Bancroft*, New York: Washington Square Press, 1964, p. 183.

"根据自己的理论和需要来对待事实"。① 1837 年，《美国史》第二卷出版，普里斯科特从佩伯雷尔（Peperell）写信告诉班氏："我很愉快地浏览了第二卷，我本来担忧你第一卷的成功和政治偏好会使你的写作失于精心。还好，我还没有看到这种迹象……当缪斯女神张开双臂迎接你的时候，你为什么要轻率地卷入政治的旋涡呢？"② 英国历史学家托马斯·卡莱尔在伦敦读到了《美国史》，他写信称赞了班氏的才能，但是也警告其说，"任何事情都有光明的一面和阴暗的一面"。这是对其民主论调温和的批判。③ 亨利·亚当斯认为，班氏强烈的杰克逊民主论调，随着时间的流逝，的确得到了调整，但是并不显著。班氏对某些人和事务仍然表现出了明显的党派偏见。

同时，有很多人支持班氏历史著作中显露的党派倾向。《西方信使报》评论者写道："班克罗夫特先生是一个彻底的民主党人，我们反而因此而喜欢他。""他不是那种奴颜婢膝的、肮脏的民主党人，那种人没有信念，只是肉体与尘土的混合，他们的正义的准绳是大多数人的专断意志。但是，班氏相信人类本身具有一种精神，上帝的启示已经赐予人类以理解力，当人民的声音被充分、审慎地表达出来的时候，这就是宇宙理性的声音——上帝的声音。"④ 在班氏的《美国史》中，民主和神意是美国的标志，那个时代就像班氏书写的历史一样充满了黄金时代的信心和乐观。这种在当时居于主导地位的民主观念和写作手法，在今天看来并不会引起多大的兴趣，却是这部作品在 19 世纪中期大受欢迎的原因。《美国史》中反映的这种精神和风格与杰克逊时代轻松愉快的社会氛围十分契合。

班氏曾把《美国史》的一些书稿送给他的朋友，而这些人的评价在很大程度上代表了那个时代的一般看法。1852 年，华盛顿·欧文写道："你的著作不断地进步和提升，在主题上逐渐趋于统一，道德观也不断地完善，接近伟大的民族主题……你正在确保自己达到弥尔顿所企求的崇高愿望——不朽的声名。"《基督教观察报》（*The Christian Examiner*）相

---

① Russel B. Nye, *George Bancroft*, New York: Washington Square Press, 1964, p. 185.
② Russel B. Nye, *George Bancroft: Brahmin Rebel*, New York: Alfred A. Knopf, 1944, p. 112.
③ Russel B. Nye, *George Bancroft*, New York: Washington Square Press, 1964, p. 184.
④ Russel B. Nye, *George Bancroft: Brahmin Rebel*, New York: Alfred A. Knopf, 1944, p. 103.

信此书的作者"正在为自己,也在为这个国家竖立纪念碑"。①

班氏作品中使用的华丽的辞藻,运用的演讲中常用的修辞方法以及史诗般恢宏的气势都迎合了当时美国社会的文学品味,他对于美国历史中富于反抗精神,追求自由的韧性和完美的民主制度的赞颂,以及对于美国美好前景的预期都极大地反映了19世纪中期美国充满理想主义和上扬的奋斗精神,以及相信美国会走向黄金时代的乐观精神和不断上升的社会氛围。但是,令班氏的《美国史》具有重要意义的是这部作品在民族主义思潮之下,对于美利坚民族起源和民族使命的揭示,这是《美国史》不仅在19世纪受到广泛欢迎,而且在美国历史和史学发展中一直具有重要价值的原因。

第三节　19世纪中期美国社会对文化独立和民族特性的关注

一　美国社会呼吁文化之独立

独立战争结束后,美国虽然已经在政治上成为具有独立主权的新国家,但实际上仍然只是一个土地面积较小、人口稀少的弱小国家。美利坚合众国外部面临英法的军事威胁,内部因历史起源、地域特点和发展方向不同,各个利益集团间积聚了难以克服的重重矛盾。联邦制度也面临严重的威胁,国家难以巩固。在经济上,美国仍然依附于西欧市场,没有独立的民族工业和制造业,依然是欧洲尤其是英国的产品倾销地;在外交上,更是没有与欧洲强国争雄的实力,在国际舞台上只能默默无闻地扮演新兴国家的角色,几乎没有任何发言权。

19世纪中期,英、法、普鲁士等欧洲主要国家已经建立起以民族精神为内核的民族文化,美国还没有诗人、哲学家、历史学家来揭示其国家精神。探寻属于美国自身的文化特质已经成为时代的呼唤。19世纪二三十年代的美国"希望在文化上也脱离英国的殖民,思想独立即是民族的律令"。因为"一个民族不仅由领土、军事力量、政治或者经济来界

---

① Russel B. Nye, *George Bancroft: Brahmin Rebel*, New York: Alfred A. Knopf, 1944, p.123.

定，而且由民族独一无二的属性来界定……并通过其文化和文学作品来展示"。① 爱默生曾写道："能够发现新大陆不可比拟的价值，欣赏其孕育在日常生活中的诗意美学的美利坚天才，还没有诞生。"②

曾在德国留学的波士顿学者爱德华·埃弗里特在1817年时不无忧虑地写信给当时的哈佛大学校长柯克兰：

难道我们不需要科学吗？不需要文学吗？……不需要以文化为这个民族奠定基调，为这个国家建立公共品味，并使我们的子孙引以为傲吗？难道我们只要求这种没有文化的腓尼基人式的商业繁荣？……难道我们会以新英格兰仅凭咸牛肉闻名欧洲而自豪吗？③

著名诗人沃尔特·惠特曼（Walt Whitman）也指出：

如果美利坚自身从本质上是一首伟大的诗歌，如果她在期待对其进行宏伟的解释，但如果其公民没有一种相应的伟大和宽宏的精神，那么这个国家就会变成只有广阔自然的怪兽。④

独立的民族精神和民族文化，对于推动国家发展是十分必要和迫切的。爱默生于1837年8月31日在剑桥镇对全美大学生荣誉协会慷慨激昂地发表了美国的文学独立宣言，以期推动美国文化的本土化发展：

迄今为止，我们的庆典仅仅是一种友善的象征，只是用以表明我们这个民族虽然因为过分忙碌而不再创作文学作品，却仍然保留着对文艺的爱好。尽管如此，作为一种无法消除的本能的标志，这

---

① Michael T. Bernath, *Confederate Minds: The Struggle for Intellectual Independence in the Civil War South*, Gary W. Gallagher, ed., Civil War America Series, Chapel Hill: University of North Carolina Press, 2010, pp. 27, 31.
② Ralph Waldo Emerson, "The Poet", in Larzer Ziff ed., *Selected Essays*, New York: Penguin Books, 1982, p. 261.
③ Carl Diehl, *Americans and German Scholarship 1770–1870*, New Haven and London: Yale University Press, 1978, p. 175, Note 60.
④ David Morse, *American Romanticism*, Vol. I, Basingstoke, Hampshire: Macmillan Press Ltd., 1987, pp. 6–7.

个节日也是极其珍贵的。这种本能理应更进一步,而且将会变更一新——也许这个时刻已经到来。多年来,全世界对美洲大陆一直有某种期望:美国人并非只有机械技术方面的能力,他们应有更好的东西奉献给人类。美洲大陆的懒散智力,将要睁开它沉重的眼睑,来满足这个早该实现的希望了。我们依赖旁人的日子,我们学习他国的长期学徒时代即将结束。在我们周围,数以百万计的青年正冲向生活,他们不能总是依赖外国学识的残羹来获得营养。出现了一些必须受到歌颂的事件与行动,他们也会歌颂自身。谁能怀疑诗歌将会复兴?怀疑它将迈入一个新时代,就像天文学家宣布的天琴星座中那颗在天空闪闪发亮的明星,终有一天会变成光照千年的北极星?①

19世纪上半叶,民族主义浪潮逐渐席卷了成立不久的美利坚合众国,建立统一稳固的国家成为时代的召唤。只有了解了自身的民族特性,获得统一的信条,一个民族才能强有力地凝聚起来,并获得更广阔的发展前景。这个新诞生的国家的领导者急于强调美利坚相对于英格兰的特性,同时革命的信念即美国拥有推翻世界各地的专制和堕落贵族的民主使命也传播开来。托马斯·潘恩和杰斐逊等人持有这样的观念,这个时期,国家的尊严和民族的信条,相较于洛克社会契约论中孤立的个人主义观点而被大大提升和赞扬。② 目光敏锐的纽约青年乔治·坦普尔顿·斯特朗谈到了这一点:

> 我们这个民族太年轻,因此我们总感到缺少一种民族性,任何能够表现"美利坚"民族存在的东西都使我们欣喜不已。我们没有英国、法国那样几百年的盛衰兴亡可资回首;有关美国民族性的记载全告阙如,而我们感到确有补阙的必要。③

---

① 〔美〕爱默生:《美国的文明》,孙宜学译,桂林:广西师范大学出版社,2002年,第55页。
② Harvey Wish, *Society and Thought in Early America: A Social and Intellectual History of the American People through 1865*, New York: D. McKay Co., 1964, p.284.
③ 〔美〕丹尼尔·布尔斯廷:《美国人——建国历程》,中国对外翻译出版公司译,北京:生活·读书·新知三联书店,1993年,第465页。

爱默生在其文中谈道:"在我们的眼中,美利坚自身即是一首诗,它广袤的空间令人引发无限遐想。不久的未来即可期待赞颂它的诗歌。"①正如爱默生所言,美国的文化蕴含着无限的生命力。不同民族、种族汇聚起来所呈现的复杂、多样的文化,在生存与发展的砥砺中,不断凝聚着各自适合这片土地的精髓部分,汇集成为共同拥有的精神内核。这为整个国家的发展带来了生机和活力,也使北美大陆上屹立起一个具有统一信条的美利坚国家成为可能,并适应现实发展的必然要求。然而,由于美国缺乏历史传统,美国仍然处于对欧洲文化的依赖和模仿之中,没有形成自己独特的核心价值观,从而建设独立的文化。在年轻的共和国成长的过程中,美国的知识界已经意识到了文化的缺失会对美国社会造成潜在影响,尤其是在美国的国家实力还没有发展起来的时候。

二 知识界对美利坚民族特性的构建之路

19世纪二三十年代,美国的区域差异仍然十分显著,缺乏凝聚力、缺少历史传统带来的民族身份的迷茫亦是年轻的美国需要面对的现实问题。很多有识之士开始意识到要建构美国自身的民族属性,而民族文化的建立则是一条必经之路。

曾经留学德国的埃弗里特、班克罗夫特和蒂克纳亲身体验到德国学者对于学术研究的严谨和热忱,使他们意识到对知识和真理的探究对于维系自由精神的必要性,对于建立民族文化的重要意义。只有推动文化的传播,拓展公众的知识视野,培养公众的文化品位,才能实现民族文化的创建,在这个过程中,知识精英应该承担引领者的重要职责。

埃弗里特认为应当借鉴德国对古典文本的研究来塑造美国的民族文化。在《北美评论》上发表的一篇文章中,班克罗夫特也谈到了对古希腊和古罗马经典的研究与民族主义的关联。"美国人应该在古典的自由原则中发现乐趣和教益,这也是为这个民族带来兴盛和荣耀的途径。"班氏认为,美国人应该以古代经典研究为武器,来对抗背信弃义的英国人及其文学和品味。"经典研究应被视为通向民族文化独立的路径。"经典研

---

① Ralph Waldo Emerson, "The Poet", in Larzer Ziff ed., *Selected Essays*, New York: Penguin Books, 1982, p. 281.

究也可以作为对抗美国人自身过于偏好实用性的解药,以此来建构民族性格(national character):"在当前时期,我们的民族特性正在快速发展中,可适时引入新的元素,我们要鼓励对古代经典的研究,这样能够唤醒公众对艺术的珍爱之情,社会风尚亦会随之变得文雅。"班氏进一步论证古典研究的必要性:"在一个自由的国度……不应为探究问题设限,人类每个阶段的状态都值得了解。古典文学研究是最好的研究。"①

班克罗夫特还提出了具体的举措,比如,美国应资助大学的发展,建立图书馆,为具有才干的青年提供奖学金,提升教育水平,引导大众形成对文学的热爱和良好的品味,只有建立起本土文学,才能维持共和精神的纯洁和力量。美国的文学应建立在对经典的研究的基础上,因为古代共和国为现代的共和国提供了丰富的遗产,可供借鉴。班氏很有气势地预言:"在古希腊的碑铭之前,美国的文学天才将会点亮自己的火炬。"② 班氏的想法与杰斐逊的观点不谋而合,后者也正希望通过建立弗吉尼亚大学,发展古典语言学,从而推动民族文化的建立。

班氏进一步提出美国的民族文化应吸收其他民族的文化精华为己所用。"我们并未诞生民族文学,但已经曙光微现,美国文学的发展应借鉴我们根植于自由的政治制度,去除偏见和狭隘,去吸收世界各地的文化精华。"③

蒂克纳也有感于文学研究对于精神世界提升的价值,提出"我迫切地希望从精神世界的需求出发进行文学研究,而不是把文学研究视为单调沉闷的工作,这种追求应该被移植到美国,在自由的氛围中,文学研究会即刻得到滋养"。④

三 对德意志文化的借鉴与探寻美利坚民族特性

埃弗里特、蒂克纳和班克罗夫特等一批新英格兰的知识精英不仅发出了建立民族文化的呼吁,而且付诸行动,他们希望引介欧洲的文学和

---

① George Bancroft, "The Utility of Classical Learning", *North American Review*, Vol. 19 (July, 1824), p. 125.
② Russel B. Nye, *George Bancroft: Brahmin Rebel*, New York: Alfred A. Knopf, 1945, p. 78.
③ George Bancroft, "Studies in German Literature", *Literary and Historical Miscellanies*, New York: Harper & Brothers, 1855, pp. 123-124.
④ O. W. Long, *Thomas Jefferson and George Ticknor: A Chapter in American Scholarship*, Mass.: The McClelland Press, 1933, p. 19.

哲学作品，增加公众对文学的兴趣，提升公众的阅读水准和文化素养。19世纪初期，新英格兰出现的一些文学期刊即诞生于这样的氛围中，创办于1815年的《北美评论》是引介欧洲尤其是德国文学、哲学的具有影响力的刊物之一。埃弗里特于1819年到1825年担任《北美评论》的编辑。包括班克罗夫特、蒂克纳和埃弗里特在内的新英格兰知识精英翻译德国的诗歌、戏剧、小说和哲学作品，此类作品大量发表在《北美评论》上。同时，对德意志文化感兴趣的学者也会撰写文章，评论德意志的文学和哲学，发表自己的观点。莱辛、席勒、歌德、费希特等德意志学者的作品和思想是《北美评论》上探讨的重要主题。①

19世纪初期的德意志还没有建立统一的民族国家，处于四分五裂的状态，德意志人具有强烈的地区认同感，却缺乏德意志人的身份认同。德意志学者在知识传播和学术追求中的自由精神使其超越了地区或者邦国的桎梏，形成了一种更加普遍的德意志精神，从而引领了德意志在精神上的统一。19世纪上半叶，到德意志留学的美国青年，亲身体会到德意志文化发展中的变化。

19世纪中期，德意志学术在很多方面都有极大的提升，开阔了大众的知识视野，促进了社会品位的提升，从而振兴了德意志的文化。德意志学者正是在对其民间传说、神话、歌谣的搜集和阐释中，发掘了德意志精神，使居住在不同地区和邦国的德意志人具有了一种文化上的联结，从而使德意志人突破了地域的界限，为其民族主义的勃兴奠定了基础。德意志文化与"民族"的传统之间的关系启发了寻求文化独立的美国学者。如果哲学、文学和诗歌讲述民族的故事，那么每个民族应该有属于自己的诗歌和历史，一个民族自身的历程即是"令人神往"的诗。② 正如德意志有诗歌、历史作品和哲学来表达其民族的心声，美利坚需要书写自己的民族史诗。

在德意志文化振兴的过程中，留德美国学生认识到民族文化的多样性和独特性，这种独特性与民族的传统紧密相连。蒂克纳在给友人的信

---

① William Cushing, *Index to the North American Review*, Vols. L-XCCV, Cambridge, Massachusetts, 1878.
② Lloyd Kramer, *Nationalism in Europe and America: Politics, Cultures, and Identities since 1775*, Chapel Hill: The University of North Carolina Press, 2011, pp.72-73.

中阐释了德意志文学的特性:"德意志文学是一种特殊的民族文学,直接源于其自身土壤,与其民族特性紧密相连,外国人则不太容易理解。"①班克罗夫特在其文章中讲到,德意志哲学家赫尔德搜集和整理中世纪时期流传于德意志民间的歌谣,通过语言学的考证,发现其中蕴含的民族精神。② 他们意识到民族文化源自其历史和传统,而正是由于每个民族都有自身独特的发展轨迹,那么每个民族的文化亦具有自身的特质。美国却是一个没有古代历史可以承接的现代国家,如果要建立自身的民族文化,则需要借鉴其他民族文化,从而构建美利坚的民族性格和民族认同。19 世纪早期,以德意志文化为同盟来对抗英国的影响是美国知识精英一种潜在的渴望。③

作为诗人、《大西洋月刊》(Atlantic Monthly) 编辑的詹姆斯·拉塞尔·洛威尔提出,应该摆脱仅仅把美国特征与广阔无垠的自然地域进行类比的修辞,使人们的注意力不仅集中在美国的自然属性上,不仅以自然景观界定自我,而且应该通过美国人自身,美国的民主制度和自由精神来彰显自身的特征。④

19 世纪前半期美国社会对民族核心精神(essence)的强调指向了对民族特性的评估。当时的美国历史学家对种族特性(racial traits)并没有形成一个连贯的理论,他们依靠有关民族特性(national traits)的预先构想来解释历史过程。他们相信,美国超然和优越的民族特征来自遗传基因或生源(genes)。美国人比大多数西方人更早地注意到了民族性格,吉本和休谟曾经嘲笑这个概念,19 世纪早期英国的历史学家也尽量避免使用这个概念。⑤ 但是,独立战争刚刚结束,诺亚·韦伯斯特和杰迪戴亚·莫尔斯就编撰了有关民族礼仪和道德原则的综合性书籍,带有种族特性的

---

① Edited by G. S. Hillard et al., *Life, Letters and Journals of George Ticknor*, Vol. I, Boston: James R. Osgood and Company, 1878, p. 119.
② George Bancroft, "Writings of Herder", *North American Review*, Jan. 1825, p. 138.
③ Kurt Mueller-Vollmer, "German-American Cultural Interaction in the Jacksonian Era: Six Unpublished Letters by Francis Lieber and John Pickering to Wilhelm von Humboldt", *Teaching German*, Vol. 31, No. 1 (Spring, 1998), p. 2.
④ David Morse, *American Romanticism*, Vol. I, Basingstoke, Hampshire: Macmillan Press Ltd., 1987, p. 5.
⑤ George H. Callcott, *History in the United States, 1800–1860: Its Practice and Purpose*, Baltimore and London: The Johns Hopkins Press, 1970, pp. 166–167.

暗示。

德意志的历史哲学到 19 世纪已经趋于成熟，发展出自成体系的关于人类历史的哲学观念。德意志学者对于民族精神的追寻带动了整理古籍、史料的热情，推动了对德意志历史的研究。在德意志历史观念的熏陶中，波士顿的精英们开始探讨历史研究的价值，最终确定历史可以作为文化研究的一部分。而美国历史是十分值得书写的主题。①

随着大众教育和本土教育的推广，民族主义也带动了对本民族语言、文学、历史等的关注和强调，一些知识精英开始倡导并尝试建立具有民族特色的文化。如诺亚·韦伯斯特打破了英式英语中一些词语的惯用法，结合美国的文化和习俗赋予其新的意义，并改变了很多英式英语的固定发音，使英语发音本土化。他编写的书籍和词典简化了英语，使美国的语言具有一种独特的有机成长过程。同时，他改编了美国地理、历史故事和民间传说，使其趣味化并更受欢迎。② 在语言和文字等推行本土化的同时，对国家历史的书写，尤其是追溯民族起源、发展历程，并揭示未来前景和美利坚的使命成为迫切的需要。

四 美利坚需要书写自己的历史

19 世纪中叶的美国，正处于重要的成长和转折时期，尤其在心理上美国并没有成为一个真正独立和成熟的民族。"这个时代（1820—1850 年）是美国尚未成熟的青春期。早已脱离父母照料的那个颇引人爱的孩子，曾'向一个公正的世界'宣布许多伟大的真理（或者多半是妄想）的那个奇异少年，如今成了一个笨手笨脚的青年。"③ 作为一个诞生不久的新国家，美国正处于寻求自我认同的过程中，它呼唤一种精神能够凝聚民众，凝聚所有来自不同地区、有着相异生活传统与背景却有共同理想并面对相同问题的美国人，形成一个统一和谐的民族，并使其超越其

---

① Richard Arthur Firda, "German Philosophy of History and Literature in the *North American Review*: 1815–1860", *Journal of the History of Ideas*, Vol. 32, No. 1 (Jan.-Mar., 1971), pp. 138–139.

② Harvey Wish, *Society and Thought in Early America: A Social and Intellectual History of the American People through 1865*, New York: D. McKay Co., 1964, p. 286.

③ 〔美〕塞缪尔·埃利奥特·莫里森等：《美利坚共和国的成长》（上卷），南开大学历史系美国史研究室译，天津：天津人民出版社，1979 年，第 578—579 页。

他民族。美国社会普遍认为，美国公民应该了解他们的国家来自何处，是怎样形成的，是什么特性使其成为独特的"美利坚"，其使命是什么。因此，对于本国历史的研究成为一项迫切的任务。

德意志伟大的历史学家查士塔斯·墨塞尔对于在18世纪的德意志历史哲学家较之历史作家优先的解释是，当时德意志缺少蓬勃的民族生活。一个民族在还没有统一也没有一个中心的时候，就不会有撰写伟大史书的动力。① 反之，当一个新兴民族欣欣向荣地成长起来的时候，其民族意识也不断增强，追溯其民族的共同起源并撰写本国历史的强烈愿望也就自然而然产生了。随着民族主义思潮的兴起，美国社会对本国历史的兴趣也不断增加：

> 于是，联邦各州都成立了"历史学会"，它们抓住并垄断殖民时期和独立革命时期每件本无价值可言的往事。我们渴望有自己的历史，但既然我们没有那些古老民族（盎格鲁-撒克逊、法兰克-查理曼、霍恩斯多芬、吉柏林……）那样悠久的历史，我们便本能地津津乐道自己那虽然不长但充满意义的历史，对早期移民、殖民地总督和独立革命英雄的每桩琐事都尊崇有加。在美国，一篇生动描述纽约五十年前生活习俗的文章会受到热烈欢迎，而伦敦人对皮特和福克斯所处时代的风俗素描是不会这么感兴趣的。②

当时波士顿很有影响力的文学和史学期刊——《北美评论》的编辑之一约翰·G.帕尔弗里（John G. Palfrey）鼓励期刊朝向美国历史研究的方向发展，他认为，美国历史将是浪漫主义史学很好的主题。他甚至认为新英格兰的古迹与古希腊、古罗马古迹一样具有永恒价值。德意志哲学家赫尔德的文化民族主义被《北美评论》的评论家借用来证明美国的政治使命。赫尔德提出，"在某种意义上来说，人类所能够达到的完美都是民族的、世俗的……"，每个民族都有不同的种族遗传和心理特质，

---

① 〔美〕J. W. 汤普森：《历史著作史》（下卷），第三分册，孙秉莹等译，北京：商务印书馆，1996年，第142页。
② 〔美〕丹尼尔·布尔斯廷：《美国人——建国历程》，中国对外翻译出版公司译，北京：生活·读书·新知三联书店，1993年，第465页。

由此各个民族具有独特的内在精神,这构成了世界的多样性,民族之间具有基本的价值平等。在这个意义上,赫尔德呼吁德意志传承和保持本民族的文化特性。① 他们相信,赫尔德和莱辛都证明了美国梦的独特性质。美利坚作为一个民族的确拥有共同的精神,讲同一种语言,并珍视共同的历史传统。②《北美评论》的另一位批评家乔纳森·查普曼(Jonathan Chapman)对赫尔德的理论提出了另外一种解释,即美国革命为人们描绘了社会向更高层次的文化不断上升的图景。③

新英格兰很多信奉唯一神论的知识分子都表现出对撰写历史的极大兴趣,因为他们意识到自己身为美国人和美国学者的责任感。④ 班克罗夫特写信给斯巴克斯说:"我们所希望得到的赞扬是在我们的领域内能对我们的国家的文化事业有所推动,爱国主义情感是最令人振奋的动机。"对本土文化的爱国主义呼声已经反复回荡在美利坚的上空,在19世纪最初的30年里,美国人更加强烈要求发现和保留历史记录,不仅仅是本国的,还包括同一时期西班牙、法国、德意志和英国的历史记录。市、州和联邦也纷纷拨款鼓励历史文献的搜集和历史著作的出版。⑤ 新英格兰的绅士们认为记录自己国家的历史是他们对国家的责任,他们甚至会帮助那些在政治观点上与其相左的著史者。作为民主党成员的班克罗夫特是新英格兰政治中的异端,但由于他是国家历史的著述者,那些政治上的反对派仍然很热情地帮助他搜集资料,并在其《美国史》出版后,给予了热烈的肯定和赞赏,并提出了中肯的意见和建议。

---

① M. D. Learned, "Herder and America", *German American Annals*, September, 1904, pp.531–570.

② Richard Arthur Firda, "German Philosophy of History and Literature in the North American Review: 1815–1860", *Journal of the History of Ideas*, Vol.32, No.1 (Jan.-Mar., 1971), p.136.

③ Richard Arthur Firda, "German Philosophy of History and Literature in the North American Review: 1815–1860", *Journal of the History of Ideas*, Vol.32, No.1 (Jan.-Mar., 1971), p.138.

④ Bert James Loewenberg, *American History in American Thought: Christopher Columbus to Henry Adams*, New York: Simon and Schuster, c1972, p.243.

⑤ Thomas Preston, *The Ttransition in English Historical Writing, 1760–1830*, New York: Columbia University Press; London: P. S. King & Son, Ltd., 1933, Chap. X.

第四节 《美国史》中的立国精神对19世纪中期美国社会的影响

一 《美国史》的开创性——第一部美利坚民族通史

19世纪初期，处于立国时期的美利坚急切地需要探索本民族的历史起源和国家使命，直到30年代，美国还没有出现一部利用原始文献和档案撰写的始自殖民地时代的美国通史。这时的美国史著作或是充满对本州甚至本县的虔敬感情的地方史，或是编年体例的历史文献选辑，或是洋溢着爱国热情的美国名人传记。班克罗夫特弥补了这个缺憾，他的《美国史》和他为期刊的撰文以及在美国各地的演讲所传递的思想观念正好回答了这些问题。他在这部书里发现并整理了美国历史上的重要的文献和档案，追溯了美利坚特性和政治制度的历史起源，叙述了自美洲大陆发现以来一直到制宪会议确立美国的政治框架的历程，概括了来到美洲大陆的不同国家、民族的人们所面临的共同的处境，在建立国家过程中逐渐形成的共同的精神，并挖掘了美国的主要特性，即自由精神的起源和传统，以自由原则为基础的完善的民主制度，以及在追求自由和民主过程中实现美利坚民族的统一，并肩负着传播民主的使命。这是第一部以新大陆发现为开端到制宪会议结束的美国立国史，而且是第一部由美国人撰写的美利坚民族历史的著作。

这部《美国史》记述的是从哥伦布发现新大陆到美国宪法制定和确立300多年的历史，记录了美利坚共和国从无到有的建立过程，其内容偏重于独立战争的准备、爆发和过程。以现在的眼光来衡量，这只能被视为断代史。但是，在19世纪中后期的美国，对很多社会问题比如奴隶制和南北战争，还不能从比较清晰的历史角度远观，也就不能得出定论，所以，在当时看来，班氏的《美国史》已然是第一部美国通史。

二 美国知识界对《美国史》的反响和评价

与班氏同时代的另一位著名的历史学家威廉·H.普里斯科特"充满愉悦和饶有兴致地"读完了《美国史》第一卷，认为这是"一部不朽的、没有偏见的、可读性很强的历史作品——这正是我们所需要的"。①普里斯科特表达了当时公众对《美国史》的反应："在这以前，想要从书籍中了解美国历史要依靠外国人的著述，最好的独立战争史是由意大利人博塔撰写的，而殖民地史的佳作则要诉诸苏格兰的历史学家詹姆斯·格雷厄姆。这部著作令人兴奋地填补了这种缺失。"尽管他承认那些由欧洲人撰写的美国历史具有种种优点，然而这些（欧洲）人却和他们研究的对象缺乏一种情感上的联结，也不能理解美国人最细微的、不易察觉的情感，偏见和特有的思考方式，而这些都是由这个民族的特性产生的。②当时著名的作家爱德华·埃弗里特在给班氏的信中热情洋溢地说道："你写了一部不朽的著作，它将成为我们民族的经典。"③

　　班氏曾把《美国史》的一些书稿送给他的朋友们，而这些人的评价在很大程度上代表了那个时代的一般看法。1852年，华盛顿·欧文称赞《美国史》切中了伟大的民族主题。1854年，西奥多·帕克在阅读了班氏的书稿后，对其资料的丰富翔实和主题的恢宏大气给予了很多的赞美："我不知道哪一种优点更值得赞美：是你搜集大量资料的勤奋，还是你展现了民族和种族进步的多彩图景的精湛技艺。我想你已经做到了我一直所期望的，即写一部崇高而恢宏的历史作品，不仅在英语世界，而且在任何地区看来都是如此。"④这一方面体现了班氏在使用一手资料的数量和方法上超过了其同时代的历史学家，另一方面说明了《美国史》切合了那个时代美国社会对一部优秀的民族历史著作的急切渴望。

　　19世纪中期，美国不同区域仍然具有鲜明的地方色彩，由于缺乏统一的信条，联邦还很松散，班克罗夫特把美国作为一个具有共同价值观和一致信念的民族共同体来书写，在对其历史发展的叙述中阐明了其共性。他的著作中不仅记述了新英格兰的历史，还记录南方一些州的发展状况，班氏还认识到了西部边疆对于美国历史发展和美国独特精神形成的重

---

① Russel B. Nye, *George Bancroft: Brahmin Rebel*, New York: Alfred A. Knopf, 1944, p. 123.
② William H. Prescott, *Biographical and Critical Miscellanies*, New York, 1845; "Bancroft's United States" (January, 1841), pp. 294-339; see pp. 308-310.
③ M. A. DeWolfe Howe, *The Life and Letters of George Bancroft*, Vol. I, Port Washington: Kennikat Press, 1908, pp. 205-206.
④ M. A. DeWolfe Howe, *The Life and Letters of George Bancroft*, Vol. II, New York: Charles Scribner's Sons, 1908, pp. 106-107.

要意义。当时美国比较突出的历史学家大多来自新英格兰,其历史著作大多凸显新英格兰在美国历史发展上的重要地位,对南部和其他地区却视而不见或一笔带过。班氏对美国各地区的这种相对公平的态度在当时来说是难能可贵的。1852年,马洪勋爵(Lord Mahon)从英格兰写信给班氏:

> 让我向你的能力表示庆贺,你居然阅读并使用了那个时期美国大量的文献……你用多种多样的资料完成了清晰晓畅的叙述,考虑到这是关于大西洋的一边的故事,那么这个叙述并没有过于冗长。我们应该记住,在英国与此相似的事件的叙述被称为"一种历史"(a history),而在美国却被称为"历史"(the history),在讨论美国的几个州时,你的语调是如此平等和公正,以至于从你的个人表达中判断不出你是在哪个州出生的。相同的正直和坦率的精神伴随你来到英格兰。①

班氏推动了民族史学的发展,致力于促进美国本土文化独立和发展的爱默生于1858年也对《美国史》由衷地赞叹道:

> 这部历史不仅富于伟人的轶事,而且还充满市镇和各州的伟大灵魂的事迹,而这是我没有想到的。而且,令我惊讶和着迷的是,它激发了人们的泪水;在人们接着读下去的时候,泪水也会不断地涌出来……这(撰写美国历史)是一项高尚的事业,我由衷地高兴,你从事了这项高尚的事业。②

三 《美国史》传递的美利坚特性——对于国家起源和使命的揭示

那么,班克罗夫特的《美国史》为什么能够得到除知识精英以外的美国社会的广泛接受呢?为什么能够在19世纪中后期的美国社会引起如

---

① M. A. DeWolfe Howe, *The Life and Letters of George Bancroft*, Vol. II, New York: Charles Scribner's Sons, 1908, pp. 106-107.
② J. Franklin Jameson, *The History of Historical Writing in America*, New York: Greenwood Press Publishers, 1891, pp. 103-104.

此强烈的反响呢？

在德意志浪漫主义和民族主义浪潮的影响下，班氏在对美国国家历程的叙述中发掘了美利坚的民族特性。班克罗夫特用很多的篇幅记叙了独立战争，这是因为，独立战争最能凸显美国自由的精神，由此建立起来的政治制度也是人类历史上的辉煌一笔，而这些最能体现美国与其他国家和民族与众不同的特性。班氏对美利坚民族特性的挖掘适应了当时民族文化勃兴的需要，因而得到广泛认同。班克罗夫特的著作还宣扬了美国承载的领导世界的使命，阐明了相比其他民族美国所具有的优越性，即美利坚特性，① 这种民族主义思想得到了很多知识精英的认同。

19世纪30年代，在大众教育和文化本土化的潮流中，这种以民族特征为种族特性存在前提的思想很快从历史学家那里渗透到学校的教科书和公众思想中。② 作为一个诞生不久的新国家，美国正处于寻求自我认同的过程中，美国社会在探寻其国家的起源和民族的特性，以期为自身和自己的国家寻找一种定位。而且，怎样的精神和信条能够凝聚所有来自不同地区、有着相异生活传统与背景的民众，也是一个需要解答的问题。

班克罗夫特通过自己的著作告诉美国人，美洲的主要移民——盎格鲁-撒克逊人、信奉清教的信徒从最开始便带着追求个人独立和自由的精神踏上美洲这片新大陆，他们坚持个人权利和民主平等的思想，最终冲破了欧洲封建制度的枷锁和大英帝国的殖民统治，建立了崭新和独立的美利坚共和国。作为一个统一的国家，美国追随上帝的指引，因此美利坚是一个得到神佑的民族，必然会不断向前发展，领导全世界追求民主和自由，这是一个不会停顿和不断上升的过程，即人类朝向在上帝伟大设计下的更美好的未来不断前进。这契合了美国人对于自身民族认同的

---

① 从种族特性（racial traits）出发的条顿生源论，在19世纪与强调民族特性（national traits）的潮流结合起来，进一步阐发了民族精神和民族传统。班氏把条顿生源论、浪漫主义和民族主义思想结合起来，揭示了美国作为一个统一的民族的历史渊源、共同的价值理念，也成就了美国不同于世界上其他民族和国家的特性，即美利坚特性。也正是在这样的历史语境中，班氏把美利坚与"民族"（nation），而不仅仅是"国家"对应起来，因此，可以把班氏的《美国史》称为民族史学（national history）的代表。

② George H. Callcott, *History in the United States, 1800–1860: Its Practice and Purpose*, Baltimore and London: The Johns Hopkins Press, 1970, p.167.

热切渴望，浸润着对美利坚民族的赞颂与信心，阐释了美国人的理想和要求，使其明了了自身的前景，以及形成一个统一和谐的民族的可能性，极大地鼓舞和振奋了尚处于成长时期的美国。正如1891年詹姆森教授在其著作中提出的洞见："班氏的《美国史》被迅速地接受和广受欢迎，是因为这位历史学家诚恳而热情地道出了美国人的心声和他们正在思考的关于他们自身的问题……班氏的《美国史》能够获此成功，是因为它反映了新式的杰克逊民主——饱满的信心、没有批判的对自己国家的赞赏和乐观的希望。"① 19世纪中期的美国正在经历着血与火的斗争，政治气氛紧张，研究国家起源的历史著作大受欢迎也不难理解。在一个充满冲突和分裂的时代，班氏不断提醒美国人，他们有着共同的信念。换句话说，他的历史著作满足了一种需要，而这种需要在内战后尤其显著。

班氏确切地道出了那一代美国人的所思所想——他们的民族是上帝引导的，建立在自由的基础上，并认为尊重普通人的价值和尊严的政府是世界的榜样。美国的历史是人性朝向完美状态不断进步的范例，美国执行了神圣计划的一部分。其著作充满了浪漫主义、黄金时代的乐观态度，完美地表达了时代精神。《美国史》在19世纪中后期的美国广为流传也就成为顺理成章的事情了。19世纪70年代，尽管有批评家不满于班氏作品中华丽的文体和膨胀的爱国热情，《美国史》的销售情况仍然很好。1874年，利特尔布朗出版公司（Little, Brown and Company）寄给班氏三张支票，总额是11500美元。1876年，《美国史》售出了18000套，到1880年，仍然售出了将近10000套。②

四 《美国史》的主题与时代精神的契合

班克罗夫特在《美国史》中发掘了美利坚特性，并把这种特性定格在历史中，其对美国立国的合理化、合法化解释，契合了那个时期美国的时代精神和社会思潮。在班氏给当时美国的另外一位历史学家的信中，他说道："民主、独立、大众自由，这些公众感情的倾向应该融入我们的

---

① J. Franklin Jameson, *The History of Historical Writing in America*, New York: Greenwood Press Publishers, 1891, pp. 103-104.
② Russel B. Nye, *George Bancroft*, New York: Washington Square Press, 1964, p. 166.

作品里。"① 因为美利坚合众国真正的学者应该尊重大众的想法，与这个自由民族的强有力的心灵们的直觉表达互相沟通，在知识和哲学上帮助人们理解这个民族的使命，并确保它的最终实现。② 在19世纪中期，帕克曼、普里斯科特和莫特利等几位著名的浪漫主义史学家虽然也赞扬美国的独特性，但是，他们的著述是关于欧洲和南美洲等异国题材的，他们并未撰写本民族的历史。理查德·希尔德雷斯也写出了6卷本《美国史》巨著，但是，他的观点没有体现当时盛行的民族主义思潮，他反对浪漫主义思潮，对美国社会多有批判，无法迎合时代思潮，所以，其社会影响不能与班克罗夫特相提并论。③ 班克罗夫特的《美国史》受到了最为广泛的关注和欢迎，其中最主要的原因是班克罗夫特探寻美国作为一个独立的新国家区别于其他民族的独特性，从历史的高度揭示了美利坚民族的起源、美利坚的民族特性以及美利坚的民族使命等重要主题，这无疑为正在起步的美利坚指明了精神上的方向。

"班氏的著作增强了美国人对于共和国制度的忠诚，他在《美国史》中表达的思想就是那个时代的精神反映，因此，这部书成为研究19世纪美国民族心理的重要文献。"④ 在这个意义上，《美国史》的影响是非常深远的。"班克罗夫特的《美国史》是美利坚民族崛起的伟大捍卫力量，其中贯穿的未完全成长起来的美国精神是独立战争以外的另一种热情宣言。"⑤ 直到20世纪60年代，埃德蒙·S. 摩根（Edmund S. Morgan）还认为这个新英格兰人（班克罗夫特）是美国革命时期最伟大的历史学家。几乎没有哪个历史学家直接并成功地揭示美国是怎样遵循自由和平等的原则成长为一个国家的重要问题。⑥ 在这个意义上，班克罗夫特不

---

① Michael Kraus, "George Bancroft 1834-1934", *The New England Quarterly*, Vol.7, No.4 (Dec., 1934), p.663.
② Russel B. Nye, *George Bancroft*, New York: Washington Square Press, 1964, p.80.
③ Machael Kraus, *The Writing of American History*, Norman: Oklahoma University Press, 1937, p.129.
④ Watt Stewart, "George Bancroft Historian of the American Republic", *The Mississippi Valley Historical Review*, Vol.19, No. (Jun., 1932), pp.77-86.
⑤ Michael Kraus, "George Bancroft 1834-1934", *The New England Quarterly*, Vol.7, No.4 (Dec., 1934), p.685.
⑥ Harvey Wish, *The American Historian: A Social-intellectual History of the Writing of the American Past*, New York: Oxford University Press, 1960, p.85.

愧为"美国的第一个民族史学家"。

五 理想与现实的矛盾——美利坚特性对于 19 世纪中期美国的现实意义

　　班克罗夫特在其《美国史》中为人们描述了秉承自由精神、建立完善政治制度的美国不断走向统一，并不断进步的美好图景，其中充满了浪漫主义上扬的精神气质和黄金时代的乐观自信。但是，19 世纪中期美国的现实社会与班氏所描述的消灭了宗派和阶级的自由社会还相去甚远。这个兴起不足百年的国家在现实中仍面临诸多困境，并隐藏着很多不稳定的因素。由于历史起源、地区特点和发展方向的不同，以工商业为经济主体的新英格兰地区、农业垦殖区即广阔的西部和从事棉花种植的南部在关税制定、金融货币体制如第二合众国银行，以及为定居者提供免费宅地等诸多问题上存在着矛盾和冲突，这对于刚刚建立不久的联邦构成了一种威胁，也引起大力维护联邦统一和团结的人士的警觉。19 世纪 30 年代，在由关税税率引起的南北对立得到勉强平息以后，杰克逊在一封信中写道："没有什么能比分裂联邦的想法更使我感到惊诧了。这样的事情一旦发生，我认为我们的自由也就丧失了。"① 而奴隶制及其带来的冲突使美国陷入战火和分裂的状态。杰克逊以普通人的身份荣登总统宝座刺激了信奉个人奋斗的"美国梦"，使杰克逊时代被冠以"平等"和"民主"的荣耀。杰克逊式民主虽然显示出一定的平等精神，但在很大程度上带有平衡不同经济集团利益，并保持联合执政的政治策略性。

　　这样看来，班氏所宣扬的美利坚特性中的自由、民主和趋向统一仿佛是脱离了现实的美丽图画。与美国现实社会显现出的并不明亮和美好的现实相比，班氏阐发的美利坚特性看似陷入了悖论。然而，19 世纪中期，美国正处于国家建设时期，美利坚要想崛起于世界民族之林，不仅要依靠经济力量的壮大和政治制度的完善，还需要一种具有凝聚力的共同信条和民族精神引领这个新国家冲破现实的阻碍走向统一和强大。班克罗夫特阐发的主题正好为面临各种现实问题的美国指明了出路。班氏所描绘的美利坚拥有的共同特性、平等的民主社会和统一的国家正是当

---

① 何顺果：《美国史通论》，北京：学林出版社，2001 年，第 125 页。

时的美国人所期盼的，这为处于困境中的美国带来美好的愿景和未来的希望。"直到内战前，美国人便一直怀有这样的设想，即美国作为一个民主社会，注定会在世界众多的国家中占有一种特殊的优越地位，美国也因此免于欧洲的专制和等级制度产生的暴力。一个自信的、进步的美国，并作为反对旧世界的象征，也因此成为团结美国自身的象征。"①

这一方面说明了班氏眼中的美利坚特性是他在对美国历史带有美好想象色彩的叙事中建构起来的，而这幅美丽的蓝图被当时的人们广为接受，也说明了国家建构过程中带有理想主义色彩的信念和对自身的接纳是多么的不可或缺，而美国的成长尤其说明了这一点。这个缺少历史的国家却使自身的民族特性在历史中定格，并成为其成长壮大的精神动力，渗透到国家的意识形态以及国家政策和生活的各个方面。这种对民族特性的认同和接纳在美国的飞跃发展中发挥了无形的却不可低估的作用。

六 《美国史》与19世纪中期美利坚民族认同的构建

班克罗夫特在其著作中对美利坚区别于欧洲旧大陆，而成为一个独立、统一的民族进行了进一步发掘，并把其民族特性上升到历史的高度，定格在历史发展的过程中，这反过来也促成了美利坚特性的形成，并坚定了人们对于具有这些特性的美国必然会不断向前发展的信心。19世纪中期以后，美国在各个方面逐渐摆脱了对于欧洲的依附，而不断崛起，最终成为世界大国之一。除却经济活力、先进的政治制度和历史机遇等因素促进了美国的强盛，对美利坚民族特性的认知和对民族精神的认同是促进美国快速发展的一种潜在因素，也是推动美国自身成长不可忽视的强大动因。

班克罗夫特这部10卷本的《美国史》巨著洋溢着对美利坚共和国毫无保留的赞颂，有时他的这种爱国激情会使其叙述暂时偏离了主题。虽然班氏自己也曾经说过："理性比带有偏见的热情更加可靠。"但是，他自己不可遏制的热情使他的一些观点不免失之偏颇。有时他甚至为了表达自己强烈的爱国情感，而不惜编出惊心动魄的历史情节，例如班氏对

---

① David Morse, *American Romanticism*, Vol. II, Basingstoke, Hampshire: Macmillan Press Ltd., 1987, p. 2.

于独立战争爆发时一些细节的描绘就偏离了真实的历史记载。他对美国的政治制度充满了信心，他确信美国会成为所有国家的领导者，他对民主的信念有时导致他把与民主无关的事件也贴上民主的标签。然而有趣的是，这种偏见也成为当时美国社会日趋膨胀，且愈演愈烈的民族自信心和自豪感的代表，他对美国繁荣前景和美好未来的无限憧憬和极大的信心，为当时正在寻求身份认同的美利坚民族在心理上提供了急需的养料，满足了当时的美国人的渴望和要求，使《美国史》取得了巨大的成功。

虽然班克罗夫特看待美国历史有失公允的态度受到了19世纪末期兴起的科学的历史学派的批判，他在《美国史》中传达的某些观念在现在看来也有些道德说教的意味而不合时宜，但是班氏给出了19世纪中叶的美国人正在急切寻找的答案并帮助塑造了美国的民族特性，这成为后来美国国家意识的核心内容。后来的历史学家也倾向于在美国人共同信奉的理念中来寻找其作为一个整体的特性。

19世纪中期的历史研究者认为对过去的探究不仅是为了理解过去。对历史知识的学习和研究体现了对社会的公共职责，历史研究是一项文化上的义务。历史的重要功能是塑造公民身份。另外，历史写作是自我实现的工具。"历史感"（a historical sense）拓展了自我认识和个人提升的渠道。明了过去，尤其是国家（民族）的过去，有利于构建精神上以及实际的公民身份，[1] 进而构建民族认同。

后来的学者也在不断探讨作为移民国家的美国的民族认同问题。科恩提出，美国的建立不是依靠族群特性和文化，而是基于自由的理念，美国甚至没有一个自己的族名来凝聚国人的情感，它是历史上第一个把自己等同于一种理念和思想的民族，"成为一个美国人意味着让自己认同这种理念"。[2] 希尔默·D. 芬什（Schirmer D. Finzsch）认为美国方式主要指的是思维方式，或者说主要指的是"思想"。许多美国学者认为，美国的民族认同标准既不是语言文化，也不是经济和地域，而是思想。

---

[1] Bert James Loewenberg, *American History in American Thought: Christopher Columbus to Henry Adams*, New York: Simon and Schuster, 1972, p. 17.

[2] Hans Kohn, *American Nationalism: An Interpretative Essay*, New York: Macmillan, 1957, pp. 7-9.

芬什指出,"与欧洲国家不同,美国人没有共同的曾经长期生活在一起的地域。没有共同的文化背景和语言,他们所有的共同的东西只有思想"。① 科基·罗伯茨认为,"除了宪法及其确立的体制,没有任何东西把我们凝固成一个民族——没有共同种族、历史,甚至语言"。按照美国学者的看法,能够代表美利坚民族的思想就是民主与自由的共和主义观念。"长期以来,美国民族认同的核心因素就是自由和平等的观念。"②

斯坦利·霍夫曼(Stanley Hoffman)在谈到美国国家认同的单一性和纯粹性时说:"信奉任何宗教,属于任何族裔的人,只要认同美国的宪政民主制度,捍卫和遵守宪法,就可以形成对美国的国家认同,成为美国的公民。从这个意义上说,移民社会的特点使美国的国家认同是一种典型的自由主义认同。它更加强调意识形态和制度共识,而降低族群与文化因素。当国家认同的基础是一种普世主义原则的时候,美国的国家认同也就从欧洲的族群认同(ethnic identity)转变为一种公民认同(civic identity)……美国是最纯粹的自由主义国家(liberal nation par excellence),虽然英国也是一个自由主义国家,但君主制和古老的传统仍是构成英国独特性必不可少的要素,而美国则不然,构成美国独特性的是它的普世主义的自由理念。"③

浪漫主义和民族主义盛行的19世纪的大部分时间里,在美国社会,无论是知识精英还是普通大众都倾向于在以"民族特征""时代精神"等概念为中心的思潮中来定义本民族或国家的独特性和优越性,并由此构建社会的核心理念,班氏在《美国史》中挖掘的美利坚的自由精神和民主制度以及统一的历程无疑增强了来自不同地方的美国人对将自身确立为具有共同精神和信条的民族的认同感,并促进了美国精神的成长。《独立宣言》虽然宣布了美国的独立,但并没有完成立国的历史任务。因为在那时,美国刚刚实现了政治上的独立,文化和精神上的独立仍需时日加以确立。班克罗夫特通过探寻美利坚作为一个民族的共同起源、

---

① Schirmer D. Finzsch, *Identity and Intolerance: Nationalism, Racism, and Xenophobia in Germany and the United States*, New York: Cambridge University Press, 1998, p.12.
② Machael-Lind, *The Next American Nation: The New Nationalism and the Fourth America Revolution*, New York: The Free Press, 1995, pp.3, 13.
③ Stanley Hoffman, "More Perfect Union", *Harvard International Review*, Vol.20, No.1, Winter 1997/1998, p.74.

共同特征以及共同使命，在历史中进一步挖掘并宣扬了美利坚的立国精神及其凭借的原则和哲学思想，将其归纳为美利坚特性，并把这种美利坚特性在历史中定格，使之形成一种精神传统，在美国后来的政治、文化、外交政策和自我形象的树立等方面都能看到这种美国精神的踪迹。所以，后来的学者所阐发的美国的国家认同或公民认同都脱离不了这种核心精神。在美国的国家成长过程中，我们看到了民族史学与其立国精神互相促进的关系：民族意识的萌生对历史阐释的需要推动了民族史学的发展，历史著作中挖掘的美利坚立国精神促进了以其为核心的民族意识的成长。

第五章　班克罗夫特史学在美国史学史中的地位

班克罗夫特的《美国史》从1834年出版以来，在美国社会引起了强烈的反响，对其的评价也褒贬不一。威廉·H.普里斯科特"充满愉悦和兴致地"读完了第一卷，并发现这是"一部不朽的、没有偏见的、可读性很强的历史作品——这正是我们所需要的"。①《美国评论季刊》称班氏的历史是"明智的和准确的，他的语言雄浑有力，清晰易懂"。②《南方评论》则认为班氏"一生都是一个党派政治家"，并指责他"根据自己的理论和需要来对待事实"。③ 1874年，亨利·亚当斯在《北美评论》上发表文章，认为班氏"太容易因为辞藻的推敲而牺牲准确性，他的历史视角像布景画师一样具有欺骗性"。④ 那么，到底要如何评价班氏的写作方法和历史观呢？班氏是如其所言，批判地检验资料，还是根据其历史观念来进行叙事呢？

第一节　19世纪中期史学语境中的《美国史》

一　19世纪中期"真实"的标准与《美国史》

如前文所述，浪漫主义者认为，"好的历史归属于心灵"，历史著作应传递过去的时代精神和整体氛围，这就需要历史学家借助情感、直觉和想象力重现过去。而且，19世纪中期"真实"的标准与科学历史学的"真实"亦并不相同。这里的"真实"指向遥远的时代精神。呈现出时代精神，使读者有身临其境之感，是历史学家追求的首要目标。班克罗

---

① Russel B. Nye, *George Bancroft*, New York: Washington Square Press, 1964, p.182.
② Russel B. Nye, *George Bancroft: Brahmin Rebel*, New York: Alfred A. Knopf, 1944, p.123.
③ Russel B. Nye, *George Bancroft*, New York: Washington Square Press, 1964, p.184.
④ Russel B. Nye, *George Bancroft*, New York: Washington Square Press, 1964, p.187.

夫特虽然是在讲述从美洲大陆发现到美国制宪会议时期的历史，但其中融入了 19 世纪中期美国人乐观向上的精神气质，对美好未来的无限信心以及作者自己对以平等为基础的民主的忠诚信念，而这些正是 19 世纪中期美国社会的时代精神的缩影。

另外，19 世纪中期的历史作品是面向大众的，浪漫主义史学家认为，他们应摒弃 18 世纪启蒙时期以自我为中心的哲学式探讨。历史学家不应该仅仅关注事实本身，还要挖掘事实深处的真理，使读者感受到过去的精神和氛围，并在精神上和情感上身临其境。帕克曼认为风格和体裁，而非细节是通向历史真实的最高贵的途径。普里斯科特观察到，丰富的辞藻有时候比语言本身更能阐释过去。班克罗夫特把诗人看作最伟大的现实主义者。①

班克罗夫特为了使读者能够体会历史的真实情境，经常使用丰富华丽的辞藻，运用各种文学修辞方式来烘托气氛，描绘或惊心动魄或催人泪下的情节或场景，有时候，为了追求一种戏剧化的效果，过分的渲染偏离了历史事实。直到现在，是谁打响了美国革命的第一枪仍然是个谜团，但班氏在叙述独立战争一触即发之时断言，是英国指挥官皮特克恩（Pitcairn）在莱克星顿打响了第一枪并大喊"开火！"，"英国人发动了令其致命的炮火，只有一些美国人出于自愿开火"。② 这也符合上帝的意旨。《北美评论》也认为，"其（班克罗夫特）语言有时候有失准确性"。浪漫主义史学家对于历史的整体氛围的营造使其强调文学技巧和直觉等主观体验，而造成了有时候对事件"真实"的忽视。

在 19 世纪后期以前，历史还没有成为一个独立的学科，从事文学、历史、哲学写作和研究的人统称为"写作的人"。历史学尤其被认为是文学的分支，为哲学阐释提供实例，历史写作也受到哲学理论和文学方法的影响。与此同时，利用自身的知识和才华，不虚度光阴，通过自己的作品来实现对社会的责任，是 19 世纪从事"写作的人"普遍持有的观念。写作历史成为自我实现的工具。"历史感"（a historical sense）加深

---

① George H. Callcott, *History in the United States, 1800–1860: Its Practice and Purpose*, Baltimore and London: The Johns Hopkins Press, 1970, p.139.

② George Bancroft, *History of the United States of America from the Discovery of the Continent*, The Author's Last Revision, Vol. II, New York: D. Appleton and Company, 1890, p.155.

了自我认识和个人充实的渠道，明了过去，尤其是民族（国家）的过去，构建了精神上以及实际的公民身份。①

随着美国大众教育的普及，当时的普通人会在闲暇时间阅读历史著作，并关注其真实性，但是人们最终还是希望从这种被保证真实性的阅读中得到不同于小说的更深层次的乐趣。而且，历史事实的准确性并非第一要务，雄辩的风格和洋溢的文采才是公众关注的中心。另外，对于班氏和读者来说，历史不仅要客观准确地再现过去，而且要具有某种重大意义，在进行教诲的事实陈述下一定要有个明确的主题。从历史观上来讲，大部分的历史学家认为历史发展过程贯穿着一种精神，历史是精神的产物。因此，这个时期的历史作品会以"预期设想"为前提，这个"预期设想"即是时代精神的反映。② 所以，历史著作的主题反映了统一的时代精神。

班克罗夫特的《美国史》从当时美国社会急于解决的问题，即美国的起源、特性和未来的前途出发。班氏不仅回答了这些问题，还增强了当时还很弱小的美国的信心，使其不仅明了了自身的独特性，还看到了自身的优越性，并为《美国史》中班氏所提出的美国的美好前景感到振奋。但是，其中澎湃的民族主义热情让爱默生认为班氏"不时地在其行文中加入男孩子般的欢呼"，尽管爱默生非常喜欢班氏的作品。卡莱尔在英格兰写的信也暗示了班氏表现出过于高涨的爱国热情。专业历史学家对班氏的批评则更加尖锐，爱德华·埃格尔斯顿认为班氏的作品是"鼓乐喧天的唱颂歌的历史"，而班克罗夫特对美国民主制度的信仰和赞颂使得有些人批评他"为杰克逊投票"。

有时，班氏会以自己的愿望解释过去，美化自己的祖国或心中的英雄人物，而忽视把事实作为证据。他对条顿人的热爱使他认为普鲁士是自由最坚定的朋友，并把普鲁士冠以"近代自由启蒙者"的美誉，他夸大了弗里德里克大帝对殖民地无关紧要的帮助，却没有分析普鲁士援助殖民地的原因，认为弗里德里克大帝是殖民地反对英国的自由事业的无

---

① Bert James Loewenberg, *American History in American Thought: Christopher Columbus to Henry Adams*, New York: Simon and Schuster, 1972, p. 17.
② George H. Callcott, *History in the United States, 1800–1860: Its Practice and Purpose*, Baltimore and London: The Johns Hopkins Press, 1970, p. 151.

私支持者，① 而这是因为班氏本身对俾斯麦的崇敬。班氏阐发的这种感慨带来多处对主题的偏离，如对宗教改革的论述，还有最后一卷中对德国历史的大量叙述。② 班氏还为条顿精神披上动人的乐观主义的外衣，而这正是19世纪中期的美国人所热切盼望的。③ 班氏相信大多数人管理国家的民主制度，却无视殖民地生活中仍然存在着的神权政治和贵族统治。他认为，英国的殖民地政策是商业上的贪婪和政治上的专制，《航海条例》意味着压迫。英国议会对殖民地无正当的法律权力，乔治三世是个彻头彻尾的暴君；美国革命受到全体一致的欢迎，除了黑心的托利党人。班氏对英国过分责备，对美国人的齐心协力则过于夸大。在《美国史》第八卷的卷首插图上，班氏甚至要求出版社在刻版时去掉富兰克林脸上的痣。④

约翰·斯潘塞·巴西特认为，班氏的偏见和热情毫无疑问使他站在美国革命的立场上，即使他对一个人的行为描述和判断出现错误，这个错误也是出于真诚。以想象见长的作品经常会使用模糊的、朦胧的表达方式。班氏作为一个文学史学家，也不可避免地会运用类似的技法。所以，在这种情况下，应该减轻其受到谴责的程度。⑤ 巴西特对班氏的作品持一种很宽容的态度。他是在充分考虑到班氏所处时期的社会背景和历史观念后才下如此结论的。对一个刚刚脱离殖民统治，仍然笼罩在革命胜利光环下的新国家来说，站在英国和贵族专制的对立面，对于美国革命的热情赞扬，甚至失之偏颇的立场，都是自然的情感。而当时的历史学家并未被要求在历史写作中贯彻一种冷静和批判的态度。虽然班氏自己声称要记录历史的真相，但是，在民族热情和政治信仰的感染下，

---

① George Bancroft, *History of the United States of America from the Discovery of the Continent*, The Author's Last Revision, Vol. V, New York: D. Appleton and Company, 1890, pp. 233-235, 237.
② George Bancroft, *History of the United States of America from the Discovery of the Continent*, The Author's Last Revision, Vol. VI, New York: D. Appleton and Company, 1890, pp. 96-128.
③ Harvey Wish, *The American Historian: A Social-intellectual History of the Writing of the American Past*, New York: Oxford University Press, 1960, p. 79.
④ DeWolfe Howe, *The Life and Letters of George Bancroft*, Vol. I, Port Washington: Kennikat Press, 1908, p. 236.
⑤ John Spencer Bassett, *The Middle Group of American Historians*, Norwood, Mass.: Norwood Press, 1994, pp. 187-188.

他的字里行间不由自主地表露了美利坚的优越性和先进性。生动的描述和夸张的修辞等文学技法的使用，无疑又会使他情不自禁地渲染历史事件和场景，历史是一出戏剧，要惊心动魄或催人泪下。而且，历史学家是面向公众的，一方面要吸引公众，另一方面要使公众从历史作品中获得教益，得到熏陶和完善。所以，完全板起面孔的、冷冰冰的批判是行不通的。

二 19世纪中期的历史写作惯例与《美国史》

19世纪20年代开始，美国人意识到撰写国家历史的必要性和急迫性。一些美国学者开始整理和搜集发现美洲大陆以后的档案资料，编写美利坚建国的历史。这个时期美国历史著述者所使用的资料大部分为二手资料，如埃德蒙·伯克（Edmund Burke）的《年鉴记录》（*Annual Register*）、大法官约翰·马歇尔的《华盛顿传》，他们从《年鉴记录》和其他历史学家的作品中直接摘录了很多内容并为己所用。① 还有一些历史作品直接从《年鉴记录》大段摘录，且不注明出处。《年鉴记录》成为公认的、可以从中随意撷取资料和段落的文献。这在当时的历史写作领域被认为是十分正常的事情，甚至成为一种惯例。直到19世纪后期，从事历史写作和历史研究成为一项专门的职业，而非仅凭历史著述者的爱好或在业余时间的消遣而成，或出于社会责任感而就，历史学才建立了对于引用和注释的使用要求等学术规范。但是，在19世纪的大部分时间里，美国的历史学仍然处于业余阶段，国家和各州专门搜集和存放历史文献的档案馆刚刚建立，历史研究所和历史协会渐渐发展起来，在大学的学科设置中，历史学还没有成为一门独立的学科，历史学在美国还没有成为一种专业。19世纪中期，人们认为历史学是有尊严和特色的文学艺术，历史学家被认为是与诗人和哲学家一样的学者。那时，不加鉴别、不注明出处、大段地互相引用是习以为常的事情。有的历史著述者甚至以自己的作品不被告知地、大段地被别人引用为荣。

当时的很多历史学家都被后来的批评者认为是剽窃者，在当时，这

---

① Harvey Wish, *The American Historian: A Social-intellectual History of the Writing of the American Past*, New York: Oxford University Press, 1960, p. 45.

却是一种惯用的做法，而且这些作者从来没有隐瞒自己大段地引用或篡改其他人的作品。相反，贾雷德·斯巴克斯曾坦白地直陈其对引用的资料做出修改的原因："我认为这是我作为一个编辑的责任，所以才会去冒险修改原有的句子和已经形成的判断。"在斯巴克斯开始进行华盛顿总统的传记的写作之前，约翰·亚当斯提出建议："他最好自如地修改华盛顿总统信件中拼写和语法的大错误。"约翰·马歇尔、爱德华·埃弗里特以及诺亚·韦伯斯特，甚至马萨诸塞历史协会都建议他修改原稿中的错误。① 在那个时期，作者按照臆断来修改原稿，或者直接引用其他人的著作，而不加注释或不加以说明，成为默认的一种惯例，在当时几乎没有人提出异议。

所以，当20世纪的学者批判大卫·拉姆齐的剽窃行为时，19世纪早期的公众却可以接受他的这种做法，因为他们认为拉姆齐表现的文学技巧要比原作高明。② 有人甚至振振有词地讲到，历史学家为了使原文更有可读性，是可以修改原作的。"如果麦考莱或班克罗夫特的历史著作被改变了形式会怎么样呢？天才的作品是不怕被'改变'的，因为他们不会惧怕其作品的原创思想在改换词句时被淹没。"③

另外，在浪漫主义时期，历史的可读性成为衡量历史作品的重要标准。因此很多编辑都会承诺读者，为了达到最好的阅读效果，他们会修改原作中的一些错误，甚至会改变早期历史文献中的语法，而使其更符合当时的阅读习惯和品味。④ 当时的出版界也普遍认为在出版个人通信之前，没有把其设计或修改成作者本来想要的形式，对作者是不公平的。斯巴克斯认为"去修改作者的笔误是一个编辑的崇高责任，因为如果作者能够修改他的手稿的话，他也不会让这样的错误存在"。⑤

---

① Herbert Baxter Adams, *The Life and Writing of Jared Sparks: Comprising Selections from His Journals and Correspondence*, Vol. I, Boston, 1893, p. 46; Vol. II, pp. 269-272.
② George H. Callcott, *History in the United States, 1800-1860: Its Practice and Purpose*, Baltimore and London: The Johns Hopkins Press, 1970, p. 137.
③ George H. Callcott, *History in the United States, 1800-1860: Its Practice and Purpose*, Baltimore and London: The Johns Hopkins Press, 1970, p. 138.
④ George H. Callcott, *History in the United States, 1800-1860: Its Practice and Purpose*, Baltimore and London: The Johns Hopkins Press, 1970, pp. 131-132.
⑤ Herbert Baxter Adams, *The Life and Writing of Jared Sparks: Comprising Selections from His Journals and Correspondence*, Vol. I, Boston, 1893, p. 6.

19世纪前半期的历史学家并不注重作品的原创性，历史学家之间互相引用成为一种风尚。威廉·戈登（William Gordon）引用了拉姆齐著作中的一段，并加以修改和润饰，却没有说明这是一段引文。当拉姆齐再次使用这段资料时，他欣然引用了戈登修改过的版本。[1] 在历史学还没形成专业的学术界，没有同行之间的评议时，大众即是历史学家写作的受众，而在大众读者的期望之下，当引用和注释还没有成为一种规范时，对历史资料的修改或臆断也不会被人指责，因为历史写作是服务于其目的和受众的。那并不是专业化和大众教育普及的时代，准确性让位于可读性，客观性让位于主题的展开，叙述的连贯性让位于博学的显示。

三 19世纪中期的史学语境下对班克罗夫特史学的评价

正是在这样的历史著述惯例下，由于不满于美国历史写作的现状，班克罗夫特决定在资料的甄别使用、写作方法和历史观上进行改变，同时也展示了撰写一部宏伟的民族历史的雄心。班氏曾对美国现有的历史著作所使用的文献的真实性和准确性表示怀疑，且不满于以讹传讹。他认为，从前的历史著作经常是草率而就的，没有经过准确和严格的调查，也没有以经过检验的资料作为基础。他决心要发掘大量的原始资料，并通过鉴别和比较的方法来揭示历史的真实。[2] 在《美国史》的后几卷，班氏不断地强调：

> ……要摆脱偏见，就像自然历史的学生审视最不起眼的花朵，以毫无歪曲和美化的态度去寻找发现其复杂结构的途径。对于历史研究者来说，背离精确的审视就如同天文学家打破了望远镜，而以臆断去计算行星的轨道。[3]

---

[1] Elmer Douglass Johnson, "David Ramsay: Historian or Plagiarist?", *South Carolina Historical Magazine*, LVII (October, 1956), p. 195. 转引自 George H. Callcott, *History in the United States, 1800–1860: Its Practice and Purpose*, Baltimore and London: The Johns Hopkins Press, 1970, p. 137。

[2] George Bancroft, *History of the United States of America from the Discovery of the Continent*, The Original Edition, Vol. I, New York: D. Appleton and Company, 1834, Preface.

[3] George Bancroft, *History of the United States of America from the Discovery of the Continent*, The Author's Last Revision, Vol. II, New York: D. Appleton and Company, 1890, p. 268.

班克罗夫特也确实使用了很多不为人知的原始资料。他对于资料的谨慎态度和对证据比较鉴别的方法在当时美国的历史编纂领域是十分难得并具有开创性的。在班氏从事历史写作的大半个世纪里，他不倦于查阅从前无人问津的文献。而且，他还利用自己政治家和外交家的身份整理并发掘了普通人无法接触到的政府档案和参与历史事件的重要人物的信件和文稿等。班氏在搜集资料上不仅付出了大量的时间和精力，而且花费不菲。从 1834 年出版《美国史》第一卷之后，班克罗夫特每月收到利特尔布朗出版公司的版税 200—500 美元，到 1841 年，他共收到版税 4250 美元，他每月用于查资料的支出平均为 150 美元。①

当班氏出版《美国史》第一卷时，班氏在哥廷根大学的老师——赫伦在信中赞扬了他一丝不苟的精神、使用大量且广泛的资料和对自己国家历史的热情，称这部作品为"真正充满灵感的历史"。② 这本书进入了三分之一的新英格兰家庭，班克罗夫特的名字变得家喻户晓。班氏的姐姐写信说，有人问她的弟弟是不是疯了，他竟然在讲述历史的事实。这本书最令人惊讶之处就是以客观的眼光来看待历史的人物和事件。③ 詹姆斯·福特·罗兹（James Ford Rhodes）的研究就是建立在班氏著作的基础上的，他知道班氏并不是如当时的很多历史写作者那样通过抄袭《年鉴记录》来讲述美国革命，而是使用了大量的原始资料。④ 1838 年 5 月 1 日，在《美国史》第一卷第三版的序言中，班氏说他对第一版做了一些修改。他吸取了一些反面意见，但仍不会改变公正无私的职责。即使是在 20 世纪 60 年代，班氏的著作也得到了很高的赞赏。历史学家埃德蒙·摩根认为班克罗夫特比他同时代的任何一个历史学家都掌握更丰富的资料，并更懂得运用这些资料。这是他不同于和超越其同时代的其他历史学家的地方。⑤

---

① Russel B. Nye, *George Bancroft: Brahmin Rebel*, New York: Alfred A. Knopf, 1944, p. 121.
② DeWolfe Howe, *The Life and Letters of George Bancroft*, Vol. I, Port Washington: Kennikat Press, 1908, pp. 209-210.
③ Russel B. Nye, *George Bancroft: Brahmin Rebel*, New York: Alfred A. Knopf, 1944, p. 103.
④ Harvey Wish, *The American Historian: A Social-intellectual History of the Writing of the American Past*, New York: Oxford University Press, 1960, p. 85.
⑤ Harvey Wish, *The American Historian: A Social-intellectual History of the Writing of the American Past*, New York: Oxford University Press, 1960, p. 85.

当历史著作的引用和注释还没有形成一种学术规范时，班克罗夫特曾经很自由地修改引用资料的时态、语气，调换句子的顺序，简化语言并自由地加以润饰。"他曾经用来源不同的资料组成一个完整的句子……"① 班氏还经常向读者提供其不熟知的信息，并偏离主题。比如德国的简短历史、奴隶制的梗概、文艺复兴以后的欧洲政治概览、弗里德里克大帝的优点、有关印第安人的专门知识。②

评价班氏必须将其置于其所处的时代，这样对于班氏才显公平。在19世纪末，历史学家具有更好的研究手段、更准确的批判和解释标准、更客观的历史判断标准和更理性的展现历史资料的方法。浪漫主义史学家不够严谨的方法和文学的表现方式受到专业史学家的批评。但是，对于19世纪中期的历史学家来说，只有与过去精神上相通的历史作品才是真实的和最好的，怎样生动地再现历史的场景和氛围是当时的历史学家颇费心思的事情。这就需要修辞的锤炼、词语的选择、风格的修饰等文学技巧。因此，一方面，事实有时会在各种文学修饰中被描画得无比多彩而被淹没；另一方面，对于19世纪中期的历史学家来说，事实上的真实不一定是最终的真实。在历史学家的描述和引导下，读者能够体会到历史的时代精神，才是历史写作追求的最高境界。因此，形式被赋予了大于内容真实的意义，最终的真实在于精神的真实。这也是前面所提到的浪漫主义史学的"真实"与19世纪后期兴起的专业史学的科学和客观截然不同的衡量标准。19世纪后期的专业历史学比班氏时期的历史学更加规范化和体系化。但班氏开始写作的时候，历史研究并不那么强调证伪和对资料的甄别，也没有关于使用注释的标准和规定。班氏的历史是19世纪中期的美国人认为应该书写的历史。

班克罗夫特注重过去对当代社会的道德训诫或对国家发展的借鉴意义，这体现了浪漫主义史学家强烈的社会责任感。在历史描述中，班氏热衷于宏大的场面，叙述中带有强烈的文学倾向。他对华丽的辞藻、壮观的场面和宏大的叙事结构有浓厚的兴趣，有时为了其作品的趣味性而不惜牺牲真实性，这一方面是受到其历史观念的限制，另一方面是由于

---

① Russel B. Nye, *George Bancroft: Brahmin Rebel*, New York: Alfred A. Knopf, 1944, p.193.
② Russel B. Nye, *George Bancroft*, New York: Washington Square Press, 1964, p.190.

在 19 世纪大部分时间里，历史学仍然附属于文学和哲学，并未完全建立起自身专业的方法。班克罗夫特有时候对于史料按需剪裁而扭曲了个别历史事件的真实性，这是专业史学家对其批评的中肯之处。但班氏在其主导的历史原则下，仍然力图真实地重构过去，搜寻历史真实的细节，尽力去发现历史中不同于小说的事实，正如浪漫主义者所言，历史学家始于真实。因此，班氏对于文献和档案的整理和使用，为后来的专业史学家奠定了研究的基础。

在 1854 年出版的《美国史》第六卷的序言中，班氏强调鉴于自己撰写的历史的主题的宏大和重要性，全面的和综合的研究才有效。① 这种综合的观念是浪漫主义史学家对于历史研究的独特贡献。正是由于班氏具有综合的观念，他把人类的过去视为一个整体，拓展了其历史研究的视野。班氏关注公众的期待，希望在其著作中为读者构筑真实的过去，使人们意识到过去的存在及其存在的意义，过去成为联结人类现在和未来的重要环节，由此塑造了人们对于历史尊重的意识。

对于班克罗夫特等浪漫主义史学家来说，历史是愉悦、忧郁与智慧的结合体。当一位历史学家沉浸在"忧郁和孤独的沉思"中时，他在历史的浪潮中看到了王朝和国家的兴亡，同时也感受到了历史中既有转瞬即逝的事件，也有永恒不变的价值和美德。在这个过程中，他充实了灵魂，并在追溯和哀悼高贵的美德逝去的同时感受到了庄严的愉悦。② 浪漫主义者认为，智慧和愉悦在历史中并存，这不仅是他们的历史观，也是他们从历史中感受到的人生。他们这种崇高的目标恐怕是被后来的很多科学史学家所忽视的，同时也是他们中的很多人所无法企及的。

四 班克罗夫特与兰克

关于班克罗夫特的历史观，本书的第二章已经进行了详细的分析和探讨。在这里，笔者通过引入兰克在美国史学界的形象，以期对 19 世纪

---

① George Bancroft, *History of the United States of America from the Discovery of the Continent*, The Author's Last Revision, Vol. Ⅲ, New York, D. Appleton and Company, 1885, p.483. 1854 年版的序言附于此卷的最后。

② George H. Callcott, "Historians in Early Nineteenth-Century America", *The New England Quarterly*, Vol. 32, No. 4 (Dec., 1959), pp.511-512.

德国历史观和美国历史观的关联,以及班氏的历史观进行更进一步的讨论。

法国大革命末期,人们原来对新世纪千禧年的期待被打破了,欧洲很多国家放弃了以上帝的不变的法则对历史的解释,而是以历史的因果关系来解释历史过程,这就导致了历史主义的产生,即不再借助历史以外的动因,如上帝来解释历史。德意志思想家则把目光转向古代,其并不是为了"学习旧榜样",而是为了表现人类精神和社会现象的连续性。在法国人抛弃道德价值并把上帝从前门扔出去的时候,德意志人却把他从后门拉了进来,不过在转变期上帝已不再是基督教义的一个题目了。①"康德从一位虔诚的信教徒变成了牛顿的门徒,他首先废黜了上帝,后来又以巧妙的手法以另一种形式把上帝带回来。"②德意志历史哲学的拥护者像赫尔德、康德、希伦和黑格尔保留了历史中的神圣意旨,并以一种更世俗化的形式引入了"普遍史"的观念,这种"普遍史"受到"原初精神"(primordial ideas)支配,即一种内在的理性精神影响着人类事件的发展。而且,这种理性精神符合一般法则,使人类历史不断前进。③

德意志的唯心主义哲学家和历史学家认为,人类历史是在不断演进的神圣思想的指引之下的发展过程。就像黑格尔所说,仅研究事实的历史很可能会证明邪恶超越了美德,因为邪恶经常会取得胜利。同样,历史学家兰克也没有脱离德国的强大的唯心主义传统,并将这种影响反映在历史编纂中。当德意志历史学家洪堡逐渐从"人道理想"转向历史主义时,他承认集团也拥有个性特点。他相信个体及其观念是完全独特的,它们以一种我们无法窥测的"神秘的"的方式直接构成了一幕神圣计划的一部分。与此类似,兰克也将国家看作一个既是实在又是精神的统一体。与黑格尔一样,他相信通过追求自身的政治利益,国家遵照统治世界的更高命令行动。"但是老实讲,你将无法举出几场真正的道德力量没

---

① 〔美〕J. W. 汤普森:《历史著作史》(下卷),第三分册,孙秉莹等译,北京:商务印书馆,1996年,第139—140页。
② 〔美〕J. W. 汤普森:《历史著作史》(下卷),第三分册,孙秉莹等译,北京:商务印书馆,1996年,第152页。
③ Harvey Wish, *The American Historian: A Social-intellectual History of the Writing of the American Past*, New York: Oxford University Press, 1960, pp. 73-74.

有取得最后胜利的重要战争。"① 兰克也把人类的全部历史经验看作神意的显示。

这种历史哲学形成的一个很重要的原因是，德意志的理性主义思潮实现了神学与科学的结合。法国的理性主义者是反对历史主义的实用主义者，德意志的启蒙运动则强调经验、直觉和主观思维过程，认为这些东西才有永久的和普遍的价值，这也是浪漫主义思潮在德意志的影响更为强烈的原因之一。19世纪，莱布尼茨的"单子论"取代了牛顿的抽象法则主宰世界的自然观。这种更有活力的个体理论成为历史主义的一个重要源泉。发现内在真理不仅要通过理性的自然之光，而且还要通过直觉。在不仅强调理性，还强调情感和直觉等对科学探究的重要性的语境下，德语中"科学"一词的概念比法语和英语中的含义都宽泛得多。莱布尼茨有关科学院的计划不仅包括有关自然的研究，而且还有文科研究。此后，纯粹理性并非科学的唯一代言，理性与激情的关系、理性以外的感受和情感，信仰以及神的训诫得到了独特的表达，在历史观念中也体现出来。因此，不仅仅是理性，直觉和激情等人的感受范围内的表达也被包括在"科学"的范围内，浪漫主义理论对"直觉理性"的强调当然也没有使哲学和史学脱离与科学的关系。

在晚年，班克罗夫特也提出了历史学与科学的关系。1886年，美国历史协会邀请在历史领域沥尽心血的班克罗夫特做主题演讲，他的听众中大部分是在班氏的著作出版20年以后出生的，这仿佛暗示着浪漫主义史学与新的历史学的分野。他在演讲中说：

> 历史与科学有关。既然人类的活动由规律统辖，历史学家的责任就是在事件的序列中辨别法则的存在。这的确是一个艰巨的任务，因为历史学家的研究对象是由多变的人类的意志和动机所控制的各种活动，而历史学家却要及时揭示在宇宙中普遍存在的法则。②

---

① 〔美〕格奥尔格·G. 伊格尔斯：《德国的历史观》，彭刚、顾杭译，南京：凤凰出版传媒集团、译林出版社，2006年，第47页。
② Annual Address of the President of the American Historical Association, delivered in New York, April 27, 1886. https://www.historians.org/presidential-address/george-bancroft/. 最后访问时间：2022年11月11日。

第五章　班克罗夫特史学在美国史学史中的地位

18世纪思辨的历史哲学确定了科学至高无上的地位，只有在获得了与科学同等的属性后，某类知识才能获得真正的学科的合法性。作为人文学之一的历史学正是在这样的思潮中，于19世纪中后期实现了专业化，成为一门独立的学科。作为西方现代史学主流的实证主义史学秉持科学的精神与方法，在对史料辨伪之后融贯为历史叙事，即从个别事实归纳为一般的过程。历史学从此带有了鲜明的自然科学的特征，以自然科学为范例，树立了该学科的方法论，即在人类历史进程中发现一般法则。为了阐释科学与历史学追求的目标的关联性，班氏以美国自治政府的兴起为例，表明历史学家要发现当今制度的根源，就必须科学地研究过去。这些是班氏从来未曾讲过的，他承认历史与科学的关系。

其实，在晚年的时候，班克罗夫特已经意识到了历史观念的变化，在1883—1885年出版的《美国史》中，班氏做了很多的修改，使其更加适应现代的客观性标准。他并不承认他使"历史事实屈服于自己的观点"。而且，他注意到了"不要向读者灌输先入为主的意见，而是让历史事实自己说话"。至少班氏自己是在认识新的历史潮流。① 但是他和其听众对"科学"一词却有不同的理解。对于年轻的历史学家来说，科学是以客观的调查发现过去的事实，在此基础上，历史学家有可能发现一般法则。对于班克罗夫特来说，科学意味着发现上帝的一般法则的支配力量存在的证据，去发现人们能够直觉感知的伟大道德真理的明证。

班克罗夫特眼中的"科学"一词无疑更接近德语中"科学"的含义。探求历史事实是为了复原历史中的精神真实。而且，这种事实是为了证明上帝在人间的伟大力量。毕竟，19世纪的历史学与文学和哲学有紧密的联系。他在题为"自治"（Self-government）的演讲中说道：

> 我们追求的最伟大的目标之一就是引起人们的关注。强有力的国家运动持续不断，就像军队举着代表不同文明的旗帜前进一样，

---

① Harvey Wish, *The American Historian: A Social-intellectual History of the Writing of the American Past*, New York: Oxford University Press, 1960, p. 85.

他们自身已经慢慢消失，但是，他们的生涯，他们对人类知识的贡献，他们超验卓然的天赋，他们给予人类种族的所有，都在我们研究的范围之内。而且，我们是道德哲学的近亲。① 一般法则统辖着人类世界的运转……

班氏结合美国宗教思想发展和社会状况提出上帝支配下的道德法则，虽然当时的美国人并不完全赞同德国人的神学观念，班氏在德国也并未完全研究神学，② 但《美国史》中的道德观念与19世纪包括兰克在内的德国历史学家的宗教观照是契合的。1867年，班氏在柏林遇到了兰克，兰克对其著作的评价是："我告诉我的听众，你的《美国史》是以民主的观点写就的最好的历史。你始终如一地严格坚持你的方法，虽然在不同的方向体现出来，但是你对民主的忠诚贯彻始终。"③ 班克罗夫特当然明白其中的批评。但是，兰克仅仅暗示出对于班氏著作中带有的党派偏见的不满，并没有指责其历史观中贯穿的一般法则。当然，仅凭这个证据并不足以说明问题。但是，美国历史学家对兰克的误解是由来已久的。

很多美国历史学家都认为，在19世纪中期，批评家对以兰克为首的年轻一代历史学家不以为然，因为他们太专注于学问研究，而忽视了对上帝的虔诚。④ 其实，兰克在追求历史真实的同时，并未疏于对上帝的崇敬之情，他甚至还赞同上帝掌控下的一般法则在历史过程中的支配力量。兰克在历史观上承认，上帝支配着历史的进程，而具体的历史事实仅仅是上帝意志的阐释。而在19世纪后期的美国，科学的历史学兴起之后，专业历史学家奉"如实直书"的兰克为其圣坛的偶像。兰克的这种实证主义形象和怀疑主义的方法经由美国，传播到了日本等很多国家。直到20世纪60年代，美国史学界才如实地还原了兰克的全貌。当然，

---

① Annual Address of the President of the American Historical Association, delivered in New York, April 27, 1886. https://www.historians.org/presidential-address/george-bancroft/. 最后访问时间：2022年11月11日。

② Carl Diehl, *Americans and German Scholarship 1770-1870*, New Haven and London: Yale University Press, 1978. 见其在第四章中的讨论。

③ M. A. DeWolfe Howe, *The Life and Letters of George Bancroft*, Vol. II, New York: Charles Scribner's Sons, 1908, p. 183.

④ George H. Callcott, *History in the United States, 1800-1860: Its Practice and Purpose*, Baltimore and London: The Johns Hopkins Press, 1970, p. 163.

这时美国科学的历史学已经蓬勃发展起来，并形成自己的史学理论、研究方法和视角。①

19世纪中期，班克罗夫特在德意志接受了文献学的训练，当时的德意志正处于浪漫主义、历史主义等唯心主义思潮盛行的时期，班氏受到了很深的影响。他回到美国之后，成为传播超验主义思潮的先锋之一，并结合本土的社会发展状况和时代思潮，发展出了对于美国历史的解释框架。班克罗夫特在《美国史》中传递了这样一种观念，即上帝指引着人类发展的方向，历史事件是对上帝意旨的阐释，符合上帝制定的道德法则的必然会胜利，而失败者一定是违背了一般法则。而美国独立战争的胜利正好符合了这种解释框架，或者，更确切的说法是，这种历史观为美国是上帝选定的民族提供了有力的证明。班氏在历史叙述中，经常选择能够证明美利坚是处于人类的光明地带，不断走向进步的事例。所以，有评论家认为，班氏的《美国史》就像是在讲述天国的历史。

与此同时，班克罗夫特并未把在德意志受到的文献学的训练抛诸脑后，文献学对于西方经典文本进行的历史演化的分析和浪漫主义思潮对于历史的多样性的强调正是历史主义兴起的根源。班克罗夫特仍然强调对史料的批判态度，以及在历史写作中要贯彻怀疑主义的精神。而且，他认识到历史是一个变化的过程，是一个以精神为主线的过程。《美国史》就是讲述在大英帝国制定的政策越来越不利于美洲殖民地的情况下，殖民地人民如何从不愿意脱离母国，到后来慢慢形成一致的信念，即为了捍卫自身的权利和自由自发组织并统一起来，最终爆发了美国革命。这里体现了在历史条件的变化下，美洲殖民地对于自我的意识和与母国的关系的看法也不断变化的过程。同时，殖民地自身内在的改变带来外部世界对其形象界定的改变。这打破了启蒙运动时期以普遍的理性主义作为解释人类历史的一般法则的模式，突破了"人类本性具有稳定性的信念"，展现了美国的历史是一个发展变化的过程，脱离了理性主义史学对于人类历史进行普遍性和非时间性解释的框架，而开拓了一种历史的视角，即为我们展现了不同历史阶段的独特特征，历史事件的特殊性和

---

① 参见〔美〕伊格尔斯《二十世纪的历史学——从科学的客观性到后现代的挑战》，何兆武译，沈阳：辽宁教育出版社，2003年，第238—279页。

独一无二性，而不是仅仅用理性主义的普遍规律就可以得到对于历史的满意解答。如前所述，这是带有历史主义色彩的。从班氏的时代开始，人成为具有历史感的存在，历史作品也开始真正具有了历史的观照，历史学开始具有了不同于哲学和文学的自身的观念、方法和特征。

19世纪后期，美国历史学实现了专业化，成为一门独立学科。第一代专业史学家强调以实证主义的方法和怀疑主义的精神进行历史研究。很多专业史学家批判班氏著作中融入的文学技巧，而其中贯穿的道德哲学更是令专业史学家不能接受。

美国学者多萝西·罗斯（Dorothy Ross）认为，美国革命的胜利使狂热的清教徒把美利坚共和国的建立等同于千禧年的到来，并引导人类在历史的终结时刻得到最后的救赎。上帝又一次进入世俗历史中，确保美国成为一个永远不会衰败的共和国。班氏的历史在这种千禧年共和国的解释框架中，展现了一种非历史变化的过程，即美利坚共和国成为一个永恒进步的社会。这样，美国的历史编纂学从班克罗夫特开始就脱离了历史主义。[①] 如前文所述，尽管班克罗夫特的《美国史》彰显了上帝支配下的一般法则，但历史主义的历史变化观念也贯穿其中。如果说，美国的历史学脱离了历史主义的解释框架，那么，这也不是从班克罗夫特开始的，恐怕当第一代专业史学家在猛烈批评班氏的历史观念的时候，就把这种本来就已经很微弱的历史主义连同班氏历史中的哲学观一起抛弃了。但这并不是说美国历史学对于班克罗夫特的史学无所传承，相反，他体现在《美国史》中的历史理论持续影响着后来美国史学的发展。

第二节 《美国史》中的历史理论对后世史学的影响

班克罗夫特的史学方法和原始资料运用在美国史学领域具有开创性的意义，他的《美国史》所体现的历史理论对美国史学发展更是影响深远。哈维·威什这样评价班氏在美国史学上的贡献："班氏是第一

[①] Dorothy Ross, "Historical Consciousness in Nineteenth-Century America", *The American Historical Review*, Vol. 89, No. 4 (Oct., 1984).

个为德国唯心史观和美国历史学架设桥梁的历史学家。这个时期,黑格尔和后黑格尔的唯心主义哲学统领了美国的历史写作。在这方面,只有19世纪80年代和90年代的赫伯特·B.亚当斯(Herbert B. Adams)和他在约翰斯·霍普金斯学院的研究班可以与班氏相媲美。对盎格鲁-撒克逊独特的民族使命的过度强调极大地影响了后来的历史学家,包括伍德罗·威尔逊。班氏的历史哲学观与后来拘谨和克制自己做道德判断的历史学家相比显得十分突出。"[1] 下文将从比较具体的角度深入地分析班克罗夫特有关美国历史的理论的形成以及其是如何在后来的史学史中发挥影响力的。

一 生源论与19世纪中后期美国历史的解释模式

(一) 生源论的起源

生源论并不源远流长,却影响了欧洲和美国等很多国家的学术发展和社会价值观念。18世纪初期,法国贵族布兰维利耶伯爵(Count de Boulainvilliers)提出,那些拥有金色头发和白色皮肤,勇敢无畏、虔敬贞洁,具有自治精神的日耳曼人是法国贵族的祖先,而平民大众则是高卢-罗马人的后裔。由于日耳曼人在古代征服了高卢人,法国贵族对平民实行特权统治就是理所当然的了。[2] 后来,一些英国的历史学家开始关注盎格鲁-撒克逊人[3]的自由精神,并借鉴了布兰维利耶伯爵的解释方法。1745年,英国历史学家塞缪尔·斯夸尔(Samuel Squire)引用塔西佗的观点来追溯其自由精神的历史渊源。塔西佗曾赞扬古代日耳曼人"对自由坚持不懈的热爱"。尽管塔西佗本人并不是一个种族主义者,但是他的名字和观点后来不断地在法国、英国、德国、美国等地被提及,以解释白人中间不同种族在能力和品德上的差异,如欧洲北部种族与南部种族的不同,主要体现为哥特人与凯尔特人的明显不同。约翰·平克

---

[1] Harvey Wish, *The American Historian: A Social-intellectual History of the Writing of the American Past*, New York: Oxford University Press, 1960, p. 86.
[2] Thomas F. Gossett, *Race: The History of an Idea in America*, New York: Schocken Books, 1965, p. 84.
[3] 盎格鲁-撒克逊人被认为是日耳曼人的一个分支。在18世纪时,古代的盎格鲁-撒克逊人一般被视为未开化的野蛮部落。下文提到的哥特人和条顿人均是日耳曼人的分支。

顿（John Pinkerton）指出，哥特人是所有伟大民族的祖先，其他一些人也赞同这个观点，认为凯尔特人天然比哥特人低劣。① 孟德斯鸠也认为，英国发展出了一套十分完美的议会制政府体系，而这种开明政体即源于日耳曼丛林。

这种谱系学说（genealogy）在19世纪德意志盛行的"普遍史"中逐渐成熟起来，德意志历史哲学家像赫尔德、希伦和黑格尔，保留了历史中的神圣精神，而且以一种更加世俗化的形式将"原初精神"引入了"普遍史"。"普遍史"是指将整个人类历史视为以理性精神为基础的发展过程的历史观念。黑格尔指出，人类历史是以自由的精神为基础不断前进的过程。自由的精神在从东方向西方转移的过程中不断成长。从东方的初始阶段，经过希腊罗马时代到日耳曼时期，自由精神发展日臻完善并宣告历史的终结。在东方的初始阶段，个人权利的观念并不被人们知晓，社会处在专制的状态，只有一个人享有自由；在希腊罗马阶段，自由的意识部分地被唤醒，但仍然只有一部分人享有个人权利；而在历史的最终阶段，也就是日耳曼时期，自由的精神完全达到了其本真的状态，社会全体成员拥有理性的自由而带来的个人权利。② 德国的哲学家把这种图解式的历史哲学作为研究人类历史进程的指引。就像黑格尔所说，仅研究事实的历史很可能会证明邪恶超越了美德，因为邪恶经常取得胜利。

这种学说向人们指出，整个人类历史在"原初精神"的演进和发展中不断前进。"原初精神"即自由精神产生于古代森林中的北欧人，其中主要的部落日耳曼人由于拥有并发展了自由精神而代表了人类文明的新高度。他们拥有自然的习俗，没有矫揉造作的风气和腐败的制度，为进步提供了最原始的生命力。朴素的直觉令他们虔诚、热情、自立和勤奋，日耳曼人的特殊禀赋是独立、热爱自由并通过民主制度来保卫自由。历史学家如果要探寻宽容、民主或代议制的产生就必须追溯条顿民族的

---

① David Levin, *History as Romantic Art: Bancroft, Prescott, Motley and Parkman*, Stanford, California: Stanford University Press, 1959, pp. 74-75.
② G. S. Morris, *Hegel's Philosophy of the State and of History*, Scott, Foresman, 1892. 转引自 Harry Elmer Barnes, *A History of Historical Writing*, New York: Dover Publications, 1963, p. 196。

起源。19世纪早期不断高涨的德意志民族主义浪潮强调民族的美德和政治制度的森林起源，即强调一种原初性。这种思潮同时强调从最初即拥有自由和理性精神的日耳曼文明具有一种优势地位。这种以种族差异来解释自由起源和民族精神的观念被称为生源论。

（二）生源论与美国浪漫主义史学

生源论在美国最初出现时主要是为了证明代议制的合理性和优越性，由此证明这个国家的优越性。托马斯·杰斐逊曾对代议制和英式法律体制与其盎格鲁-撒克逊起源怀有浓厚的兴趣。生源论也意味着，从英国和北欧来到美洲的那些"原有的美国人"（old Americans）才是"真正的美国人"（real Americans）。[①] 倡导美国文化独立的拉尔夫·爱默生对于种族理论也表示出赞同的态度。他发展了如下观点：正如子女继承了其父母的外貌和内在性格，种族的生理特征和内在属性也不断地传承下来。因此，种族是理解人类历史不可或缺的因素。在《英国人的特性》标题为"种族"的一章中，爱默生提出："难道不是种族的原因吗？它令数千万的印第安人臣服于来自北欧的岛民。种族的差异非常明显：所有的凯尔特人都是天主教徒，所有的撒克逊人都信奉新教；凯尔特人拥护统一的权力，而撒克逊人则热爱代议制原则。种族的因素确实具有无法控制的影响，在两千年里，犹太人无论在哪里落脚，都保持着相同的特征，从事同样的职业。种族的影响在黑人那里表现得也十分明显。还有在加拿大的法国人，即使与其亲族已经切断了联系，但其民族特性依然未变……"[②]

19世纪上半叶，美国的浪漫主义史学家从历史中探寻民族和国家特性，并把这种理论运用到历史写作中。他们认为，历史证明了进步的特性属于荷兰人、英格兰人和美利坚人，而不是法国人、西班牙人或意大利人。不同民族崇奉的不同原则是形成这种差别的原因。浪漫主义后期的历史学家西奥多·帕克在《关于"文明的历史"》一文中讲道："中世纪时期，如果盎格鲁人、撒克逊人、丹麦人和挪威人定居在法国而非

[①] Thomas F. Gossett, *Race: The History of an Idea in America*, New York: Schocken Books, 1965, p. 122.

[②] Ralph Waldo Emerson, *English Traits*, Boston: Phillips, Sampson, and Company, 1856, pp. 53-54.

英格兰，并在那里与其混血繁衍，有人会认为条顿民族与凯尔特的法国拥有相同的特征吗？西班牙和英国在北美的殖民地是多么的不同呀！难道血缘不是很重要的原因吗？"①

早期的浪漫主义史学家威廉·H. 普里斯科特在其关于西班牙历史的著作中写道，哥特民族的入侵和定居带来了其与生俱来的自由传统，并在欧洲北部的森林中获得更多的活力。在自然的环境中，他们去除了所有"矫揉造作的特性"（artificial distinctions），回归了最初的平等状态。这样的经历使哥特民族的道德能力得到更新，而长期的繁荣状态则会使道德腐朽堕落。② 普里斯科特笔下"矫揉造作的特性"无疑就是指天主教国家在经历了漫长的教权统治后，宗教生活和社会生活中充满繁文缛节以及由此带来的政治上的腐败和社会风气的堕落。

另一位浪漫主义史学家约翰·L. 莫特利认为，追溯种族起源显示了历史的连贯性，也是理解历史的关键。如果历史上的伟人不仅与永恒的道德法则相连，而且还能够追踪到谱系学上的脉络，那么探讨自由的起源就为全景式的叙述增加了深度，并体现了民族价值。普里斯科特和莫特利对其叙述的历史事件相关的民族背景做了有力的论述，并介绍了民族起源和发展。③ 莫特利在其《荷兰共和国的兴起》中将整个荷兰分为两个种族：凯尔特人和日耳曼人。莫特利指出，凯尔特人是伟大的战士，日耳曼人则更胜一筹。凯尔特人和日耳曼人在古代曾先后起义反抗罗马帝国的统治，在近代则联合起来共同对抗西班牙的专制统治。在两次抗争中，凯尔特人都是率先举起义旗，日耳曼人虽然迟于发端，却稳扎稳打，坚持到战争的胜利。莫特利把这两个种族在同一历史事件中的不同表现归因于他们不同的政治制度。"高卢部落实行贵族制，氏族贵族的影响力巨大；而日耳曼表面上实行君主制，实则是民主政体。"④ 但西班牙

---

① "Buckle's History of Civilization"（1858）, in *The American Scholar*, p. 413. 转引自 David Levin, *History as Romantic Art: Bancroft, Prescott, Motley and Parkman*, Stanford, California: Stanford University Press, 1959, pp. 74-75。

② David Levin, *History as Romantic Art: Bancroft, Prescott, Motley and Parkman*, Stanford, California: Stanford University Press, 1959, p. 76.

③ David Levin, *History as Romantic Art: Bancroft, Prescott, Motley and Parkman*, Stanford, California: Stanford University Press, 1959, pp. 74-75.

④ John L. Motley, *The Rise of the Dutch Republic*, Vol. I, London: George Routledge and Co., 1858, pp. 7, 17.

与荷兰的冲突并不是种族矛盾引起的,莫特利也无意证明日耳曼人在种族上优于凯尔特人,而是旨在赞扬日耳曼人的自由精神和民主制度。

生源论在班克罗夫特的《美国史》一书中尤其被发扬光大,并被用以阐释美利坚的民族起源和民族使命,这部书成为第一部由美国人自己著述的民族通史。班克罗夫特在其著作中向读者传递了条顿人的自由精神是美利坚追求自由的特性之源头的观念。他指出,自由的观念就是从日耳曼的森林中进入现代世界的,盎格鲁-撒克逊人把日耳曼人自由传统的"生源"带到了5世纪的英国,确立了英国的国会体系,后来英国的清教徒又把它传到了北美,在北美殖民地重获生命力,并在美国的宪法中达到了它的顶点。美国精神在詹姆斯敦和普利茅斯是非常明显的。[①]

班克罗夫特认为,哥特人的入侵为北欧森林带来了其与生俱来的自由精神,这种自由的精神通过盎格鲁-撒克逊移民带到美洲大陆,这种由人类原初状态产生的自由精神——没有人为、制度约束及其带来的腐败,在新大陆生生不息。一个民族的命运在很久以前就在其遥远的民族精神的起源和种族特性中被决定了,因此,秉承着自由精神的美利坚人也不断壮大和繁荣起来,并成为人类自由的典范,承担着向世界其他地方传播自由的使命。班氏相信,民族传统的传承为不同的民族带来独特的烙印,而自由的基因则是条顿民族的明显印记。美利坚人是携带自由的种子跨越地球的种族的后裔,来自具有自由传统国家的历史学家应该成为向其读者传播自由原则的导师。[②]

19世纪中期,美国已成为一个独立的国家,但并未形成具有核心价值观的独立的文化。条顿生源论成为班氏等浪漫主义史学家向美国人阐释其民族特性以及由此延伸出来的文化传统的理论来源。他通过追溯美国历史起源回答了以上亟待解决的问题,并把美利坚民族特性定格在历史当中,增强了美国的凝聚力。这正适应了美利坚追溯民族源头、塑造统一的民族信条的时代需要。生源论极大地满足了19世纪中叶美国人寻

---

① George Bancroft, *History of the United States: from the Discovery of the American Continent*, Vol. I , Boston: Little, Brown and Company, 1834, vii.

② George Bancroft, *History of the United States of America from the Discovery of the Continent*, Vol. I , New York: D. Appleton and Company, 1885, the Author's Last Revision, pp. 285-286, 603-604.

求民族（国家）身份认同的心理需求，适应了美国不断蓬勃起来的民族主义浪潮。

（三）专业史学家对生源论的运用

浪漫主义史学可以说是美国历史学从业余向专业过渡的桥梁，它在历史编纂方法、历史意识和历史资料方面为19世纪后期美国专业史学的兴起奠定了必要的基础。美国历史学的专业化使历史学成为一门独立的学科。专业史学家批评浪漫主义史学家缺乏具有批判精神的科学客观的方法。随着科学和工业获得高速发展，普遍法则统领了自然科学，历史资料不断地被发现，专业史学家也力图在浩如烟海的文献和档案中为历史学建立一般法则，为事实寻找联系，并为历史创立一套清晰的阐释体系，把历史提升到与科学同样的崇高地位。

这个时期，西方世界普遍接受了达尔文的进化论，同时改变了对人类社会发展进程的认识。很多学者认为，人类社会与自然界的生物一样在其萌芽之初即由自然赋予了其内在的性质，社会的完善也只能在自然选择的漫长过程中实现，从外部无法改变其社会特性。社会达尔文主义的典型代表人物赫伯特·斯宾塞指出，社会和文化的演化同样遵循着宇宙演化的法则——物竞天择的自然进程。社会的进化既不是上帝指引的，也不是人力所能掌控的，它是宇宙进化的一部分。这样，人类的不同社会形态和不同的种族都是自然进化的结果，其不同的优劣特性已经在自然选择的过程中内化于其中。

社会达尔文主义很快与19世纪下半叶日益抬头的种族主义结合起来。生物进化论中的物竞天择就不是仅存在于自然界的法则，而是普遍存在于个人之间、社会不同阶层之间、不同民族和种族之间的竞争和冲突，而且成为自然筛选强者不可或缺的途径。美国的政治思想家威廉·格雷厄姆·萨姆纳（William Graham Sumner）把人类社会比喻成活的生物有机体，即现在的人类社会已经是经过了自然进化的结果，就像一个已经60岁的老人，其生活经历已经使其定格，对其改变是不可能做到的。[①] 这种理论后来应用到对人类文明进程的解释中，即文明的有机体理论。

---

① Thomas F. Gossett, *Race: The History of an Idea in America*, New York: Schocken Books, 1965, p. 153.

进化论假说不仅渗透到了西方的政治和经济领域，而且随着民族国家建立和巩固的浪潮兴起，当时的历史学家尤其是德国的历史学家也运用这种理论来解释自己国家历史的发展。而社会达尔文主义、种族主义和民族主义正是生源论继续产生影响的土壤。

首先，德国的历史观经历了转变。18世纪中后期，德意志的历史观以人道为基础，把历史的多样性和统一性融为一体。19世纪初期，民族与国家的观念联系起来，强调文化独特性的民族主义让位于以民族国家为本位的民族主义。① 也就是说，原来提倡平等的文化民族主义被强调竞争的政治民族主义取代。费希特宣称条顿民族是未来的希望，谢林也非常赞同这种主张。强烈的民族主义倾向使德国的知识界开始探寻本民族在语言、立法和文化上的传统，同时掀起了整理民族档案和编写民族历史的热潮。19世纪70年代的德意志诸邦国正处在普法战争和建立统一的德意志帝国的动荡之中，一些爱国主义历史学家脱颖而出，很多历史学家背弃了兰克的客观主义，提出历史必须从现实需要的角度来阐释，即从有利于德意志帝国的角度来书写。约翰·德罗伊森（Johann Droysen）深受黑格尔的唯心主义和兰克科学方法和考订史料的影响，但他仍然带领普鲁士的历史学家以迎合现实的历史解释来推动民族的统一事业。海因里希·冯·特莱奇克（Heinrich von Treitschke）也曾师从兰克，但最后还是背弃了客观主义的原则。"他的殖民帝国主义，加上狡诈的伦理观、种族主义和达尔文式的对权力的争夺使德国以外的历史学家非常不安。"② 比较克制的是波恩大学的海因里希·冯·西比尔（Heinrich von Sybel），兰克曾经的学生和同事，但他也强调政治和宗教上的民族主义思想。民族主义热潮和社会达尔文主义的齐头并进使生源论仍然保留在德国的历史观念中。

美国第一代专业史学家从赫伯特·B.亚当斯开始，绝大部分在德国接受训练，研究班的方法即由亚当斯从德国引入。随着留学德国的美国史学家学成归国，生源论也继续成为美国专业史学家撰写本国历史的依

---

① 〔美〕格奥尔格·G.伊格尔斯：《德国的历史观》，彭刚、顾杭译，南京：凤凰出版传媒集团、译林出版社，2006年，第44—50页。
② Harvey Wish, *The American Historian: A Social-intellectual History of the Writing of the American Past*, New York: Oxford University Press, 1960, p.77.

据。1882年，亚当斯以一种"更科学的态度"抱怨班克罗夫特等老一代新英格兰历史学家忽视了新英格兰村镇的日耳曼起源，以及新英格兰村镇的民主是美国民主制度的源头这一历史事实，① 并以三篇文章阐释日耳曼生源对美国民主制度的影响。虽然班氏在其历史叙述中没有全面详细地研究这个问题，但是，读者不难在其《美国史》第二卷中发现这种理论的展开。

19世纪后期的历史学家约翰·菲斯克（John Fiske）对北美殖民地的历史和美国革命的研究使他成为最受欢迎的民族史学家之一。他在《美国历史上的关键时期：1783—1789》② 《美洲的发现》③ 等著作中也阐释了盎格鲁-撒克逊和美利坚的关系，取代了班氏的清教徒美国史诗，代之以英国和美洲的中产阶级兴起并取得成功的历史——"讲英语的民族的史诗"。④ 但是，菲斯克同样强调了英国与美国的同源性，即同是盎格鲁-撒克逊人这一历史事实，这也是受到了生源论的影响。

随着历史意识的成熟，德国的历史学家如阿道夫·H.G.瓦格纳（Adolph H. G. Wagner）、古斯塔夫·冯·施穆勒（Gustav von Schmoller），以及沃纳·索姆巴特（Werner Sombart）等人中开始盛行一种历史主义的理论：只有在历史中才能发现事物的本真。基于这个前提，他们认为，仅研究抽象的经济学理论是远远不够的，而应通过研究在历史中实际发挥过作用的社会制度——行会、市政体制、重商主义、资本主义和帝国主义——来进一步推动社会变革。同时，这些被称为制度学派的历史著作中体现并运用了社会进化论中社会发展形态的理论。

上述提出社会制度具有不同的发展阶段的理论随着研究班的方法和重视文献档案的方法一起传入了美国。这种理论使历史学家像社会科学家一样认为其"科学"建立在达尔文主义的坚实基础上，他们强调解决

---

① David Levin, *History as Romantic Art: Bancroft, Prescott, Motley and Parkman*, Stanford, California: Stanford University Press, 1959, p. 81.
② John Fiske, *The Critical Period of American History*, 1783-1789, Boston: Houghton, Mifflin and Company, 1897.
③ John Fiske, *The Discovery of America: With Some Account of Ancient America and the Spanish Conquest*, Boston: Houghton, Mifflin and Company, 1897.
④ Harry Elmer Barnes, *A History of Historical Writing*, New York: Dover Publications, 1963, p. 233. Harvey Wish, *The American Historian: A Social-intellectual History of the Writing of the American Past*, New York: Oxford University Press, 1960, pp. 110-115.

问题，很少关注叙事，而风格更不是其注意的方面。在科学历史学的堡垒——约翰·霍普金斯大学，赫伯特·亚当斯和他的弟子们仍以条顿生源论与进化论的结合来解释美国历史。如果说老一辈的历史学家班克罗夫特笔下的条顿生源论是以一种神秘主义的方式进入近代的盎格鲁-撒克逊政治制度的，那么下述的历史学家则结合社会达尔文主义和文化有机体理论继续保留了生源论对美国历史的解释模式。自由的生源赋予了日耳曼文明内在的特性，并经历了盎格鲁-撒克逊人遵循自由精神建立国会体系的演化阶段，之后的演化阶段则是美国的代议制政体。赫伯特·L.奥斯古德（Herbert L. Osgood）、乔治·路易斯·比尔（George Louis Beer）和查尔斯·安德鲁斯（Charles Andrews）等专业史学家对这种源自德国的史学理论引以为荣，并相信其是客观的，他们并不承认自己的理论让现实踏入了历史的图景中。[①] 查尔斯·安德鲁斯质疑历史哲学的存在，但他并未意识到在进化论后潜藏的哲学假设。奥斯古德反对像菲斯克那样把研究美洲早期历史的目光局限于殖民地，或是在殖民地发生的重大历史事件。他主张美洲殖民地是英帝国行政体系的有机组成部分。而且，如果不去研究1776年之前英国的殖民体系，就无法理解英格兰的贵族化社会以及美国民主制度是如何发展的。帝国学派正是从这种视角出发来研究美国的政治制度。后来，安德鲁斯放弃了条顿生源论。但是，他从未放弃奥斯古德和比尔提出的未来的希望在于讲英语的民主国家共同体之联合的信念。他以帝国的观念来解释美国历史，认为美国是英国在大西洋彼岸的边疆。[②] 其实，这也是从条顿生源论中衍生出来的。作为科学的历史学家之一的爱德华·钱宁强调美国的盎格鲁-撒克逊起源，并对英格兰的世界使命怀有一种信仰，这是19世纪中期以后的历史学家对美国历史普遍持有的一种解释框架。

19世纪末兴起的科学历史学家仍然试图把美国历史融入不变的原则中，德国史学家结合社会达尔文主义发现了条顿生源论的新证据，而新一代专业史学家大部分也是在德国接受的史学训练，所以，条顿生源论

---

① Harvey Wish, *The American Historian: A Social-intellectual History of the Writing of the American Past*, New York: Oxford University Press, 1960, pp. 123-124.

② Harvey Wish, *The American Historian: A Social-intellectual History of the Writing of the American Past*, New York: Oxford University Press, 1960, pp. 124-127.

仍然是其解释美国历史的主要框架。① 20世纪50年代，有历史学家指出，第一代科学历史学家仍然在以"今天"的有色眼镜来看待过去的事实。②

（四）生源论解释模式的持续影响

镀金时代是美国从神意支配人类历史的观念向自然世界观逐渐转变的时期。在这个时期，人们开始以历史不断变化的观念解释美国历史。另外，内战也在逐渐改变美国传统的历史观，这时的历史学家认为，美利坚共和国在其创立的阶段并未达到如以前的历史学家所认为的完美状态，仍需要在历史进程中不断完善，并出现了对具有"原初性的"美国自由精神的历史观的批判。1889年，芝加哥学派的代表人物之一阿尔比恩·斯莫尔（Albion Small）在赫伯特·亚当斯的指导下，以"邦联时期美国民族主义的开端"为题进行博士论文的写作。与班克罗夫特和赫尔曼·E. 冯·霍尔斯特（Hermann E. von Holst）的传统观点不同，他认为，美国的民族性在《独立宣言》制定时，并没有完全成熟，而是历史不断发展的产物，直到内战时期才渐趋完善。他其实部分地是在批判美国文明的有机体论（Organicism）。他认为，美国的国家特性并不是一次形成的，而是一个缓慢的、历史的生长过程。"没有哪个国家能够特别受到恩惠，从其萌芽之初即建立起理想的秩序。"③ 斯莫尔的观点基于与社会达尔文主义不同的一种社会发展理论，即认为"现代社会并不是一个不可改变的自然进程，而是特定历史条件的产物。伦理体系也并不是一套永恒不变的道德法则，而是历史的和社会的产物"。④

边疆学派的创始人F. J. 特纳（F. J. Turner）以更加广阔的视角去审视美国的历史，他发现了西部的普通人在塑造美国的民族特性中的重要

---

① Dorothy Ross, "Historical Consciousness in Nineteenth-Century America", *The American Historical Review*, Vol. 89, No. 4 (Oct., 1984), p. 921.
② Harvey Wish, *The American Historian: A Social-intellectual History of the Writing of the American Past*, New York: Oxford University Press, 1960, p. 123.
③ Dorothy Ross, "Historical Consciousness in Nineteenth-Century America", *The American Historical Review*, Vol. 89, No. 4 (Oct., 1984), pp. 925-926.
④ Axel R. Schäfer, *American Progressives and German Social Reform, 1875-1920: Social Ethics, Moral Control, and the Regulatory State in a Transatlantic Context*, Stuttgart: Steiner, 2000, pp. 62-63.

作用，其历史写作中贯彻了民主的论调。特纳提出，美国的历史发展就是美国从大西洋向太平洋推进的过程，同时伴随着对自由土地的不断开发。这样，廉价的土地消化了东部过剩的劳动力，缓和或者化解了美国的社会矛盾。而且，正是普通劳动者推动边疆不断向西移动，同时滋养了民主的特性，形成了独特的美利坚身份认同。

其实，特纳曾是霍普金斯大学研讨班上赫伯特·亚当斯的学生，也深受生源论的影响。1893年，特纳在《边疆在美国历史上的重要性》一文中仍然在强调生源论及文化从其"原初精神"扩散的理论。① 随着特纳逐渐形成了自身有关美国文明起源的理论，他开始批判生源论。"我们早期的历史学一直在研究欧洲的生源在美国环境中的发展。但是，我们对于制度学派提出的生源说过于关注了，却忽视了美国自身的因素。"特纳提出"西部的荒野形成了美国的特性，而不仅仅是日耳曼生源在美国发展的结果……这里形成了一种全新的特性，这种特性是美国自己的"。②

当时绝大多数的历史学家深受文化有机体理论的影响，特纳也认为文化是一个从最初的起源向前推进的过程。与之前的历史学家不同的是，特纳注意到了环境对文化发展的影响。他提出，文化有机体根据环境的刺激发生演化。而且，其特性在某种环境中一旦形成便会保留下来。这样，在结合了美国区域发展理论之后，特纳认为美国的历史在不断进化，制度的最初发展阶段只局限于大西洋沿岸地带，第二个阶段则是随着边疆的拓展不断向西部推进。"美国社会在流动不居中不断获得新生，在向西扩张的过程中人们不断遇到新的机会，不断熏陶在类似远古社会的简单质朴的氛围中，而正是这些推动了美国特性的形成。"③ 边疆培育了美国人独立自主的个性以及自由民主的政治制度。虽然特纳在对美国历史

---

① F. J. Turner with Commentary by John Mack Faragher, *Rereading Frederick Jackson Turner: The Significance of the Frontier in American History, and Other Essays*, New York, N.Y.: H. Holt, 1994, pp. 11–30.

② F. J. Turner, "The Significance of the Frontier in American History", in *Annual Report of the American historical Association for the year 1893*, Washington: Government Printing Offrce, 1894, pp. 199–200.

③ F. J. Turner, "The Significance of the Frontier in American History", in *Annual Report of the American historical Association for the year 1893*, Washington: Government Printing Offrce, 1894, pp. 201–203.

的解释中消除了生源论的因素,但是其所说的移动的边疆仍然是受到了生源论启发的新的"美国式的生源"。

查尔斯·安德鲁斯后来也提出,自由的精神并不是一次形成的,或一成不变的,而是随着社会和经济情况的变迁而改变的,是在历史的变化中不断发展的。这种不同的历史观使他们与条顿生源论的支持者对过去持一种不同的看法。1902 年,查尔斯·A. 比尔德(Charles A. Beard)试图以新的阶级对立的经济观来解释美国的历史。同一年,哥伦比亚大学经济学家 E. R. A. 塞利格曼(E. R. A. Seligman)与比尔德在美国历史与美国经济学会(American Historical and American Economic Association)做联合演讲。塞利格曼批判了很多据称是有思想的公民所持有的观念,即认为美国拥有固有的永恒原则并承担着独特的使命。他说:"我们一直生活在傻瓜的天堂,根本就没有什么与生俱来的美国式民主、清教特性和对自由的热爱。"这些特征"是随着时间和空间的条件变化的"。塞利格曼的结论是,美国的未来与过去几乎没有什么共性可言。[1]

然而,在 19 世纪的最后 20 年里,以条顿或盎格鲁-撒克逊生源论来解释英国和美国的历史仍是很流行的做法。在 1914 年以后,拒绝接受条顿或盎格鲁-撒克逊生源论,而认为法国是文明的延续者和保护者成为一种趋势。[2] 但是,生源论在以后的美国历史编纂中还在或强或弱地产生影响,一些历史著作对这种理论还有所体现。其中很重要的原因是,如果认为过去完全是由当时的历史条件塑造的,那么历史的连续性将不再可能。而且,更重要的是,美国式的进步、共和制度和美国的使命感将难以自处,而这些是美国精神的核心,已经深深地印在美国人的心中。

19 世纪中期,伴随着美国文化独立意识的增强,对于美利坚国家特性的探寻是历史学家亟须解答的问题,条顿生源论为这个问题的解答提供了理论上的依据。即使到了第一代科学的历史学家那里,虽然他们标

---

[1] E. R. A. Seligman, "Economics and Social Progress", *Publications of the American Economic Association*, 3rd ser., No. 4 (1902), pp. 55, 56, 59-60. 转引自 Dorothy Ross, "Historical Consciousness in Nineteenth-Century America", *The American Historical Review*, Vol. 89, No. 4 (Oct., 1984), pp. 927-928。

[2] Harry Elmer Barnes, *A History of Historical Writing*, New York: Dover Publications, 1963, p. 275.

榜不让现实踏入历史,但社会达尔文主义和生源论的结合能够彰显美国的国家特性,并高扬其优越于其他国家和种族的自由精神与民主制度,因此生源论成为19世纪中期一直到20世纪初期美国史学的解释模式。通过对生源论的研究,我们能够看出,美国的史学发展与对民族特性的探寻互相促动,并交织在一起构成了美国精神成长的脉络。在这个过程中,生源论为美国文化的起源和国家构建提供了理论和历史的依据,也使美国的国家历史叙述不可避免地带有失真的成分。

从19世纪中后期开始,生源论塑造了美国社会的历史意识。这种认为世界起源于"原初精神"的理论把人类的历史看作自由精神不断成长的过程。在自由精神不断发展的过程中,人类历史也不断进步。随着自由精神从日耳曼的丛林,经过盎格鲁-撒克逊人传递到新大陆,人类进步的过程也不断西移至北美。以自由为传统的美国拥有了不同于其他国家和民族的优越性,因而也承载着人类的特殊使命。班克罗夫特从条顿生源论中发展出美国在历史传统中即拥有使命的观念。

二 美国使命观的历史学传统

美国早期史学家在神学中寻找美国的起源——上帝对其在彼岸的孩子的计划,其后的历史学家在各种理论中寻找确定的答案。从清教史学开始,早期史学家发现并确立了美国的特殊传统,这种带有优越感的自我认同便一直流传下来。但是,在建国后的一段时间里,美国人对自我的认识还是比较模糊的。班克罗夫特出版了《美国史》并在社会上引起了广泛和热烈的响应,使美国人对自身的认识更加明晰起来,对自身的优越性也更加确信并不断膨胀。

美国的优越性首先来自其自身的特殊性。美利坚民族对自由与生俱来的热爱,使他们首先感知了上帝的启示,实现了对自由的追求,建立了保障自由的政治制度:"美国比其他任何国家更好地建立了大众代议制,尊重个人意识和权利,这是成熟的制度,并富于创造力。"[①] 由于美国体现着自由精神,并建立了比世界上其他国家更完善、更符合人性的

---

① George Bancroft, *History of the United States of America from the Discovery of the Continent*, Abridged by Russel B. Nye, University of Chicago Press, 1966, p.137.

政治制度，美国从创建伊始便体现着其特殊性，这也是它可以自居于其他国家，尤其是欧洲旧世界之上的优越性的原因。班氏认为，美利坚建立在优越于其他国家的基础上，美国自身的成长证明了这一点。

而且，被称为美国立国之本的宪法和《权利法案》是从普遍的人性和普遍原则中衍生的，因此，美国所追求的自由精神也体现着人类的普遍期望。"它是建立在人类与生俱来不可剥夺的权利的基础上的，从普遍原则中演绎出《权利法案》，与创世纪一样悠久，与人性一样宽广，自由的思想总是向一部分明智的人们闪光，他们预见性的直觉也由于对自由的热爱而得到感应。"① 在这个意义上，美利坚精神向全世界散发着它的光辉。这一点体现在班克罗夫特的世界主义历史观中。

班氏曾在其文章中评论赫尔德有关"人性"（humanity）的定义，他认为人类本性中的"人道"引导人类自身坚持高尚和仁慈的原则。基于这种普遍人性，班氏认为整个世界会逐渐走向统一，最后成为一个整体，而真正的历史是世界历史。

在世界主义历史观念下，班氏关注不同地区的事件的相互影响，其著作中对某些事件的看法体现了世界历史普遍联系的视角。班氏认为，美国历史是世界历史的一部分，他经常把美国历史置于普遍背景进行考量。班氏经常分析美国事件对欧洲社会、政治进程的影响。② 从美国的自由精神和政治制度衍生出美利坚民族的特殊性及优越性，以普遍人性为基础的美利坚特性使其在世界历史中具有"普世"性。

世界主义历史观最终还是为美国精神的"普世"性提供了舞台。美国历史学家哈维·威什（Harvey Wish）认为，20世纪的人们会欣赏班氏传承并体现了康德式的个人自由和世界主义价值观，但没有人能否定他言行中强烈的种族中心主义。③ 班克罗夫特认为，美国历史在现代阶段全人类构成的"世界历史"中具有决定性作用，在这个过程中，历史是不断地向人类自由前进的单一过程。这种模式和方向早已经被仁慈的上

---

① George Bancroft, *History of the United States of America from the Discovery of the Continent*, Abridged by Russel B. Nye, University of Chicago Press, 1966, p.137.

② George Bancroft, *History of the United States of America from the Discovery of the Continent*, Abridged by Russel B. Nye, University of Chicago Press, 1966, p.242.

③ Harvey Wish, *The American Historian: A Social-intellectual History of the Writing of the American Past*, New York: Oxford University Press, 1960, p.86.

帝所创造的人类制度的"生源"决定了。美国发生的事件改变了全世界，至少是在现代时期。美国人注定要在上帝支持的条顿人和盎格鲁-撒克逊人之后掌控历史的缰绳，把自由和道德观带给全世界。尤其是在后来有关美国革命的论述中，班氏逐渐脱去其民族主义的世界主义的外衣。班氏认为，美国革命的意义甚至超过了启蒙运动，美国因革命而成为人类历史的焦点，并代表了全世界建立人民主权的希望。《美国史》第一卷于1834年出版，棕色的封皮上面镌刻着"帝国之星向西前行"。尽管埃弗里特指出这句来自伯克里（Berkeley）的引用讲到了"帝国之路"，但是这本书仍然受到了热烈的欢迎。①

丹尼尔·布尔斯廷认为，"对自身使命的强调为美国独立于母国提供了合理性，从而为其立国建立了牢固的合理性。赞颂美利坚民族特性——独立性的同时，不能不证明这个民族与英国分离的合理性，不能不赞颂这个民族所担负的世界使命。美国人认为阐明独立的理由对这个国家之诞生至关重要，因而便开始对建国目标和民族使命显示出一种持久不衰的着迷劲头。对民族赞颂与为民族辩护已合而为一"。② 无论是作为政治家还是历史学家，班氏都体现出强烈的"天定命运观"。作为波尔克总统时期的海军和战事部长，他在墨西哥战争中积极行动以促成吞并加利福尼亚，因为他认为这是美国的使命之一。

班氏在对美国历史的叙述中探寻了美利坚的起源，印证了美利坚精神和美利坚民族的共同体验和普遍价值观，使美国人认识到了其自身的历史发展过程，从而坚定了其作为一个民族的共同起源与未来的使命。后来的很多历史学家也在各种理论中解释美国的独特发展历程，无论是以种族、地理、气候、实证主义、黑格尔哲学、达尔文主义还是以边疆理论看待美国历史，都具有一种倾向，即把美国的过去置于一种独特的起源和环境的前提假设中，使其史学理论中充斥着决定论，很少有美国人乐意把他们的成功和富足归因于机会女神。美国使命观和在政治上表现出来的"天定命运观"在美国历史中源远流长，它不仅影响了美国历史编纂学的观念，还对美国的民族精神、对自我形象的认同、国家意识

---

① Russel B. Nye, *George Bancroft: Brahmin Rebel*, New York: Alfred A. Knopf, 1944, p.102.
② 〔美〕丹尼尔·布尔斯廷：《美国人——建国历程》，中国对外翻译出版公司译，北京：生活·读书·新知三联书店，1993年，第466页。

形态、外交政策等产生了深远的和实质性的影响，威尔逊的美国文化形态外交即是最显著的实例。

三 对历史中普通人的关注：西部的重要性

历史学家哈维·威什指出，班氏在演讲中经常提倡为所有人提供经济上的机会，人类的基本权利高于财产权，但是他在历史写作中却体现出政治上的小心谨慎，他拒绝承认经济利益是人类文明发展的推动力，当然，这也与他的唯心主义哲学相一致。思想总是实现社会转变的第一媒介。他在描述谢司起义时表现出对负债阶层的不友好态度，与辉格派的历史学家并无两样。① 约翰·海厄姆也认为，班氏的民主仅停留在原则上，其作品中的主角却是上层精英。②

班氏的民主思想使他强调人民大众对历史的推动作用，他认为人民的集体意志在国家建设和历史发展过程中具有决定性作用，他对大众政府充满信心。哈维·威什认为班氏的民主思想体现为对普通人的离题的长篇论述。而且，他认为班氏的历史著作中，人民大众并不是主角，在他搭设的历史舞台上令人瞩目的还是英雄人物。"在假定由普通人驱动的历史图景中，阶级冲突却由于一种超验的'理性'而消失了。在班氏那里，大众只是抽象的群体，而不是由有血有肉的个人组成的。"③ 尽管如此，班氏对普通人力量的重视并不仅仅是口号或给读者带来的假象。只是由于当时研究条件和资料的限制，美国通史的框架还没有形成，历史学家更没有条件和研究的基础去搜集更加分散、更加深入的社会史方面的资料。所以，班氏在历史的框架上虽然强调了普通人的力量，但在叙述中又显得疏于对历史舞台上大众力量的论述。

但是，我们在《美国史》中仍然能够看到，除了对于新英格兰地区的叙述，班氏也用相当的篇幅描述了南部和西部各州的情况。班氏还利用几组来源不同的数据进行比较，得出了美国革命前各殖民地白人与黑

---

① Harvey Wish, *The American Historian: A Social-intellectual History of the Writing of the American Past*, New York: Oxford University Press, 1960, p.86.
② John Higham edited, *The Reconstruction of American History*, New York: Harper & Row Publishers, 1962, p.19.
③ Harvey Wish, *The American Historian: A Social-intellectual History of the Writing of the American Past*, New York: Oxford University Press, 1960, p.86.

人的人口数。① 在对美国革命的叙述中，班氏大力赞扬了黑人在战斗中的表现。② 在关于是否应该赋予黑人武装的权利时，班氏说道："黑人的自然禀赋与我们相同。如果赋予他们自由和武装，就会保障他们的忠诚，增强他们的勇气，并为其解放敞开大门。人道原则和以此为基础的政策使我感兴趣并支持这些不幸的人们。"③ 1868 年，班氏即提出应逐渐赋予受过教育的黑人和有色人种以公民权。④

班氏的民主信仰使他相信人本身具有不断完善自身的自然禀赋，人类历史也会不断进步，并走向美好的蓝图。在这个过程中，人民大众的作用是不可低估的，尤其是在西部边疆的推进过程中。班氏很少论述历史中环境的因素，但是他提到了边疆在美国历史中的重要意义，这也使他更加突出于同时代的仅把东部海岸地区认同为美国的历史学家。他宣称弗吉尼亚移民不像欧洲契约农庄中的农民，他的同胞是"森林之子，受到原野的自然之风的滋养"，并与孤立做着斗争。"无垠的西部成为穷人的避难之所，荒野保卫着他们的茅草屋，就像悬崖和雪松擎着鹰鹫的巢穴一样不会受到侵犯。"他热情又不厌其烦地赞扬密西西比峡谷（Mississippi Valley）开拓者的美德。⑤ 这蕴藏着特纳的西部成为工人的安全真空的观点。

19 世纪中期，主导美国思想的新英格兰知识阶层，尤其是波士顿的知识精英在政治立场上都属于辉格派，他们不相信人性趋向完善和社会的机会平等，仍然处于精英阶层的自我膨胀之中。从阶级差异上，他们也不认同主张权利平等的杰克逊主义。相比之下，班氏从青年时期就对民主信仰矢志不渝，并且他提倡权利平等，这对于 19 世纪中期的美国社会来讲，是具有先锋性的思想。由于他在政治观点上与波士顿的精英们

---

① George Bancroft, *History of the United States of America from the Discovery of the Continent*, The Author's Last Revision, Vol. V, New York: D. Appleton and Company, 1890, p. 278.
② George Bancroft, *History of the United States of America from the Discovery of the Continent*, The Author's Last Revision, Vol. II, New York: D. Appleton and Company, 1890, pp. 390-391.
③ George Bancroft, *History of the United States of America from the Discovery of the Continent*, The Author's Last Revision, Vol. V, New York: D. Appleton and Company, 1890, p. 370.
④ Russel B. Nye, *George Bancroft: Brahmin Rebel*, New York: Alfred A. Knopf, 1944, p. 226.
⑤ George Bancroft, *History of the United States of America from the Discovery of the Continent*, Vol. VI, Boston: Little, Brown and Company, 1856, pp. 33-34.

相左，他被称为"贵族反叛者"。可以说，班氏的民主理论无论是在历史实践中，还是在史学理论上都走在了时代的前面。

当时，历史写作还没有形成一个专业群体，而是被拥有资产和出版能力的人群作为业余消遣和实现社会责任的手段，那个时代的历史学家被称为"贵族史学家"。像班氏这样能够关注人民大众在历史发展中的作用的史学家是十分难能可贵的。直到进步主义运动时期，在特纳和查尔斯·比尔德等中西部崛起的中产阶级历史学家的带领下，历史写作才真正贯彻了民主的论调。他们认为，美国历史充满了特权阶层和无权阶层的冲突和斗争，他们都对历史中处于社会底层的人们报以同情。特纳的边疆理论体现着权利平等的观念，而在19世纪中期，班克罗夫特就已经注意到了美国西部拓展的重要意义，以及在这个过程中普通人展现出来的推动历史发展的巨大力量。

如上，乔治·班克罗夫特的历史主题和历史观其实都是围绕美利坚特性和美国精神的塑造展开的。正是围绕着19世纪美国社会普遍关心的问题，即"谁是美国人？他们来自何方？他们的共性是什么？他们的未来将向何处去？"，班氏以条顿生源论挖掘了美国自由精神的起源和传统，以及由此形成的美国的共同特性。他还以其哲学观念和天定命运观证明了美国将成为统一的共和国的趋势以及美利坚的优越性，并把其定格在对美国历史的叙述中，从而不仅在当时塑造了美国的民族意识，还奠定了美国的史学传统。班克罗夫特以后美国主流的历史学家或史学流派论述的主题无不是围绕着美国自身特性展开的。

第一代科学史学家虽然严厉地批判了班克罗夫特不够科学的研究和写作方法，但是，其历史著作仍然沿用了条顿生源论的解释模式。而且，他们仍然相信神意的一般法则证明了美利坚的起源和命运。19世纪末兴起的以特纳为代表的边疆学派认为，美国文明诞生于西部的丛林，粗犷艰辛的西部蛮荒生活形成了独特的美国精神和真正意义上的美国人。查尔斯·比尔德则以阶级对立的经济观来解释美国文明的产生，虽然经济学家塞利格曼不承认美国与生俱来的自由精神、民主原则和清教特性，但他们都是从另一个角度对同一个问题进行探讨。理查德·霍夫斯塔特在研究了美国的国家思想意识后，更加确信必须重新探讨以往那些强调社会一致的传统观念，他对班氏的《美国史》也持赞赏态度。丹尼尔·布尔斯廷更加不遗余力地在其三卷本的《美国人》中探讨美国的民族特性，对班氏提出的美利坚特性多半认同。所以，直到20世纪60年代，美国历史学的主流一直围绕美利坚特性和美国精神进行研究，这正是班氏塑造的史学传统的延续。班克罗夫特从生源论衍生出的美国使命观则在不同历史学家和史学流派那里有不同的取舍。很多当代学者认为，使命观构成了美国的例外论，例外论即指美国因为具有根本特殊性，其历史进程与其他现代化或正在实现现代化的国家明显不同，这就使对美国过去的解释简单化，而且例外论一般带有理想主义色彩，并促成了帝国主义扩张之动力的产生并维系这一动力，以丹尼尔·布尔斯廷为代表的和谐学派则抛弃了美国特性中的例外论。

美国史学自班克罗夫特开始便以探讨美利坚的特性和增强美利坚凝聚力的美国精神为核心，而这也是由美国历史的特点决定的。美国历史相对短暂，探寻国家特性成为历史学最急迫的任务，并成为美国史学贯穿始终的线索。同时，班氏所探讨的历史主题和历史观反过来也促成了美利坚特性在历史中的定格，并成为美国人的核心精神，增强美国社会凝聚力的价值观也在历史编纂的推动中不断成熟起来。

班克罗夫特对美国的历史学发展作出了不可磨灭的贡献。他关注历史学的"科学性"，对文献和档案采取一种批判的态度，为后来美国史学的发展奠定了不可或缺的基础，一方面，他为美国本国历史编纂提供了大量宝贵的资料，发掘了以前没有人关注的珍贵的文献，并把普通研究者难以获取的档案呈现出来；另一方面，他为美国本土的历史研究和写作在方法和理论上做了必要的铺垫，并为美国通史的写作和研究构筑了框架，这为历史学在美国从知识精英的业余爱好向专业化过渡做了准备和铺垫。班克罗夫特是美国史学转型过程中的桥梁人物，美国通史写作本土化的史学历程也是从班克罗夫特开始的。

结　语

本书聚焦于美国历史学家乔治·班克罗夫特，但是，这里并不是仅仅要得出"没有一个人的历史能比班克罗夫特的《美国史》更被其时代接受，在未来的时代被铭记"① 这般的结论，本书围绕班克罗夫特展开，但同时关注班氏所处的时代精神、当时美国社会的状态，以及那个时代美国的哲学思潮、历史观念和历史写作的发展状况。而且，班氏的著作和思想反映着19世纪中期美国的民族心理和时代精神。

乔治·班克罗夫特在《美国史》等著作中阐明了盎格鲁-撒克逊人热爱独立和自由的种族特性是美国人自由精神的源头，"尽管其成员来自不同国家，普遍的意识自由和宗教自由以及公共理性的特点，构成了其国民性（nationality）"。② 班氏认为，信仰自由的美国将越来越符合道德世界的一般法则并趋向统一，美利坚独特的精神也因此在国家内部趋于一致。班氏在其著作中揭示了美利坚作为一个民族的起源，美利坚的民族精神以及美利坚的民族使命等重要主题，为正在起步的美利坚指明了精神上的方向，增强了这个新国家的凝聚力。班氏的史学思想迎合了19世纪中期美国社会的愿望和要求，《美国史》受到当时社会的广泛接受，这也揭示了19世纪中期美国的民族心理和美利坚特性形成的历史渊源。

班克罗夫特的《美国史》中所叙述的美利坚的民族历程具有英雄主义色彩，其表现的美利坚的特性和民族精神也看似有些单一。但是，对于美国来说，这种零散的却又一致的，看似单纯却又深奥微妙的，模糊的却又明晰有力的界定是真实的，这是由其历史渊源和建国历程的特点所决定的。"这个新民族并不打算推崇某件事或某项行动，而是要赋予一项声明以圣典的地位：公开宣布法定权利和普遍原则。'宣布这项声明，

---

① John Spencer Bassett, *The Middle Group of American Historians*, Norwood, Mass.: Norwood Press, 1917, p.199.
② George Bancroft, *History of the United States of America from the Discovery of the Continent*, Abridged by Russel B. Nye, Chicago: University of Chicago Press, 1966, p.235.

这件事本身所散发的光辉就会使与之有关的实际行动黯然失色。'美国人在探索民族性的过程中逐渐地、无意识地做出了一些选择，其中以上述这个选择意义最为重大。对于一个以慷慨激昂的文献为其特征的民族，一个由于成分复杂不清而急于探索民族共同目标的民族来说，这是一种很恰当的表达方式。美国在许多方面是含糊不清的，这使美国人比其他民族更觉得有必要用一种言过其实的明确概念来表明本身的民族性和民族目标。"① 这种对一致的民族信条的呼唤，对澄清美利坚的共同特征，以构成其统一的基础的希冀，成为那个时代的需要，也反映着19世纪中期的时代精神。

生活于19世纪中期的爱默生对于时代精神和思潮的形成和发展有其切身的体会和独到的见解。"每一个人都是普遍心灵的又一次转世再现。它所有的特性都存在于他的内心。他个人的经验里每一件新的事实都反映出许多人曾共同做过什么，他自己的生活的危机也反映了国家的危机。每一场革命最初都只是一个人脑子里的一个念头，当另一个人脑子里也出现了同一种思想时，它就是这一时代的关键了。每一种改革最初都是一个私人的意见，等它又成为另一个私人意见时，它将成为解决那个时代的问题的答案。"② 从爱默生的话中，我们可以看出，个人心中的思想预设，在不断传播和表达中，在能够引起普遍共鸣的情况下，就会转变成集体行动，而思想和行动的相互结合与推动促进了时代精神的形成。班克罗夫特在《美国史》中所展现的美国的自由精神、先进的代议民主制和整个国家走向统一的主题，以及肩负着传播自由和民主使命的美利坚，反映了19世纪中期美国社会正在急切呼吁一种共同精神的心理需求，成功地道出了当时美国人的心声，正如一个人在成长过程中所依靠的希望和信念。同时，他所表达的主题，表现的观念也走在了很多人的前面，其著作的广泛流传，使当时的美国社会对其自身民族特性的懵懂观念逐渐清晰，也引领着美国社会对一种共同信念的认同，意味着一种时代精神的形成和成熟。

---

① 〔美〕丹尼尔·布尔斯廷：《美国人——建国历程》，中国对外翻译出版公司译，北京：生活·读书·新知三联书店，1993年，第466页。
② 〔美〕爱默生：《美国的文明》，孙宜学译，桂林：广西师范大学出版社，2002年，第227页。

当然，我们不能说，在19世纪中期，时代呼唤一种共同的信念和一致的民族精神，而班克罗夫特在其备受欢迎的作品中表现了这种主题，并广受赞同，就可以说明19世纪中期的美国社会在精神上合而为一了。在现实中，那时的美国还存在着区域矛盾、利益冲突，以及对奴隶制的分歧及其最终酿成的内战。但是，在精神层面，虽然对民族身份认同和一致信念的认可是理想主义的，却是实际存在的，因为这也是建国的现实所需要的。这种理想和现实的矛盾在美国历史中是一直存在的，并成为美国的特征。"当代史学史中更重要的主题恐怕是历史学家不断地尝试在'矛盾冲突'与'和谐一致'这两种对立的历史观之间架设桥梁，却并不试图令其互相替代，而是中和或调和二者。因为在当代历史学家或文学评论家和神学家看来，生活是模糊的、不确定的。美国成为一个充满悖论的王国：诞生于叛乱，天生具有革命性，却十分温和；一个在理想上自由，在行动上却保守的社会；在分裂中统一，在统一中分裂。"[①]美国历史上这种矛盾的特性也是在现实中存在的，因而，现实中的问题和冲突并不妨碍它在精神层面的理想主义。

包括班克罗夫特在内的19世纪中期的历史学家更注重描述过去社会的内在本质，理解社会的核心性质有助于解释变化是怎样发生的，但变化的问题本身却是次要的。美国人在19世纪上半期不停地谈到"时代精神""一个民族的真正性格""公众感情的潮流"等定义民族本质的字眼。他们认为，这能为一个民族带来活力，刺激他们的能量，并使他们变得伟大，并且可以通过定义不可见的时代精神来给出历史事件的原因、联系和结果。在19世纪的大部分时间里，历史学家认为，历史发展的原因是已经预设了的，事件只是这种内在动力的表现。当时美国社会主流更加强调一致性，以此来防止联邦解体，每位历史学家的著作都体现了这一重要的观照。[②]

在对民族精神的激扬、对民族感情的催化的时代氛围中，班克罗夫特在其著作中证明了美国脱离大英帝国统治是符合普遍原则的，因而也

---

① Edited by John Higham, *The Reconstruction of American History*, New York: Harper & Row Publishers, 1962, p. 24.

② Richard C. Vitzthum, *Theme and Method in the Histories of Bancroft, Parkman, and Adams*, Norman: University of Oklahoma Press, 1974, p. 5.

证明了其立国的合理性。在对从美洲到美利坚历史的叙述中，班氏发掘了美利坚精神的历史起源，宣扬美国人的自由精神及其建立的完善的民主制度是世界的典范，这体现了美国的特殊性和优越性，也是美国人共同的特征，是美利坚民族特性之所在。班克罗夫特为美国革命和接下来的美国历史的阐释提供了一种国家认同的架构。正是在这个意义上，班氏通过其民族通史促进了美国精神传统的缔造，并确立了这个国家的历史意识。美国人渴望，并且现在仍旧渴望一种能使他们引以为豪的国家认同。对于很多美国人来讲，无论是过去还是现在，班克罗夫特都正好传达了这样一种认同。

从以上的论述和分析可以看出，班氏的《美国史》中体现的民族精神和美利坚特性与美国史学的发展两条线索交织在一起，二者相互促进。美利坚在文化和精神上不断成熟的经历也是美国史学取得独立地位和确立的过程。这是美国专业史学发展的独特特点，史学推动着民族精神的成长，民族特性通过历史著述中对其民族起源的追述，对其民族使命的论证而得以彰显。但是，这时的历史学并不是专业史学，它在缺乏科学批判精神的同时，过于急切地与时代精神相呼应，使其不可避免地带有为新生的共和国摇旗呐喊的口号式叙述。一方面，这削减了历史作品在现代意义上的学术价值；另一方面，这正是其在当时备受推崇的原因，对我们研究那个时代的精神有重大的意义。同时，班氏著作中反映的主题和对美国历史阐释的框架大大地影响了后来的历史学家，如亨利·亚当斯仍然强调美国的条顿起源，20世纪以后的历史著作仍然在不断探讨美利坚的民族特性这个重要命题。

美国历史学与时代主题及精神的交织和互动也反映着美国国家精神和国家意识的独特发展历程。正如约翰·海厄姆所言："美国历史虽然短暂，美国文化中却从未脱离历史精神，美国宪法本身即参考西方早期共和国的先例制定，美国人从最开始即保持着对历史的热情，其历史作品在数量上甚至超过了同时期的其他国家。由于美国没有遥远的过去，所以美国的历史著作与个人和时代具有很大程度的相关性。而且，每一代都有历史学家成为文化的主导者，其著作也呈现了那个时代最显著的特征。所以，写作历史也常常是创造历史的过程。透过这二者的关系，能够看到美国不断成长的内在意识。"①

在这个意义上,班克罗夫特不仅是美国历史的书写者,还是美国历史缔造的参与者。通过对班克罗夫特的研究,我们可以看出美国建国历程尤其是民族特性的成长与民族史学发展的互相促动,并交织在一起构成了美国精神和民族意识成长的脉络。

---

① Edited by John Higham, *The Reconstruction of American History*, New York: Harper & Row Publishers, 1962, pp. 9-10.

参考文献

一 英文文献

(一) 原始资料

Bancroft, George, *Address at Hartford, Before the Delegates to the Democratic Convention of the Young Men of Connecticut*, on the Evening of February 18, 1840, Published in Conformity to a Vote of the Conbentlon.

Bancroft, George, *An Oration Delivered at the Commemoration in Washington of the Death of Andrew Jackson*, Washington, 1845.

Bancroft, George, *An Oration Delivered on the Fourth of July, Northampton*, Mass.: Shepard and Co., 1826.

Bancroft, George, *History of the Battle of Lake Erie and Miscellaneous Papers*, New York: Robert Bonner's Sons, 1891.

Bancroft, George, *History of the Formation of the Constitution of the United States of America*, New York: Appleton, 1882, 2 Vols.

Bancroft, George, *History of the United States of America from the Discovery of the American Continent*, Boston: Little, Brown and Company, 1834–1874, 10 Vols.

Bancroft, George, *History of the United States of America from the Discovery of the American Continent*, The Author's Last Revision, New York: D. Appleton and Company, 1885–1890, 6 Vols.

Bancroft, George, *Literary and Historical Miscellanies*, New York: Harper & Brothers, 1855.

Bancroft, George, *Martin Van Buren to the End of his Public Career*, New York: Harper and Brothers, 1889.

Bancroft, George, *Memorial Address on the Life and Character of Abraham Lincoln, in the House of Representatives at Washington*, on the 12th of February, 1866.

Bancroft, George, *Memorial Address on the Life and Character of Abraham Lincoln*, Washington, 1866/Washington, 1903.

Bancroft, George, *Oration Delivered before the Mayor, Common Council, and Citizens of New York*, on the 22d of February, 1862, at the Request of the Common Council, Pulpit and Rostrum. No. 29 (April 15th, 1862).

Bancroft, George, *Oration Pronounced in Union Square*, April 25, 1865, at the Funeral Obsequies of Abraham Lincoln in the City of New York.

Bancroft, George, *Reflections on the Politics of Ancient Greece*, of Arnold H. L. Heeren, Boston, 1824, erw. London, 1847.

Bancroft, George, *Speech by Mr. Bancroft, at the New York Meeting*, April 20, 1863, Philadelphia: William S. & Alfred Martien, No. 606 Chestnut Street, 1863.

Bancroft, George, *The History of the United States of America from the Discovery of the Continent*, Abridged by Russel B. Nye, University of Chicago Press, 1966.

Bancroft, George, *The Necessity, the Reality, and the Promise of the Progress of the Human Race*, Address at the New York Historical Society, 1854.

Papers of George Bancroft, 1811-1901, Microfilm of Originals in the Cornell University Library, Ithaca/NY, 1967.

（二）英文著作

Audi, Robert, *The Cambridge Dictionary of Philosophy*, New York: Cambridge University Press, 1995.

Barnes, Harry Elmer, *A History of Historical Writing*, New York: Dover Publications, 1963.

Bassett, John Spencer, *Correspondence of George Bancroft and Jared Sparks, 1823-1832, Illustrating the Relation between Editor and Reviewer in the Early Nineteenth Century*, Northampton, Massachusetts, 1917.

Bassett, John Spencer, *The Middle Group of American Historians*, Norwood, Mass.: Norwood Press, 1917.

Bellot, Hugh, *American History and American Historians: A Review of Recent

Contributions to the Interpretation of the History of the United States, Norman: University of Oklahoma Press, 1952.

Bernath, Michael T., *Confederate Minds: The Struggle for Intellectual Independence in the Civil War South*, Chapel Hill: University of North Carolina Press, 2010.

Bhabha, Homi K. ed., *Nation and Narration*, New York: Routledge, 1990.

Blau, Joseph L., *American Philosophic Addresses, 1700–1900*, New York: Columbia University Press, 1946.

Blau, Joseph L., *Men and Movements in American Philosophy*, New York: Prentice Hall, 1952.

Breisach, Ernst, *Historiography Ancient, Medieval & Modern*, Chicago: University of Chicago Press, 1983.

Breunig, Charles, *The Age of Revolution and Reaction, 1789–1850*, New York: Norton, 1977.

Burns, Robert M. and Rayment-Pickard, Hugh eds., *Philosophies of History from Enlightenment to Postmodernity*, Beijing: Peking University Press and Blackwell Publishers Ltd., 2004.

Bush, Harold K., *American Declarations: Rebellion and Repentance in American Cultural History*, University of Illinois Press, 1999.

Callcott, George H., *History in the United States, 1800–1860: Its Practice and Purpose*, Baltimore and London: The Johns Hopkins Press, 1970.

Canary, Robert H., *George Bancroft*, Twayne's United States Authors Series 266, New York, 1974.

Chamberlain, Kathleen Egan, *George Bancroft(1800–1891)*, in Boyd, Kelly et., *Encyclopedia of Historians and Historical Writing*, Vol. I, London, 1999.

Commager, Henry Steele, *The American Mind: An Interpretation of American Thought and Character since the 1880's*, New Haven: Yale University Press, 1950.

Curti, Merle, *The Human Nature in American Historical Thought*, Columbia: University of Missouri Press, 1968.

Curti, Merle, *The Roots of American Loyalty*, New York: Columbia University Press, 1946.

Dougherty, Patricia, *American Diplomats and the Franco-Prussian War: Perceptions from Paris and Berlin*, Washington, D. C.: Institute for the Study of Diplomacy, Georgetown University, c1980.

Dyer, Oliver, *The History of the Battle of Lake Erie and Miscellaneous Papers: Life and Writings of George Bancroft*, New York: Robert Bonner's sons, 1891.

Ekirch, Jr., Arthur Alphonse, *The Idea of Progress in America, 1815–1860*, New York: Columbia University Press, 1944.

Emerson, Donald E., Hildreth, Richard, *John Hopkins University Studies in Historical and Political Science*, Ser LXIV, No. 2, Baltimore: The John Hopkins Press, 1946.

Ernest, John Richard, *The Language of Truth: Narrative Strategy in the Histories of William H. Prescott, George Bancroft, and Henry Adams*, Ann Arbor/MI, 1989.

Finzsch, Schirmer D., *Identity and Intolerance: Nationalism, Racism, and Xenophobia in Germany and the United States*, New York: Cambridge University Press, 1998.

Gatell, Frank Otto, *American Themes: Essays in Historiography*, New York: Oxford University Press, 1968.

Ginger, Ray, ed., *American Social Thought*, New York: Hill and Wang, c1961.

Gooch, G. P., *History and Historians in the Nineteenth Century*, London: Longmans, Green, and co., 1913.

Gossett, Thomas F., *Race: The History of an Idea in America*, New York: Schocken Books, 1965.

Grob, Gerald N. and Billias, George Athan ed., *Interpretations of American History, Patterns and Perspectives*, New York: The Free Press, 1992.

Handlin, Lilian, *George Bancroft: The Intellectual as Democrat*, New York: Harper & Row Publishers, 1984.

Higham, John, *History*, Englewood Cliffs, N. J.: Prentice-Hall, 1965.

Highman, John ed., *The Reconstruction of American History*, New York: The Humanities Press, 1962.

Hoffer, Peter C., *Liberty or Order: Two Views of American History from the Revolutionary Crisis to the Early Works of George Bancroft and Wendell Phillips*, New York: Garland Publishers, 1988.

Hofstadter, Richard, *The Progressive Historians*, New York: Vintage Books, 1970.

Holt, W. S. ed., *Historical Scholarship in the United States, 1876–1901*, Baltimore: Johns Hopkins Press, 1938.

Homes of American Authors: Comprising Anecdotical, Personal, and Descriptive sketches, New York: G. P. Putnam and Co, 1853.

Howe, John R., *From the Revolution through the Age of Jackson: Innocence and Empire in the Young Republic*, Englewood Cliffs, N. J.: Prentice-Hall, 1973.

Howe, M. A. DeWolfe, *The Life and Letters of George Bancroft*, Vol. I, Port Washington: Kennikat Press, 1908; Vol. II, New York: Charles Scribner's Sons, 1908.

Hutchinson, William T., ed., *The Marcus W. Jernegan Essays in American Historiography*, Chicago: The University of Chicago Press, 1937.

Jameson, J. Franklin, *John Franklin Jameson and the Development of Humanistic Scholarship in America*, Athens: University of Georgia Press, 1993.

Jameson, J. Franklin, *The History of Historical Writing in America*, New York: Greenwood Press Publishers, 1891.

Jusserand, Jean Jules, *The Writing of History*, Chicago: Charles Scribner's Sons, c1926.

Kohn, Hans, *American Nationalism: An Interpretative Essay*, New York: Macmillan, 1957.

Kramer, Lloyd, *Nationalism in Europe and America: Politics, Cultures, and Identities since 1775*, Chapel Hill: The University of North Carolina Press, 2011.

Kraus, Machael, *The Writing of American History*, Norman: Oklahoma University Press, 1937.

Kuklick, Bruce, *The Rise of American Philosophy, 1860–1930*, Cambridge, Massachusetts, New Haven: Yale University Press, 1977.

Levin, David, *History as Romantic Art: Bancroft, Prescott, Motley, and Parkman*, Stanford, Calif.: Stanford University Press, 1959.

Lewis, Merrill Embert, *American Frontier History as Literature: Studies in the Historiography of George Bancroft, Frederick Jackson Turner and Theodore Roosevelt*, Ann Arbor/MI, 1968.

Lind, Machael, *The Next American Nation: The New Nationalism and the Fourth America Revolution*, New York: The Free Press, 1995.

Loewenberg, Bert James, *American History in American Thought: Christopher Columbus to Henry Adams*, New York: Simon and Schuster, 1972.

Long, Orie William, *Literary Pioneers: Early American Explorers of European culture*, Cambridge, Mass: Harvard University Press, 1935.

McLaughlin, Andrew C., *Source Problems in United States History*, New York, 1918.

Morgan, Edmund, ed., *The Founding of Massachusetts: Historians and the Sources*, Indianapolis: The Bobbs-Merrill Company Inc., 1964.

Morse, David, *American Romanticism*, Basingstoke, Hampshire: Macmillan Press Ltd., 1987.

Nye, Russel B., *George Bancroft,* New York: Washington Square Press, 1964.

Nye, Russel B., *George Bancroft: Brahmin Rebel*, New York: Alfred A. Knopf, 1944.

Nye, Russel B., *The Cultural Life of the New Nation, 1776–1830*, New York: Harper & Row Publishers, 1960.

Parrington, Vernon Louis, *Main Currents in American Thought*, New York: Harcourt, Brace, c1954.

Parrington, Vernon Louis, *Main Currents in American Thought: An Interpretation of American Literature from Beginnings to 1920*, New York: Harcourt, Brace, c1930.

Parrington, Vernon Louis, *The Romantic Revolution in America, 1800–1860*, New York: Harcourt, Brace, c1927.

Porterfield, Allen Wilson, *The Outline of German Romanticism, 1766–1866*, Boston: Ginn and company, 1914.

Prescott, William H., *Biographical and Critical Miscellanies*, New York, 1845.

Reed, William B. (William Bradford), 1806–1876, *President Reed of Pennsylvania: A reply to Mr. George Bancroft and others*, February, A. D. 1867, Philadelphia: H. Challen, 1867.

Robertson, James Oliver, *American Myth, American Reality*, New York: Hill & Wang, 1980.

Rozwenc, Edwin Charles, ed., *Ideology and Power in the Age of Jackson*, Garden City, N. Y.: Anchor Books, 1964.

Salzman, Jack, ed., *The Cambridge Handbook of American Literature*, Cambridge: Cambridge University Press, 1986.

Schlesinger, Arthur M. Jr., *The Age of Jackson*, New York: New American Library, 1945.

Schneider, Herbert W., *A History of American Philosophy*, New York: Columbia University Press, 1946.

Tassel, David Van, *Recording America's Past: An Interpretation of the Development of Historical Studies in America 1607–1884*, Chicago: Chicago University Press, 1960.

Tymeson, Mildred Mc Clary, *George Bancroft, 1800–1891: He Made History, and He Wrote it*, Worcester/MA, 1956.

Vitzthum, Richard C., *The American Compromise: Theme and Method in the Histories of Bancroft, Parkman, and Adams*, Norman: University of Oklahoma Press, 1974.

Wade, Mason, ed., *The Journals of Francis Parkman*, New York: Harper and Brothers, 1947.

Walker, Josef Clay, *George Bancroft as Historian*, Heidelberg, 1915.

Wise, Gene, *American Historical Explanations: A Strategy for Grounded In-*

quiry, Minneapolis: University of Minnesota, 1980.

Wish, Harvey, *Society and Thought in early America: A Social and Intellectual History of the American People through 1865*, New York: D. McKay Co., 1964.

Wish, Harvey: *The American Historian: A Social-intellectual History of the Writing of the American Past*, New York: Oxford University Press, 1960.

Wood, Kirk, *George Bancroft in Dictionary of Literary Biography: American Historians, 1607-1865*, Vol. 30, edited by Clyde Wilson Detroit, Mich.: Gale Research, 1984.

(三) 英文论文

Andrews, James T., "History and the Lower Criticism", *Atlantic Monthly*, CXXXII (1923).

Callcott, George H., "Historians in Early Nineteenth-Century America", *The New England Quarterly*, Vol. 32, No. 4 (Dec., 1959).

Daves, N. H. & Nichols, F. T., "Revaluing George Bancroft", *The New England Quarterly*, Vol. 6, No. 2 (Jun., 1933).

Degler, Carl N., "Remaking of American History", *The Journal of American History*, Vol. 67, No. 1 (Jun., 1980).

England, J. Merton, "The Democratic Faith in American Schoolbooks, 1783-1860", *American Quarterly*, Vol. 15, No. 2, Part 1 (Summer, 1963).

Firda, Richard Arthur, "German Philosophy of History and Literature in the North American Review: 1815-1860", *Journal of the History of Ideas*, Vol. 32, No. 1 (Jan.-Mar., 1971).

Fisher, Sydney G., "The Legendary and Myth-Making Process in Histories of the American Revolution", *Proceedings of the American Philosophical Society*, Vol. 51, No. 204 (Apr.-Jun., 1912).

Gabriel, Ralph H., "Evangelical Religion and Popular Romanticism in Early Nineteenth-Century America", *Church History*, Vol. 19, No. 1 (Mar., 1950).

Gates, Lillian F., "A Canadian Rebel's Appeal to George Bancroft", *The New England Quarterly*, Vol. 41, No. 1 (Mar., 1968).

Higham, John, "Beyond Consensus: The Historian as Moral Critic", *The American Historical Review*, Vol. 67, No. 3 (Apr., 1962).

Higham, John, "The Rise of American Intellectual History", *The American Historical Review*, Vol. 56, No. 3 (Apr., 1951).

Hoffman, Stanley, "More Perfect Union", *Harvard International Review*, Vol. 20, No. 1, Winter 1997/1998.

Holt, W. Stull, "The Idea of Scientific History in America", *Journal of the History of Ideas*, Vol. 1, No. 3 (Jun., 1940).

Kraus, Michael "George Bancroft 1834–1934", *The New England Quarterly*, Vol. 7, No. 4 (Dec., 1934).

Lerner, Gerda, "The Necessity of History and the Professional Historian", *The Journal of American History*, Vol. 69, No. 1 (Jun., 1982).

Lerner, Max, "History and American Greatness", *American Quarterly*, Vol. 1, No. 3. (Autumn, 1949).

"Letters of Bancroft and Buchanan on the Clayton-Bulwer Treaty, 1849, 1850", *The American Historical Review*, Vol. 5, No. 1 (Oct., 1899).

Lewis, Merill, "Organic Metaphor and Edenic Myth in George Bancroft's History of the United States", *Journal of the History of Ideas*, Vol. 26, No. 4 (Oct.-Dec., 1965).

Reviewed by Allen French, "George Bancroft, Brahmin Rebel", *The American Historical Review*, Vol. 50, No. 3 (Apr., 1945).

Reviewed by Arthur A. Ekirch, "George Bancroft: The Intellectual as Democrat", *The American Historical Review*, Vol. 90, No. 2 (Apr., 1985).

Reviewed by Charles A Barker, "History as Romantic Art: Bancroft, Prescott, Motley, and Parkman", *Modern Language Notes*, Vol. 76, No. 1 (Jan., 1961).

Reviewed by John A. Krout, "George Bancroft: Brahmin Rebel", *American Literature*, Vol. 17, No. 1 (Mar., 1945).

Reviewed by John. A. Krout, "George Bancroft: Brahmin Rebel", *American Literature*, Vol. 17, No. 1 (Mar., 1945).

Reviewed by Miller, Perry, "George Boas, Romanticism in America", *The

New England Quarterly, Vol. 14, No. 3 (Sep., 1941).

Richard L. Merritt, "The Emergence of American Nationalism: A Quantitative Approach", *American Quarterly*, Vol. 17, No. 2, Part 2: Supplement (Summer, 1965).

Ross, Dorothy, "Grand Narrative in American Historical Writing: From Romance to Uncertainty", *The American Historical Review*, Vol. 100, No. 3 (Jun., 1995).

Ross, Dorothy, "Historical Consciousness in Nineteenth-Century America", *The American Historical Review*, Vol. 89, No. 4 (Oct., 1984).

Schiller, Andrew, "A Letter from George Bancroft ", *The New England Quarterly*, Vol. 33, No. 2 (Jun., 1960).

Sloane, William M., "George Bancroft—In Society, in Politics, in Letters", *Century Illustrated Monthly Magazine* XXXIII (N. S. XI: 1887).

Stewart, Watt, "George Bancroft Historian of the American Republic", *The Mississippi Valley Historical Review*, Vol. 19 (Jun., 1932).

Vitzthum, Richard C., "Theme and Method in Bancroft's History of the United States", *The New England Quarterly*, Vol. 41, No. 3 (Sep., 1968).

二 中文文献

(一) 中文著作

〔美〕埃里克·方纳:《美国自由的故事》,王希译,北京:商务印书馆,2002年。

〔波兰〕埃娃·多曼斯卡编《邂逅:后现代主义之后的历史哲学》,彭刚译,北京大学出版社,2007年。

〔美〕爱默生:《美国的文明》,孙宜学译,桂林:广西师范大学出版社,2002年。

〔俄〕别尔嘉耶夫:《历史的意义》,张雅平译,上海:学林出版社,2002年。

〔美〕丹尼尔·布尔斯廷:《美国人:建国历程》,中国对外翻译出版公司译,北京:生活·读书·新知三联书店,1993年。

〔英〕蒂莫西·C.W.布莱宁:《浪漫主义革命:缔造现代世界的人文运

动》，袁子奇译，北京：中信出版集团，2017年。

〔德〕恩斯特·卡西尔：《国家的神话》，范进等译，北京：华夏出版社，1999年。

冯庆编《历史主义与民族精神——启蒙语境中的赫尔德》，姚啸宇、包大为等译，北京：华夏出版社，2021年。

〔美〕弗雷德里克·拜泽尔：《浪漫的律令——早期德国浪漫主义观念》，黄江译，北京：华夏出版社，2019年。

〔美〕格奥尔格·G. 伊格尔斯：《德国的历史观》，彭刚、顾杭译，南京：凤凰出版传媒集团、译林出版社，2006年。

郭小凌：《西方史学史》，北京：北京师范大学出版社，2003年。

何顺果：《美国边疆史：西部开发模式研究》，北京：北京大学出版社，1992年。

何顺果：《美国历史十五讲》，北京：北京大学出版社，2007年。

何顺果：《美国史通论》，上海：学林出版社，2001年。

何顺果：《美利坚文明论——美国文明与历史研究》，北京：北京大学出版社，2008年。

何兆武：《历史理性的重建》，北京：北京大学出版社，2005年。

何兆武主编《历史理论与史学理论——近现代西方史学著作选》，北京：商务印书馆，1999年。

〔德〕亨利希·海涅：《论德国宗教和哲学的历史》，海安译，北京：商务印书馆，1974年。

〔美〕J. W. 汤普森：《历史著作史》（下卷），第三分册，孙秉莹等译，北京：商务印书馆，1996年。

〔美〕卡尔·贝克尔：《启蒙时代哲学家的天城》，何兆武译，南京：江苏教育出版社，2005年。

〔英〕柯林伍德：《历史的观念》，何兆武、张文杰译，北京：商务印书馆，1997年。

李剑鸣：《历史学家的修养和技艺》，上海：上海三联书店，2007年。

李剑鸣：《美国的奠基时代1585—1775》，北京：人民出版社，2001年。

〔英〕利里安·弗斯特：《浪漫主义》，李今译，北京：昆仑出版社，1989年。

刘小枫：《诗化哲学》，上海：华东师范大学出版社，2011年。

〔英〕罗素：《西方哲学史》（下卷），马元德译，北京：商务印书馆，1991年。

〔美〕M. H. 艾布拉姆斯：《镜与灯》，郦稚牛等译，北京：北京大学出版社，2004年。

〔英〕玛丽·富布卢克：《剑桥德国史》，高旖禧译，北京：新星出版社，2018年。

〔美〕纳尔逊·曼弗雷德·布莱克：《美国社会生活与思想史》（上下册），许季鸿等译，北京：商务印书馆，1994-1997年。

〔美〕乔伊斯·阿普尔比、林恩·亨特、玛格丽特·雅各布：《历史的真相》，刘北成、薛绚译，北京：中央编译出版社，1999年。

〔美〕乔治·皮博迪·古奇：《十九世纪历史学与历史学家》，耿淡如译，北京：商务印书馆，1997年。

〔美〕塞缪尔·埃利奥特·莫里森等：《美利坚共和国的成长》（上卷），南开大学历史系美国史研究室译，天津：天津人民出版社，1980年。

涂纪亮：《美国哲学史》，北京：社会科学文献出版社，2007年。

〔法〕托克维尔：《论美国的民主》，董果良译，北京：商务印书馆，1988年。

〔德〕W. 桑巴特：《为什么美国没有社会主义》，赖海榕译，北京：社会科学文献出版社，2003年。

王立新：《意识形态与美国外交政策：以20世纪美国对华政策为个案的研究》，北京：北京大学出版社，2007年。

王利红：《诗与真：近代欧洲浪漫主义史学思想研究》，上海：三联书店，2009年。

〔加〕威廉·斯威特编《历史哲学：一种再审视》，魏小巍等译，北京：北京师范大学出版集团、北京师范大学出版社，2008年。

〔美〕沃浓·路易·帕灵顿：《美国思想史1620-1920》，陈永国等译，长春：吉林人民出版社，2002年。

〔美〕伊格尔斯：《二十世纪的历史学——从科学的客观性到后现代的挑战》，何兆武译，沈阳：辽宁教育出版社，2003年。

〔英〕以赛亚·柏林：《浪漫主义的根源》，吕梁等译，北京：译林出版社，2008年。

易兰：《西方史学通史：第五卷 近代时期》（下），上海：复旦大学出版社，2011年。

张广智主著《西方史学史》，上海：复旦大学出版社，2004年。

张友伦等：《美国的独立和初步繁荣，1775—1860》，北京：人民出版社，2002年。

朱本源：《历史学理论与方法》，北京：人民出版社，2012年。

朱光潜，《西方美学史》，北京：人民文学出版社，2003年。

（二）中文论文

曹瑞臣：《现代化进程中的民族主义——美国民族主义的历史轨迹》，《世界民族》2004年第3期。

董小川：《美国宗教民族主义的历史省察》，《史学集刊》2002年第1期。

何顺果：《关于历史决定论问题》，《光明日报》2005年10月25日。

何顺果：《美利坚文明的历史起源》，《世界历史》2002年第5期。

江宁康：《美国民族特性的文学想象与重建》，《外国文学研究》2007年第2期。

李宏图：《论赫尔德文化民族主义思想》，《华东师范大学学报》（哲学社会科学版）1996年第6期。

李宏图：《语境·概念·修辞——昆廷·斯金纳与思想史研究》，《世界历史》2005年第4期。

李剑鸣：《关于20世纪美国史学的思考》，《美国研究》1999年第1期。

李剑鸣：《美国革命时期民主概念的演变》，《历史研究》2007年第1期。

刘晓男："康德审美道德论与浪漫主义思潮"，《学术交流》2018年第7期。

钱皓：《科学史学与历史研究——美国科学史学的历史地位》，《世界历史》1998年第4期。

任国强：《德国浪漫派与德意志民族意识的形成》，《四川外语学院学报》2003年第3期。

王立新：《美国国家认同的形成及其对美国外交的影响》，《历史研究》2003年第4期。

王利红：《试论近代欧洲民族主义及其史学的浪漫主义渊源——以德国为

讨论中心》，《史学理论研究》2007年第3期。

王利红：《自然、浪漫与历史——试论浪漫主义历史观的形成》，《山东社会科学》2006年第4期。

王晓德：《美国"使命"观的历史和文化起源》，《史学集刊》1998年第2期。

杨生茂：《论乔治·班克拉夫特史学——兼释"鉴别吸收"和"学以致用"》，《历史研究》1999年第2期。

张广勇：《论美国史学理论取向》，《史林》1996年第4期。

张和声：《评乔治·班克罗夫特的历史观及其代表作〈美国史〉》，《史林》1988年第2期。

张廷国：《从浪漫主义向民族主义的转变——德国民族主义形成的原因》，《华中科技大学学报》（社会科学版）2005年第5期。

后　记

　　本书的完成，不仅是我个人的努力所得，其中还承载着很多他人的帮助和支持，关怀和鼓励。在此表达我深深的感激之情。

　　首先要感谢我的导师何顺果教授。对于我来说，西方史学理论与史学史并不是一个容易掌握的领域，何老师的谆谆教诲和不断鞭策鼓励我在学术殿堂里不断攀登。他对于学问孜孜不倦的追求精神激励着我在学术上不断探索。何老师激励我不断挑战困难，对我的博士学位论文反复修改，我从中也学到了很多东西。回想在北大五年半的学习生活，我觉得最大的收获便是建立了自己的精神家园。

　　感谢我在东北师范大学历史系学习期间的老师任爽教授和石庆环教授。任老师可以说是我在历史研究中的引路人，是他一步步地教会我怎样查找史料、制作卡片、对资料分门别类、解读史料并最后形成文章。石老师是我的硕士导师，她对我在学业上的指导和生活上的关怀使我在学业上进一步深入。任老师和石老师的为学为人都堪称我的榜样，他们的教诲如春风化雨，潜移默化地一直影响着我。

　　感谢高毅、王立新、许平等北京大学历史学系的教授们参加我的论文开题，他们提出的建设性意见和建议为拙作的框架和写作提供了重要的指引。感谢高毅、许平、赵进中和张雄等北京大学历史学系教授们在我的论文预答辩中提出的指导意见，使拙作的后期修改有了明确的目标。赵进中老师为我推荐了书目，并提醒我更加深入地分析班氏史学观念与德国历史哲学的结合。感谢北京大学历史学系李剑鸣教授，我从他的课堂讲授中得到了方法论上的启发，他还提示我注意班氏历史思想前后的变化以及其中的矛盾性。感谢北京大学牛大勇教授和美国耶鲁大学史景迁教授、金安平老师创立了北京大学-耶鲁大学博士生交流项目，使我能够借助此平台赴耶鲁大学访学。在此期间，我查到很多珍贵的资料，开拓了学术视野。感谢东北师范大学和中国人民大学富布赖特访问学者塞缪尔·皮尔逊（Samuel Pearson）教授，他为我推荐的书目和对我的论文提出的建议给予我很大的帮助。感谢北京大学富布赖特访问学者格雷厄姆·霍奇斯（Graham Hodges）教授，他对我的论文提出了很有针对性和启发性的建议。感谢耶鲁大学历史系乌特·弗瑞维特（Ute Frevert）教授在史学理论上给予我的指导。

感谢张晓莉、张艳玲、陈继静、张孟媛、潘洋、张善鹏、李翠云、庄小霞、陈丹、施展等同窗好友，他们提出的建议和意见对我很有启发。与他们的不断交流和切磋，也为学习生活增添了乐趣。

感谢我的父母，他们的善良、宽容和乐观提醒我要常怀感恩之心，在困难面前不退却。在攻读博士学位期间，感谢刘理给予我的支持和鼓励。感谢赵巍、张杨和尹新华，十五年的友谊给予我力量。

2009年11月于燕园